Andreas Ninck
Leo Bürki
Roland Hungerbühler
Heinrich Mühlemann

Systemik

Vernetztes Denken in komplexen
Situationen

Andreas Ninck
Leo Bürki
Roland Hungerbühler
Heinrich Mühlemann

Systemik

Vernetztes Denken in komplexen Situationen

4. vollständig überarbeitete Auflage

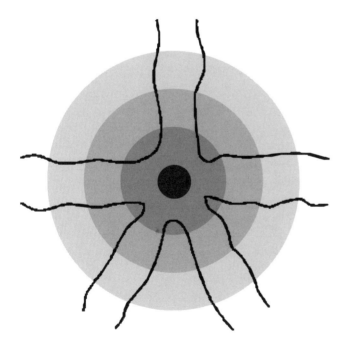

Verlag Industrielle Organisation

> Der Begriff Systemik® ist ein international registrierter Markenname des Autorenteams.
>
> Aktuelle Informationen finden sich unter http://www.systemik.ch

4. Auflage 2004

© 1997 Orell Füssli Verlag, Zürich,
für Verlag Industrielle Organisation, Zürich
Umschlag: Konzept/Gestaltung Lisa Etter, Zürich
Druck: Freiburger Graphische Betriebe, Freiburg i. Brsg.
Printed in Germany

ISBN 3-85743-720-0

Bibliografische Information der Deutschen Bibliothek
Die Deutsche Bibliothek verzeichnet diese Publikation in der Deutschen Nationalbibliografie; detaillierte bibliografische Daten sind im Internet über http://dnb.ddb.de abrufbar.

Inhaltsverzeichnis

Vorwort XI

1 Konzept 1

1.1 Was ist Systemik? 2
1.1.1 Lösungen von heute – Probleme von morgen 2
1.1.2 Systemisch denken 3
1.1.3 Konzept der Systemik 7
1.1.4 Systemik – eine integrierende Disziplin 10

1.2 Systemisches Vorgehensmodell 11
1.2.1 Einfach – kompliziert – komplex 11
1.2.2 Das systemische Vorgehensmodell 12

2 Denkmuster 17

2.1 Weltbilder 19
2.1.1 Paradigmen 19
2.1.2 Ethische Grundsätze 21

2.2 Wahrnehmung 23
2.2.1 Wahrnehmung liefert keine Wahrheit 23
2.2.2 Modellierung – Konstruktion der Realität 25

2.3 Kommunikation 27
2.3.1 Suche nach dem gemeinsamen Verständnis 28
2.3.2 Probleme der Wahrnehmung und Kommunikation 30

2.4 Systemdenken 32
2.4.1 Was ist ein System? 32
2.4.2 Komponenten und Beziehungen 33
2.4.3 Systemgrenze und Systemumwelt 34
2.4.4 Systemhierarchie 36
2.4.5 Formen der Systembeschreibung 36
2.4.6 Systemdenken und Problemlösen 39

2.5 Komplexität und Dynamik 40
    2.5.1 Technische und natürliche Systeme 41
    2.5.2 Kompliziertheit und Komplexität 43
    2.5.3 Hierarchie und Holarchie 45
    2.5.4 Determiniertheit und Zufall 46

2.6 Umdenken 50
    2.6.1 Objektivität 50
    2.6.2 Kausalität 51
    2.6.3 Systemdynamik 51
    2.6.4 Voraussagbarkeit 52
    2.6.5 Beherrschbarkeit 52
    2.6.6 Machbarkeit 53
    2.6.7 Entwicklungsfähigkeit 54
          Kontrollfragen 55

3 Chancen- und Problemdefinition 59

3.1 Chancen und Probleme 62
    3.1.1 Problem – Chance packen oder Gefahr abwenden? 62
    3.1.2 Struktur und Charakteristik von Problemen 63

3.2 Situationsanalyse 64
    3.2.1 Charakteristik der Situationsanalyse 64
    3.2.2 Abgrenzung einer Situation 67
    3.2.3 Auswahl von Systemkomponenten 68
    3.2.4 Ganzheitlichkeit beurteilen 71

3.3 Wirkungsanalyse 76
    3.3.1 Erstellen von Wirkungsdiagrammen 76
    3.3.2 Beurteilung von Zustandsveränderungen 82
    3.3.3 Systemische Grundmuster 84
    3.3.4 Erstellen einer Wirkungsmatrix 91
    3.3.5 Auswerten und Beurteilen 93

3.4 Problemformulierung ... 97
    3.4.1 Charakterisieren des Gesamtsystems ... 98
    3.4.2 Interpretieren der Schlüsselgrössen ... 101
    3.4.3 Beispiel «Medizinal-Projekt» ... 104
    Kontrollfragen ... 107

4 Problemlösung ... 111

4.1 Zielformulierung ... 113
    4.1.1 Beteiligte Akteure ... 114
    4.1.2 Erarbeiten ... 114
    4.1.3 Analysieren ... 117
    4.1.4 Formulieren ... 119

4.2 Lebensfähigkeit ... 121
    4.2.1 Grundregeln zur Verbesserung der Lebensfähigkeit ... 121
    4.2.2 Lebensfähigkeit als zusätzliche Zieldimension ... 124

4.3 Lösungsentwurf ... 127
4.3.1 Lösungsprozess ... 128
    4.3.2 Rahmenbedingungen schöpferischen Denkens ... 132
    4.3.3 Kreativitätsmethoden ... 135

4.4 Bewertung und Entscheidung ... 141
    4.4.1 Kriterien der Bewertung ... 141
    4.4.2 Systematisch entscheiden ... 142
    4.4.3 Zukünftige Entwicklungen beurteilen ... 146
    Kontrollfragen ... 150

5 Umsetzung ... 153

5.1 Qualität ... 156
    5.1.1 Was ist Qualität? ... 156
    5.1.2 Wie wird Qualität geschaffen? ... 160

5.2 Systemische Projektführung 163
    5.2.1 Projektziele definieren 164
    5.2.2 Projektdynamik berücksichtigen 167
    5.2.3 Lösungsprozess organisieren 172
    5.2.4 Vorgehensmodell gestalten 175
    Kontrollfragen 179

6 Anwendung 181

6.1 Sensibilisieren für die Informatiksicherheit 181

6.2 Systemische Erarbeitung von Projektzielen 186

6.3 Organisationsentwicklung im Spital 194

6.4 Systemisches Vorgehen bei der Umstellung von Geldautomaten auf die Euro-Währung 202

6.5 Optimieren des Projektmanagements im Produkte-Entwicklungsprozess 208

6.6 Systemische Kostenoptimierung bei einem Logistikdienstleister 216

Literaturliste, kommentiert 223

Autoren/Verfasser von Praxisberichten 230

Sachwortverzeichnis 233

Bemerkungen zur überarbeiteten 4. Auflage

In den letzten sieben Jahren haben sich einige Trends akzentuiert, welche sich bereits beim Entstehen der ersten Auflage abgezeichnet haben: Erhöhte Komplexität der Aufgaben, Verkürzung der Entwicklungszyklen und Zunahme des Kostendrucks. In dieser Situation sind effektive und effiziente Problemlösungsverfahren gefragt. Mit der Systemik liefern wir zwar keine Rezepte für die Beherrschung von komplexen, dynamischen Situationen. Positive Rückmeldungen aus der Praxis bestärken uns aber in der Annahme, dass das Instrumentarium brauchbare Hilfestellung bietet. Bei der Überarbeitung des Buches haben wir den Fokus deshalb auf zwei Aspekte gelegt: Einerseits haben wir versucht, das systemische Instrumentarium in Kapitel 3 noch praxisrelevanter zu beschreiben, andererseits haben wir uns entschieden, das letzte Kapitel ganz für Praxisberichte zu reservieren. Sollten Sie über das Buch hinaus an Informationen interessiert sein, so verweisen wir auf unsere neue Homepage: www.systemik.ch. Ihre Fragen und Anregungen nehmen wir gerne entgegen.

Bern, im Juni 2004   Das Systemik-Team

Vorwort

Was haben Sie sich als Leserin oder als Leser wohl gedacht, als Sie dieses Buch zum ersten Mal in die Hand genommen haben? Hat der Begriff «Systemik» Fragen aufgeworfen, weil er noch in keinem Lexikon steht? Hat Sie der Titel provoziert und zum Denken angeregt? Oder sind vielleicht Erwartungen geweckt worden hinsichtlich der Behandlung komplexer Probleme? Auf jeden Fall sind bei Ihnen bereits beim ersten Buchkontakt Denkprozesse in Gang gesetzt worden. Diese Denkprozesse werden bei der Lektüre des Buches weitergehen, Ihre Gedankenwelt wird sich dadurch verändern. Der Prozess des Wissenserwerbs ist geradezu exemplarisch für das Verhalten komplexer Systeme. Solche Systeme zeichnen sich dadurch aus, dass sie auf sich selber zurückwirken. Dadurch werden selbstorganisatorische Effekte und Veränderungen in Gang gesetzt, welche nicht mehr einfach voraussagbar sind. Für uns Autoren ist deshalb unklar, was Sie als Leserin oder Leser mit dem Inhalt dieses Buches anfangen werden. Wir wissen bloss, dass Sie aufgrund Ihrer Erfahrungen und Denkmuster den Lesestoff in vielfältiger Weise reflektieren und verarbeiten werden. Betrachten Sie aus diesem Grund das vor Ihnen liegende Buch als Ihr ganz persönliches Exemplar – nicht materiell gesehen, sondern in dem Sinne, dass Sie letztlich den Inhalt der vermittelten Botschaft selber bestimmen werden.

Da Sie sich also sehr individuell mit dem Begriff «Systemik» auseinandersetzen werden, ist es müssig, hier eine allgemein gültige Definition zu liefern. Gleichwohl möchten wir Sie bei der Suche nach einer Interpretation nicht ganz allein lassen. Zum besseren Verständnis des Umfeldes sei vorausgeschickt, dass wir Autoren als Dozenten an der Berner Fachhochschule tätig sind. Bei den von uns unterrichteten Studierenden handelt es sich um angehende Ingenieure und Betriebswirtschafter oder um Führungskräfte im Nachdiplombereich. Diese sollen im Berufsalltag fähig sein, unter Berücksichtigung der gegebenen Kundenwünsche und Ressourcen spezifische Produkte zu entwickeln. Sowohl die Produkte als auch die jeweiligen Entwicklungsprozesse lassen sich als Systeme auffassen. Aus diesem Grund haben wir ursprünglich die entsprechenden Methoden und Werkzeuge zur Problemlösung unter dem Begriff «Systems Engineering» zusammengefasst. Aufgrund der Tatsache, dass heute im Bereich Technik und Management vorwiegend komplexe Probleme zu lösen sind und dass solche Probleme nicht ausschliesslich mit klassischen Engineering-Ansätzen angegangen werden können, haben wir aber bald nach neuen Methoden und nach einem neuen Namen gesucht.

«Systemik» steht im weitesten Sinne für systemisches Denken. Das heisst unter anderem, dass eine Problemstellung als vernetzte, dynamische Ganzheit aufzufassen ist, welche mit ihrer Umwelt in Wechselbeziehung steht. Es bedeutet aber auch, dass das übergeordnete System analysiert werden muss, bevor man sich mit den Details befasst, oder dass man das Problem richtig erkennt, bevor man die Ziele formuliert. Ganzheitliches Denken heisst jedoch auch, dass man bei der Anforderungsanalyse verschiedene Sichtweisen einnimmt, dass man die Wünsche von Kunden oder Anwendern berücksichtigt oder dass Chancen und Risiken in die Überlegungen miteinbezogen werden. Ebenso verlangt eine systemische Problemlösung, dass Schnittstellen zu anderen Systemen berücksichtigt werden, dass unterschiedliche Lösungsalternativen diskutiert und bewertet werden oder dass die Lebensfähigkeit des Produkts über den Entwicklungszyklus hinaus sichergestellt wird.

Wir möchten betonen, dass wir mit der Einführung des neuen Begriffs «Systemik» nicht auch den Anspruch erheben, grundlegend neue Inhalte geschaffen zu haben. Gleichzeitig sind wir aber der Überzeugung, dass das Buch mehr ist als eine Zusammenfassung von bereits Bekanntem. Aus unserer praktischen Tätigkeit heraus haben wir die gängigen Problemlösungsansätze reflektiert und sie zum systemischen Arbeitsansatz weiterentwickelt. Eingeflossen sind dabei Erkenntnisse aus den unterschiedlichen Tätigkeitsbereichen der Autoren. Die erarbeiteten Denkmodelle haben wir wiederum im Rahmen der laufenden Projekte getestet und sie auch zusammen mit unseren Studierenden und Wirtschaftspartnern diskutiert. Dieser wechselseitige Prozess ist stark von den Bedürfnissen geleitet worden, ein wissenschaftlicher Anspruch war kein Thema. Oberstes Ziel war es immer, bei den Studierenden und Praktikern ein Umdenken vom mechanistischen zum systemischen Problemlösen zu erreichen. Entstanden ist so ein Buch von Praktikern für Praktiker.

Gerne danken wir all jenen, welche uns in materieller oder inhaltlicher Hinsicht unterstützt haben. Bei unserem Arbeitgeber bedanken wir uns ganz besonders für die ideelle Unterstützung. Die Schulleitung hat wesentlich dazu beigetragen, dass das Fach Systemik heute Bestandteil der Lehrpläne ist und dass die Schulkultur ganz generell durch systemisches Denken geprägt wird. Wir bedanken uns auch beim Künstler Oskar Weiss, welcher es verstanden hat, unsere manchmal vielleicht etwas trockenen Ausführungen mit seinen humorvollen Bildern aufzulockern. Ein spezieller Dank gehört schliesslich all jenen, welche uns unermüdlich mit guten Ideen und kritischen Bemerkungen zur Weiterarbeit motiviert haben, seien es die Kollegen am Arbeitsplatz, die Studierenden im Unterricht, unsere Wirtschaftspartner oder all die überzeugten Systemiker, welche uns mit ihren Mails auf Trab halten.

1 Konzept

Wir befinden uns am Kaffeautomaten der Firma CASH-PROTECT. In der Morgenpause wird über dies und das geplaudert.

Matz: *(unzufrieden am Kaffebecher nippend)* «Mühsam! Gestern habe ich den Anfang des neuen Films von Silvester Stallone verpasst! Und wisst ihr warum?»

Luki: *(nie um eine Antwort verlegen)* «Du bist sicher wieder mal im Büro zu lange rumgesurft – Internet ohne Ende!»

Carole: «Ich würde meinen, du hast noch schnell etwas vorher erledigen wollen. Das hat länger gedauert als angenommen. Und deine Freundin musste wie gewohnt auf dich warten ...»

Matz: «Nein, ganz im Gegenteil. Ich habe gewartet! Meine Freundin ist nämlich wieder mal für eine Ewigkeit in der Stadt rumgekurvt, um einen Parkplatz zu finden. Und das, obwohl die City-West-Tiefgarage halb leer war. Aber nein – sie traut sich nicht!»

Luki: «Das Problem kenne ich! Meine will nie in die Metro-Tiefgarage – und so gibt es selten den guten Fisch aus dem Laden in der Marktgasse. Dabei sind die Tiefgaragen im Schnitt nur zu 50% ausgelastet, habe ich gerade neulich in der Zeitung gelesen.»

Carole: «Mir geht das übrigens auch so: Alleine fahre ich nie in eine Tiefgarage, nicht mal in einem Einkaufszentrum.»

Luki: «Aber warum? So gefährlich sind doch diese Tiefgaragen gar nicht. Ich fühle mich jedenfalls nie bedroht. Und zudem zirkulieren die Sicherheitsleute doch in der Garage.»

Carole: «Aber ich fühle mich unsicher! Eine Tiefgarage beengt mich, und ich sehe hinter jeder Säule einen möglichen Angreifer.»

Matz: «Auch du fühlst dich unsicher? Das scheint wirklich ein Problem zu sein, sogar für Frauen wie dich, obwohl du dich beruflich mit Sicherheit beschäftigst. – He, wäre das nicht auch was für uns? Ich meine, wenn wir Geld vor Einbrechern schützen können, warum sollten wir nicht Frauen vor den Sittenstrolchen bewahren können?! Das wäre doch gerade eine Idee für das Ideenbrett. Vielleicht gewinnen wir damit den ausgesetzten ‹Inno-Preis›.»

Luki: «He, das ist eine coole Idee! Mit den von uns entwickelten technischen Systemen wäre das doch kein Problem.»

Carole: «Wie schön, wenn ich keine Angst mehr haben müsste!»

In unserem beruflichen und privaten Umfeld stehen wir immer wieder vor neuen Herausforderungen. Wir erkennen Chancen, sind mit Problemen konfrontiert oder haben ganz einfach das Bedürfnis, komplexe Zusammenhänge in unserem Umfeld besser zu verstehen. Einerseits fühlen wir uns in solchen Situationen von der Fragestellung herausgefordert, andererseits lassen wir uns aber gerne auch durch das Unbekannte verunsichern. Es ist ein altes Anliegen von uns Menschen, Methoden des Entdeckens und Verstehens zur Hand zu haben, durch die wir uns in komplexen Problemsituationen besser zurechtfinden und umfassend eine Lösung angehen können.

Mit der neuen Disziplin *Systemik* stellen wir im folgenden verschiedene Denkhilfen in dieser Richtung vor. Bereits hier möchten wir jedoch vor übersteigerten Erwartungen warnen. *Die* Methode des Entdeckens und Verstehens gibt es nicht und wird es auch in Zukunft nicht geben. Diese Tatsache mag bei Menschen Unverständnis hervorrufen, welche bloss ausführende Tätigkeiten ausüben und deshalb nach einfachen Rezepten für ihre Arbeitsgänge suchen. Für professionelle Problemlöser wie Ingenieure oder Betriebswirtschafter muss dieser Umstand jedoch als Herausforderung gesehen werden. Für sie stellt sich tagtäglich die Frage, wie sie Chancen realisieren oder Probleme einer Lösung zuführen können. Und genau solchen Leuten soll mit den vorliegenden Ausführungen eine Hilfestellung geboten werden.

1.1 Was ist Systemik?

Ausgehend von der Erkenntnis, dass die besten Methoden unbrauchbar sind, wenn der Blick auf das Ganze vernachlässigt wird, begründen wir unsere Forderung nach einer systemischen Denkweise. Anschliessend erläutern wir die Hauptanliegen und Zielsetzungen der Systemik und zeigen, inwiefern wir damit fachübergreifende Anliegen vertreten.

1.1.1 Lösungen von heute – Probleme von morgen

Wer kennt die Situation nicht: Man möchte etwas Gutes tun und erreicht gerade das Gegenteil! Dieses Verhaltensmuster ist in allen möglichen Lebenssituationen anzutreffen. Die Mutter ist erstaunt, dass sich die Konfliktsituationen zwischen ihren Kindern zusehends häufen, obwohl sie bei jeder Auseinandersetzung zu schlichten versucht. Der neue Polizeichef, welcher bei seinem Amtsantritt energisch mit repressiven Massnahmen die Drogenproblematik angeht, fragt sich nach einem Jahr entnervt, wieso die Beschaffungskriminalität weiter ansteigt. Der Politiker merkt erst nach Ablauf seiner Amtszeit, dass er mit seiner gut gemeinten Subventionspolitik zur Erhaltung von wenig lebensfähigen Strukturen beigetragen hat. Der Manager möchte mit neuen Kontrollmassnahmen eine Kostenbremse einführen und ist erstaunt, dass die verunsicherten Mitarbeiter seine Absichten hintertreiben. Oder der Unternehmer, welcher in einer momentanen Krisensituation die Lohnkosten durch den vermehrten Einsatz von Hilfskräften zu senken versucht, stellt nach einer vorübergehenden Gewinnsteigerung erschrocken fest, dass sich die zunehmende Zahl von Garantiefällen kontraproduktiv auf seinen Gewinn und seinen guten Ruf auswirken.

Bei der Planung, Herstellung oder Vermarktung von Produkten, im Bereich des Managements, in der Politik, aber auch bei der Lösung von ganz alltäglichen Problemen wird häufig mechanistisch gehandelt. Die Betroffenen neigen dazu, ähnlich zu reagieren wie bei der Bedienung einer Maschine oder dem Führen eines Fahrzeuges. Sie denken, dass es genügt, im richtigen Moment einen bestimmten Knopf zu drücken oder das Steuer herumzureissen. Dabei wird die Situation sehr kurzfristig und lokal erfasst. Es wird nach Lösungen gesucht, um eine Problemsituation wieder ins Lot zu bringen. Diese Art von Reparaturdienstverhalten führt zwar oft zu einer momentanen Verbesserung. Sie vernachlässigt aber die Frage, wie es zur gegebenen Situation gekommen ist. Ohne Berücksichtigung der grossen und langfristigen Zusammenhänge besteht die Gefahr, dass die Betroffenen bald mit Folgeproblemen zu kämpfen haben. Sie werden unweigerlich in eine endlose Spirale von oberflächlichen Teilreparaturen gezogen, welche die Situation häufig verschlimmert, statt sie zu verbessern. Um den Teufelskreis zu durchbrechen, ist folglich ein Umdenken angesagt.

1.1.2 Systemisch denken

Bereits vor mehr als 2000 Jahren hat sich PLATON Gedanken gemacht über die Art und Weise, wie wir Menschen die Welt wahrnehmen. Viele berühmte Philosophen haben sich seither mit derselben Frage beschäftigt. In der Zeit nach dem Zweiten Weltkrieg begann man insbesondere darüber nachzudenken, wie sich die Struktur und das Verhalten von komplexen Systemen beschreiben lässt. In dieser Zeit wurde durch Norbert WIENER das fachübergreifende Wissensgebiet *Kybernetik* begründet. Der Begriff stammt aus dem Griechischen und bedeutet Steuermannskunst. Die Kybernetik beschäftigt sich mit der formalen mathematischen Beschreibung und modellhaften Erklärung von dynamischen Systemen. Im Zentrum der Überlegungen steht das Prinzip der selbsttätigen Steuerung und Regelung.

Die Kybernetik hat mittlerweile Eingang in viele Bereiche der modernen Wissenschaften gefunden, von der Technik bis hin zu den Sozialwissenschaften. In jüngerer Zeit beginnt man zu realisieren, dass es zwischen Systemen zu unterscheiden gilt, welche ähnlich wie eine Maschine funktionieren, und solchen, die die Merkmale eines lebenden Organismus aufweisen. Im ersten Fall sprechen wir von einer mechanistischen, im zweiten von einer systemischen Sichtweise. Die systemische Sicht ist geprägt durch Begriffe wie Komplexität, Nichtlinearität, Selbstorganisation oder Lebensfähigkeit.

Die Unterscheidung zwischen dem mechanistischen und komplexen Systemtyp tritt insbesondere dann zutage, wenn wir Lösungen für ein entsprechendes Problem suchen. Im mechanistischen Fall haben wir in der Regel eine konvergierende Situation: Je länger wir über die Lösung des Problems nachdenken, desto offensichtlicher kristallisiert sich eine Lösung heraus. Auch wenn verschiedene Experten unabhängig voneinander über das Problem nachdenken, kommen sie zu ähnlichen Schlüssen. Im komplexen Fall haben wir es dagegen mit einer divergierenden Situation zu tun: Je mehr wir uns mit der Situation befassen, desto mehr Lösungsoptionen sehen wir. Hier gibt es keine «richtige» Lösung. Die Ursache für diesen Umstand liegt nicht etwa beim Problemlöser, sondern vielmehr im Charakter des Problemtyps. Was ist zum Beispiel die Lösung für die Frage, wie man Kinder am besten erzieht?

Bei der Analyse von Problemen, bei der Planung und Umsetzung von Problemlösungen kann es zu sehr unerfreulichen Situationen kommen, falls das zugrunde liegende System aus einer mechanistischen Perspektive betrachtet wird, obgleich es sich dabei effektiv um ein komplexes System handelt. In der technischen Welt finden wir zudem oft Mischformen von Problemstellungen. Zum Beispiel weist ein Computerprogramm als technisches Konstrukt viele Merkmale einer Maschine auf. Dagegen müssen etwa der Auftraggeber, der Benutzer des Programms oder das Umfeld, in welchem das Produkt eingesetzt wird, als komplexe Teile des Gesamtsystems verstanden werden.

Eine unzweckmässige Erfassung und Fehleinschätzung einer Problemsituation kann zu einer erheblichen Krisensituation führen. Beispielsweise

spricht man in der Informatik von einer Softwarekrise und meint damit die Tatsache, dass viele Programme nicht innerhalb der geplanten Fristen fertig gestellt werden oder dass Anforderungen an das Produkt unerfüllt bleiben. Die wohl wichtigste Ursache für diesen Umstand ist darin zu sehen, dass die meisten Softwareprojekte mechanistisch angegangen werden. Oft wird zum Beispiel vernachlässigt, dass die Wahrnehmung des Auftraggebers sich im Verlaufe des Projektes verändert. Oder es wird zu wenig darauf geachtet, dass nach der Fertigstellung des Produktes neue Wünsche und Anforderungen auftauchen können. Derartige Mängel lassen sich dadurch reduzieren, dass wir die Subjektivität und Veränderlichkeit der menschlichen Wahrnehmung als Tatsache anerkennen und die verschiedenen beteiligten Akteure in den Entwicklungsprozess miteinbeziehen. ==Es ist zweckmässig, das Produkt== während des Konstruktionsprozesses möglichst lange flexibel zu halten bzw. noch besser, es ==von Anfang an auf Anpassbarkeit und Erweiterbarkeit== hin zu konzipieren.

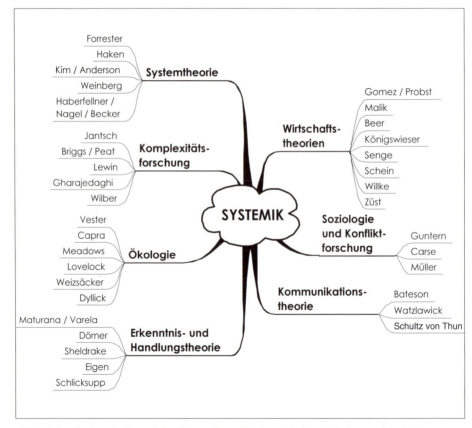

Abb. 1.1 Systemischer Arbeitsansatz – Fachgebiete und deren Vertreter

Mit der Disziplin *Systemik* propagieren wir eine interdisziplinäre Denkweise, welche den Systembegriff ins Zentrum der Betrachtungen stellt. Dies bedeutet, dass in einem behandelten Problembereich die Frage nach dem Zusammenspiel und der Selbstregulation der Teile eine besondere Beachtung findet. Auf der Basis eines integrierenden, vernetzten Denkens schlagen wir ein systemisches Vorgehensmodell vor, welches als Leitfaden sowohl für die Realisierung von Chancen als auch zur Lösung von Problemen dienen soll. Kerngedanke dieses Vorgehensmodells ist die Tatsache, dass jede Problemstellung Teil eines Ganzen ist. Das bedeutet einerseits, dass sich der Problemlösungsprozess nicht allein nach innen auf das geplante Produkt konzentrieren darf, sondern dass der Blick immer auch nach aussen, auf relevante Aspekte des Problemumfeldes, zu richten ist. Dies heisst aber auch, dass die Veränderlichkeit dieses Umfeldes mitberücksichtigt werden muss und dass eine Lösung derart zu planen ist, dass das realisierte Produkt längerfristig lebensfähig bleibt.

In Abb. 1.1 sind verschiedene Exponenten aufgeführt, welche unseren systemischen Arbeitsansatz nachhaltig beeinflusst haben. In der Literaturliste im Anhang finden sich Referenzen und Kommentare zu ausgewählten Buchtiteln dieser Autoren.

1.1.3 Konzept der Systemik

Anhand von Abb. 1.2 sollen die Hauptanliegen und Zielsetzungen der Systemik näher beschrieben werden. Die Einbettung des Menschen in das betriebliche und organisatorische Umfeld wird mit den geschwungenen Linien und den geometrischen Kreisen symbolisiert. Die fünf Extremitäten stilisieren nicht nur den Menschen, sondern sollen ebenfalls die unterschiedlichen Disziplinen oder auch die Abteilungen einer Unternehmung oder Schule symbolisieren. Alle haben verschiedene Ausrichtungen. Die auslaufenden Linien sollen die Offenheit für die gesellschaftlichen Anforderungen andeuten. Die Bedeutung der konzentrischen Kreise wird im folgenden detailliert beschrieben. Des Weiteren ist jedem Kreis ein Kapitel des Buches gewidmet.

Der innerste Kreis von Abb. 1.2 symbolisiert die vereinenden *Denkmuster* aller Disziplinen und Abteilungen: die Sensibilisierung für Komplexität und deren Konsequenzen, neue Wissenschaftsparadigmen, Grundlagen der Systemtheorie, Kybernetik dynamischer und lebender Systeme, Systemhierarchien und die dazwischen herrschenden Interdependenzen, Wahrnehmungspsychologie und die Konsequenzen für die Modellbildung. Neben wissenschaftlichen und praktischen Stoffinhalten umfasst dieser Teil auch Themen wie Werthaltungen, Verantwortung, Weltbilder – also Ethik im weitesten Sinne. Die Beschäftigung mit den Grundlagen der Systemik soll einen Prozess auslösen, der alle Abteilungen einer Unternehmung oder Schule zu einer interdisziplinären Diskussion anregt. Die Erarbeitung von gemeinsamen Kommunikations- und Handlungsmustern soll dabei zu einer besseren Verständigung beitragen.

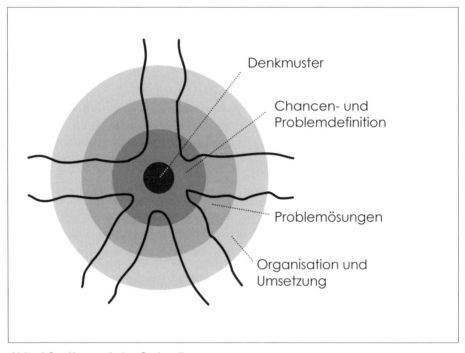

Abb. 1.2   Konzept der Systemik

Im zweiten Kreis von Abb. 1.2, dem Bereich der *Chancen- und Problemdefinition*, wird auf die Schwierigkeit der Problemerkennung und -formulierung aufmerksam gemacht. Diese Thematik ist nicht allzu fachspezifisch und reicht nur teilweise in die Äste der einzelnen Fachbereiche hinein. Herkömmliche Problemlösungsmethoden gehen davon aus, dass vorhandene Probleme wie Wahrnehmen einer Marktchance, Abwenden einer Bedrohung, Bedürfnis nach Veränderung, Gefühl für einen Mangel oder eine ungelöste Aufgabe klar bekannt sind und dass diese Probleme bloss noch gelöst werden müssen. Die Praxis zeigt aber, dass das Erkennen und Auffinden von Problemen und Chancen nicht einfach ist und insbesondere den handlungsorientierten Ingenieuren und Betriebswirtschaftern schwer fällt. Werden komplexe Probleme nur unter Berücksichtigung linear-kausaler Zusammenhänge angegangen und von Anbeginn falsch eingeschätzt, werden sie erst erkannt, wenn sie offensichtlich sind. Werden sie sogar von den wachsenden Handlungszwängen verdrängt und kompensiert, kommen wir vom Reagieren nicht mehr weg. Symptombekämpfungen verschlimmern in der Regel die Probleme, auch wenn sie manchmal zu kurzfristigen Verbesserungen führen mögen. Eine sorgfältige Problemdefinition ist deshalb notwendig. Sie nimmt im systemischen Denken und Vorgehen eine Schlüsselstellung ein.

Im dritten Bereich behandeln wir Methoden zur zielgerichteten *Problemlösung*. Sie reichen bereits stärker in die jeweiligen Äste der Abteilungen hinein. Die spezifischen Techniken der Fachrichtungen können hier nicht berücksichtigt werden. Hingegen sind die diskutierten Organisations- und Reflexionsmethoden bei der Chancenrealisierung und Problemlösung von genereller Gültigkeit. Im Weiteren gelten auch in diesem Bereich die Regeln der Systemtheorie. Beispielsweise machen sich die Mechanismen der Selbstregulation insofern bemerkbar, als keine «Patentlösungen» angeboten werden können. In komplexen Systemen werden Probleme nie auf einen Streich gelöst, sondern nur iterativ in mehreren Anläufen. Es kann keine «Problemlösungsmethode für alle Fälle» angeboten werden. Gefragt ist immer ein angepasster Methoden-Mix.

Der nächste Kreis umfasst Stoffinhalte bezüglich *Organisation und Umsetzung*. Im Vordergrund steht die Auseinandersetzung mit den dynamischen Aspekten eines Projekts. Das Lösen von Problemen in komplexen Systemen erfordert manchmal neue, noch nicht getestete Organisationsformen und unkonventionelle Umsetzungsstrategien. In diesem Zusammenhang erhält der Umgang mit Information, Projektmanagement, Entscheidungsmethodik, Organisationskybernetik, Zielbearbeitung und -evaluation eine Schlüsselstellung.

Im letzten Teil – symbolisiert durch den offenen weissen Bereich – bilden *Anwendungen* in Form von Fallbeispielen und Erfahrungen aus der Praxis den Schwerpunkt. Dieser Teil stellt einen Bezug zu realen Problemstellungen her und ermöglicht so ein konkretes Verständnis bezüglich der verschiedenen Arbeitsschritte. Die Offenheit der geschwungenen Linien soll symbolisieren, dass eine weitere Konkretisierung und Verfeinerung des Ansatzes durch die verschiedenen Fachbereiche jederzeit möglich und auch erwünscht ist.

1.1.4 Systemik – eine integrierende Disziplin

Um Chancen zu realisieren und Probleme lösen zu können, muss eine Reihe von Faktoren wirkungsvoll zusammenspielen. Eine rein methodische Vorgehensweise genügt ebenso wenig wie ein rein auf Fachwissen begründetes Arbeiten. Erst das effektive Zusammenspiel von Erfahrung, Handlungsethik, Methodik, Fachwissen usw. versetzt uns in die Lage, brauchbare Lösungen zu entwickeln.

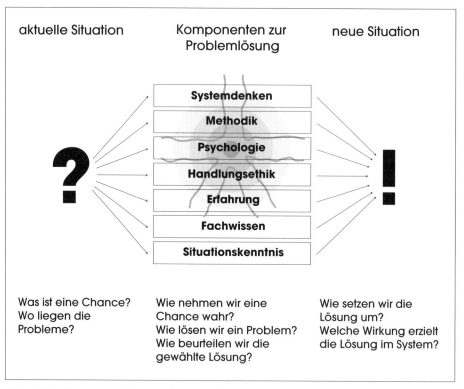

Abb. 1.3   Komponenten zur Problemlösung

Wie Abb. 1.3 symbolisch zeigt, verstehen wir Systemik als eine integrierende Disziplin, welche die übrigen Komponenten der Problemlösung ergänzt und unterstützt. Erst Kenntnisse über systemisches Denken und Handeln versetzen uns in die Lage, unser Fachwissen und unsere Situationskenntnisse richtig, d. h. methodisch ganzheitlich, anzuwenden. Solche Kenntnisse geben uns Sicherheit und stellen Leitplanken dar auf dem Weg zu nachhaltigen und lebensfähigen Lösungen. Systemik ergänzt die fachtechnische und fachmethodische Ausbildung durch eine fachübergreifende Denkweise, wie sie am Arbeitsplatz zunehmend verlangt wird.

1.2 Systemisches Vorgehensmodell

Nachdem die Ideen des Fachgebietes Systemik nun in den Grundzügen bekannt sind, präsentieren wir im Folgenden unser systemisches *Vorgehensmodell*. Der Begriff Vorgehensmodell bringt zum Ausdruck, dass die Methodik eines geordneten Vorgehens bezüglich des Problemlösungsprozesses im Zentrum der Betrachtungen steht. Mit dem Begriff «Modell» wird aber auch angedeutet, dass die vorgeschlagene Methodik nicht als absolutes Rezept zu verstehen ist, sondern von Fall zu Fall interpretiert werden muss.

1.2.1 Einfach – kompliziert – komplex

Tagtäglich sehen wir uns mit der Aufgabe konfrontiert, Situationen zu erfassen, Alternativen abzuschätzen und Entscheidungen zu fällen. Bei *einfachen Problemen* fällt es leicht, die Situation richtig zu erfassen und zweckmässig zu entscheiden. Ohne langes Überlegen vermögen wir vernünftig zu handeln. Allenfalls bedienen wir uns dabei der Reihe nach folgender Fragen:
- WAS ist los?
- WAS will ich?
- WELCHE Lösungsmöglichkeiten gibt es?
- WELCHES ist die beste Lösungsmöglichkeit, und
- WAS könnte dabei schiefgehen?

Bei *komplizierten Problemen* benötigen wir eine anspruchsvollere Methodik. Die folgenden Schritte werden vom Problemlöser einmal oder mehrmals ganz oder teilweise durchlaufen:
- Situationsanalyse
- Zielformulierung
- Lösungsentwurf
- Bewertung und Entscheidung
- Umsetzung

Bei *komplexen Problemen* und Situationen erlangt die Situationsanalyse eine zentrale Bedeutung. Die sorgfältige Chancen- und Problemdefinition und die richtige Systemmodellierung, allenfalls auch eine fundierte Wirkungsanalyse und die Überprüfung der Lebensfähigkeit, sind dann wichtige Komponenten dieses Arbeitsschrittes. Der im Folgenden vorgestellte Ansatz ist – wie jedes andere Vorgehensmodell – keine exakte Methode, dessen strikte Anwendung zwingend zur besten Lösung führt. Die Vorgehensregeln sind bloss Orientierungshilfen. Von Fall zu Fall muss die Interpretation der einzelnen Schritte neu überdacht werden.

1.2.2 Das systemische Vorgehensmodell

Das systemische Vorgehensmodell (vgl. Abb. 1.4) lässt sich in vier Hauptbereiche gliedern: Chancen- und Problemdefinition, Problemlösung, Umsetzung und Nutzung. Die Pfeile auf dem Kreis markieren die grundsätzliche Reihenfolge der Tätigkeiten. Rückkopplungspfeile deuten an, dass gewisse Tätigkeiten unter Umständen mehrfach wiederholt werden. Im Zentrum der Überlegungen steht das betrachtete System. Im Gegensatz zu herkömmlichen Vorgehensmodellen ist zudem die System-Umwelt eingezeichnet. Eine Problemstellung kann nie losgelöst von den umgebenden Systemkomponenten behandelt werden. Zu verschiedenen Zeitpunkten des Problemlösungsprozesses ist die Wahrnehmung der Umweltsituation sogar von ganz besonderer Bedeutung, was durch die geschwungenen Linien im Diagramm hervorgehoben werden soll.

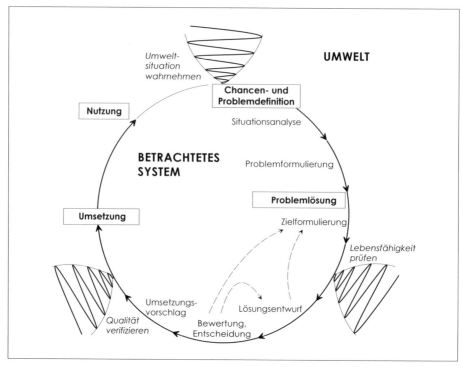

Abb. 1.4   Systemisches Vorgehensmodell

Chancen- und Problemdefinition

Eine sorgfältige Chancen- und Problemdefinition ist aufwändig. Sie nimmt im systemischen Vorgehen eine Schlüsselstellung ein und ist zeitlich den lösungsorientierten Tätigkeiten voranzustellen. Nebst einer eingehenden Situationserfassung, welche die klassischen system-, ursachen- und lösungsorientierten Arbeitsschritte umfasst, unterstreichen wir die besondere Beachtung der Komplexität. Komplexität, verstanden als Veränderlichkeit der Systemkomponenten und -beziehungen, ist ein Hauptmerkmal vieler Systeme. Nur rein technische Systeme mit klar definierter Struktur sind in ihrem künftigen Verhalten vorausbestimmbar. In jedem System, das Menschen miteinbezieht, ist es unmöglich, das Geschehen durch detaillierte Anweisungen auf einem klar vorbestimmten Pfad zu steuern, da sich die Entscheidungsgrundlagen fortlaufend ändern.

Bei der Wahrnehmung der Umwelt erhalten wir bloss eine mehr oder weniger differenzierte Vorstellung der Situation. Da jeweils nur ein Teil der Umwelt erkannt, dargestellt und kommuniziert werden kann, müssen bei der Informationsbeschaffung Methoden angewandt werden, welche eine ganzheitliche Sichtweise fördern. Weil die Umwelt zugleich dynamisch ist, muss auch die Beschreibung der Situation (Ist-Definition) laufend diesen Veränderungen angepasst werden. Wir müssen uns in jeder Phase des Arbeitsprozesses der Subjektivität unserer Wahrnehmung bewusst sein.

Was für die Erfassung der Umwelt gilt, ist auch für eine innere Betrachtung des bearbeiteten Systems gültig. Wir müssen das betrachtete System als Ganzes in seiner Entwicklung von der Vergangenheit bis zur Gegenwart zu erfassen suchen und eine ganzheitliche Ist-Definition anstreben, bevor wir Ziele formulieren und Lösungen entwickeln können. Auch diese innere Betrachtung kann mehr oder weniger verzerrt sein, vermögen wir doch beispielsweise unsere Unternehmung, unsere Abteilung oder unsere Fähigkeiten nie in ihrer «wahren» Realität zu erkennen.

Die Ist-Definition der Umwelt und des betrachteten Systems erzeugt ein Spannungsfeld. In diesem lassen sich Chancen und Probleme erkennen und definieren. Hierbei ist zu beachten, dass bei der Beurteilung von Problemen oft nicht die Ursachen, sondern lediglich gewisse Symptome sichtbar sind. Darum sollte die Problemlösung hier noch nicht eingeleitet werden. Diese ist erst nach einer eingehenden Analyse bezüglich der Vernetzung von Systemkomponenten sinnvoll. Zudem muss eine intensive Auseinandersetzung mit den dynamischen Wechselwirkungen innerhalb und ausserhalb des Systems erfolgen.

Problemlösung

Zu Beginn der Problemlösungsphase müssen im Rahmen der Zielformulierung die Anforderungen an die zu gestaltende Lösung systematisch zusammengestellt und strukturiert werden. Dabei sind die beteiligten Akteure gebührend in den Prozess einzubeziehen. Bei der Formulierung ist es zweckmässig, zwischen Muss- und Sollzielen zu unterscheiden. Mussziele sind solche, deren Erreichung zwingend ist. Sollziele sind ebenso wichtig, aber nicht unumstössliche Voraussetzung für die Annahme einer Lösung.

Vor der eigentlichen Lösungssuche gilt es, die Lebensfähigkeit des Systems unter Berücksichtigung der anvisierten Ziele zu prüfen. Kann die angestrebte Lösung die notwendige dynamische Anpassbarkeit oder Enwicklungsfähigkeit erlangen? Wird das Zielsystem genügend Steuerbarkeit oder Fähigkeit zur Selbstorganisation aufweisen? Stehen ihm genügend Ressourcen zur Verfügung? Im Stadium der Problemlösung geht es noch nicht darum, fertige Lösungen zu präsentieren. Die Lösungsvarianten sollen einen der Bearbeitungsstufe angemessenen Detaillierungsgrad aufweisen. Sie werden also zunächst relativ grob strukturiert sein und erst in den späteren Phasen zusehends detaillierter ausfallen.

Bei der Bewertung werden die Lösungsentwürfe dann systematisch miteinander verglichen, und die Auswahl der weiter zu bearbeitenden oder zu realisierenden Lösungsvariante wird vorgenommen. Als Ergebnis resultiert ein Antrag für den nächsten Entwicklungsschritt bzw. dessen Umsetzung.

Vor der effektiven Umsetzung ist der Blick nochmals auf das Umfeld zu richten. Die Qualität der konzipierten Lösung ist zu verifizieren: Inwieweit sind die Anforderungen gegenüber dem Umfeld erfüllt? Werden durch die Lösung die geforderten Funktionen und Leistungsziele erreicht? Wird das System wartbar, entwicklungs- und anpassungsfähig sein?

Umsetzung und Nutzung

Während in den ersten Phasen das Zielsystem und dessen Umfeld im Zentrum des Interesses stehen, gewinnen im Stadium der Umsetzung und Nutzung organisatorische Aspekte an Bedeutung. Wenn wir nicht bloss das bearbeitete Problem, sondern auch das Unternehmen oder das Projekt als System auffassen, so stellen sich Fragen bezüglich der Organisationsdynamik: Welche Indikatorgrössen geben Auskunft über den Projektstand? Sind gewisse Massnahmen bloss Symptombekämpfung oder sind sie gar kontraproduktiv? Wie muss ein Projekt in einem veränderlichen Umfeld gesteuert werden? Was muss unternommen werden, um die Lebensfähigkeit der Organisation zu erhalten und zu verbessern?

Abfolge der einzelnen Schritte

In der Praxis folgen die einzelnen Schritte selten genau in der dargestellten zeitlichen Sequenz. Es sind oft Wiederholungszyklen nötig, da sich die Wahrnehmung verändert oder weil neue Informationen auftauchen. Besonders häufig sind Wiederholungen der Schritte «Zielformulierung» und «Lösungsentwurf», da sich Ziele und Bewertungen im Laufe der Zeit verändern. Eine schrittweise Anpassung der Ziele und Bewertungen darf dann nicht als Führungsschwäche abgetan werden. Sie ist vielmehr als ein Zeichen der Flexibilität im Umgang mit Veränderungen zu sehen.

Herkömmliche Vorgehensmodelle zeigen eine ähnliche Abfolge der einzelnen Schritte, jedoch mit einer völlig anderen Gewichtung. Nach einer allenfalls flüchtigen Erfassung der Umweltsituation wird sogleich die Problemlösung angegangen, ohne dass man sich im Voraus Gedanken über die Lebensfähigkeit macht. Diese Vorgehensweise ist unsystemisch, weil die realisierten Lösungen erst nach deren Fertigstellung in ein Gesamtsystem und in die Umwelt eingefügt werden. Mit unverhältnismässig grossem Aufwand wird dann erst nach der Umsetzung versucht, das Produkt oder die Dienstleistung lebensfähig zu gestalten. Dies führt zu einem eigentlichen Reparaturdienstverhalten.

Systemisches Konzipieren und Realisieren lebensfähiger Systeme erfordert somit das Verlassen gewohnter Vorgehensmuster. Ein Umdenken setzt Einsicht voraus und fordert Energie. Erst mit dem praktischen Erleben des systemischen Vorgehens werden die eigentliche Bedeutung und die Möglichkeiten dieser Arbeitsweise erkennbar. Durch Erfahrungen im Team kann zudem eine gemeinsame Sprache zwischen verschiedenen Disziplinen gefunden werden. Systemik wird so zum festen Bestandteil der Arbeitskultur.

Die Abfolge der einzelnen Schritte im Vorgehensmodell bestimmt auch den Aufbau des vorliegenden Buches. In einem ersten Kapitel befassen wir uns vorwiegend mit Aspekten, welche in Abb. 1.4 innerhalb und ausserhalb des Kreises gezeichnet worden sind: System und Umwelt, Umgang mit Komplexität, Wahrnehmung und Denkmuster – das sind die Stichworte. In den beiden folgenden Kapiteln werden ausführlich die Aspekte der Chancen- und Problemdefinition bzw. der Problemlösung diskutiert. Das Kapitel zum Thema «Umsetzung und Nutzung» ist bewusst allgemein gehalten, da es im Rahmen der vorliegenden Abhandlung nicht darum gehen kann, spezifische Werkzeuge und Methoden der einzelnen Fachbereiche vorzustellen. Zur Abrundung wird schliesslich anhand von Fallbeispielen gezeigt, wie sich der systemische Ansatz auf verschiedene technische Fachbereiche anwenden lässt.

2 Denkmuster

Die drei Mitarbeiter der Firma CASH-PROTECT, welche wir bereits kurz kennen gelernt haben, finden sich eine Woche nach ihrem Gespräch über die Sicherheit von Tiefgaragen im Büro von Rolf zu einer Sitzung ein. Rolf ist Leiter des Entwicklerteams und Chef der drei jungen Leute.

Rolf: «O. K. Matz hat mir von eurer kürzlich entwickelten Idee erzählt, und darum habe ich diese Teamsitzung angesagt. Ihr glaubt also, einen neuen Markt für unsere Sicherheitssysteme entdeckt zu haben. Das müssen wir uns heute als Erstes mal näher anschauen – und entscheiden, ob wir diese Idee bei der Geschäftsleitung vorbringen sollen.»

Matz: «Ja, ich glaube, wenn wir es schaffen, Tresore sicher zu machen, warum sollten wir es nicht schaffen, Tiefgaragen abzusichern?!»

Carole: «So könnten wir auch einen Beitrag zur allgemeinen Sicherheit in der Gesellschaft leisten! Das wäre nicht zuletzt für das Image der Firma gut, meint ihr nicht auch?»

Luki: «Genau! Wir müssten unser Know-how so einsetzen, dass wir allen ein Gefühl der Sicherheit vermitteln. Ich würde zum Beispiel alle Kabel kappsicher installieren!»

Matz: «Und dann käme ich nie mehr zu spät ins Kino!»

Carole: «Ich würde die Kabel in die Lüftungsschächte einlegen...»

Matz: «Unsere kürzlich entwickelten Wärmesensoren liessen sich bestens installieren und wären viel unauffälliger als Videokameras.»

Rolf: *(legt seine vorbereitete Liste auf den Tisch)* «Ja, tragen wir doch alle technischen Möglichkeiten zusammen, die für eine Lösung geeignet wären!»

Matz: «Wir müssten unbedingt die Glasfasertechnologie berücksichtigen. Mit diesen Superkabeln lassen sich riesige Mengen von Daten transportieren. So hätten wir bei der Informationsübermittlung keine Engpässe.»

Luki: «Das Projekt ‹Künstliche Intelligenz› könnte auch endlich einer Anwendung zugeführt werden: Bilderkennung und intelligente Informationsverarbeitung, das ist Zukunft!»

Carole: «Wäre es damit möglich, alle Leute zu erkennen, die nicht mit dem Auto in der Tiefgarage geparkt haben? Also all jene, welche eben nichts in der Garage zu suchen haben?»

Luki: «Ja, sicher! Wäre das nicht eine coole Anwendungsmöglichkeit?»

Matz: «Mit unseren Wärmesensoren könnten wir für die Bilderkennung ein sehr effizientes Nachführsystem entwickeln, das die Kamera immer auf die Leute richtet.»

Carole: «Wie wäre es mit unseren Schalldetektoren? Wenn jemand ‹Hilfe!› ruft, gehen sofort die Alarmanlagen an.»

Rolf: «Wahnsinnig! - Das Know-how, das wir da zusammentragen! Ich bin begeistert!»

Wahrnehmen oder Kommunizieren sind Tätigkeiten, welche der Mensch beherrscht, ohne dass er sich darüber gross Gedanken macht. Dieser scheinbar unproblematische Umgang mit Denkmustern soll im Folgenden hinterfragt werden. Den Begriff *Denkmuster* verstehen wir dabei im weitesten Sinne als «Grundmuster unseres Denkens und Handelns».

In einem ersten Kapitel zeigen wir, dass das Denken und Handeln in Wissenschaft und Technik von verschiedenen Weltbildern, so genannten Paradigmen, geprägt ist. Aus der Überzeugung, dass in verschiedener Hinsicht ein Paradigmenwechsel notwendig ist, welcher auf einem verantwortungsvollen Handeln gegenüber Mitmenschen und Umwelt basiert, sprechen wir hier auch über ethische Grundlagen. In den beiden nachfolgenden Kapiteln beschränken wir den Betrachtungsbereich auf das Denken von einzelnen Individuen bzw. auf die Kommunikation innerhalb von Gruppen. Wir zeigen, dass jede Form der Wahrnehmung subjektiv ist und dass diese Tatsache unter Umständen zu erheblichen Kommunikationsproblemen führen kann. In zwei weiteren Kapiteln stellen wir wichtige Grundlagen des Systemdenkens vor. Wir erläutern, wie etliche Situationen in unserem Alltag als Systeme verstanden und strukturiert werden können. Ein charakteristisches Merkmal vieler Systeme ist die Dynamik bzw. die Veränderlichkeit der Struktur. Wir zeigen, dass diesbezüglich unterschieden werden muss zwischen Systemen, welche wie Maschinen funktionieren, und Systemen, welche eher die Merkmale von komplexen, natürlichen Organismen aufweisen. Als Abrundung des Kapitels über Denkmuster diskutieren wir

Denkfehler, welche im Umgang mit komplexen Problemsituationen oft gemacht werden, und wir zeigen auf, in welche Richtung ein Umdenken notwendig ist.

2.1 Weltbilder

In diesem Kapitel wird der Begriff «Denkmuster» sehr allgemein interpretiert. Im ersten Teil wird gezeigt, dass wir Menschen uns – je nach Standpunkt oder wissenschaftlicher Erkenntnis – unterschiedliche Vorstellungen über die Welt machen, wir also unterschiedlich über die Realität nachdenken. Im zweiten Teil wird gezeigt, dass sich im Verlaufe der Menschheitsgeschichte ethische Verhaltensregeln herausgebildet haben, welche unser Denken und Handeln beeinflussen. Gerade für die technischen Disziplinen, mit ihrem riesigen Potenzial zur Beeinflussung der Menschheit und zur Veränderung der Umwelt, haben ethische Grundsätze eine zusehends grössere Bedeutung.

2.1.1 Paradigmen

Im Verlaufe der Menschheitsgeschichte haben sich die Weltbilder mehrmals verändert (vgl. Abb. 2.1). Bis heute gibt es keine einheitliche Vorstellung darüber, was die Welt ist und wie sie funktioniert. Eine einzige allgemein gültige Lehrmeinung über die Zusammenhänge des Weltgeschehens wird es auch in Zukunft nicht geben. Wir müssen vielmehr davon ausgehen, dass sich bloss einzelne Bevölkerungsgruppen bezüglich einer gemeinsamen Weltsicht einig werden können. Wird eine Weltanschauung von einer grösseren Gruppe von Menschen geteilt, so sprechen wir von einem *Paradigma*. Da Paradigmen von Menschen erdacht bzw. konstruiert werden, existieren im Normalfall mehrere unterschiedliche Auffassungen nebeneinander. Es erstaunt also nicht, dass die Anhänger verschiedener Paradigmen sich gegenseitig von ihrer Lehrmeinung zu überzeugen versuchen. Dies hat zur Folge, dass Paradigmen entweder dynamisch sind und sich laufend den aktuellen Gegebenheiten anpassen (Kulturwandel) oder dass sie verkrusten (Fundamentalismus). Gelegentlich kann es vorkommen, dass in einer Lehrmeinung nicht bloss kleinere Anpassungen vorgenommen werden, sondern dass ein massiver Meinungsumschwung hin zu einem neuen Paradigma stattfindet. In diesem Falle sprechen wir von einem *Paradigmawechsel*. Es ist auffallend, aber keineswegs erstaunlich, dass uns insbesondere äussere Umstände oder

Krisen zu einem Umdenken veranlassen. Dabei kann es sich um neue wissenschaftliche Erkenntnisse handeln, um gesellschaftliche Umwälzungen oder um wirtschaftliche Gründe. In der heutigen Zeit ist zudem auch die drohende Umweltzerstörung eine starke Triebfeder für die Anpassung unserer Denkweise.

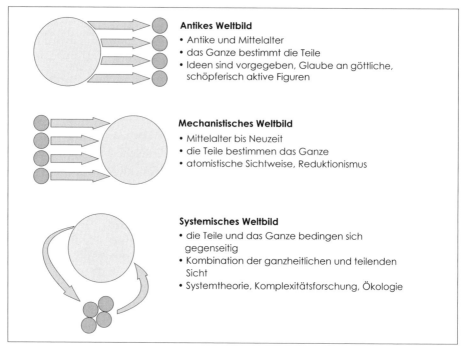

Abb. 2.1   Drei unterschiedliche Weltbilder

Paradigmen prägen unser Denken und Handeln nachhaltig. Seit der Antike, in der sich die Menschen als Instrumente der Gottheiten sahen, hat sich immer stärker eine mechanistische Denkweise durchgesetzt. Diese betont eher das rational logische und weniger das emotional intuitive Denken. In den letzten Jahren zeichnet sich in verschiedenen Wissenschaften erneut ein bedeutender Paradigmawechsel ab. Dabei wird die herkömmliche mechanistische Denkweise durch ein ganzheitliches Denken abgelöst. Gemäss Fritjof CAPRA, einem der Vordenker dieses Paradigmawechsels, weist das Umdenken drei grundlegende Merkmale auf: die Umkehr des Verhältnisses zwischen den Teilen und dem Ganzen, die Verschiebung des Blickpunktes von einer Suche nach Strukturen zu einer Erfassung von Prozessen und der Verzicht auf die Vorstellung, das Wissen sei wie ein Gebäude aus festen Bausteinen, zugunsten des Bildes eines dynamischen «Wissensnetzes». Daraus ergibt sich eine Denkweise, die sich in wesentlichen Punkten vom klassischen Ideal des wissenschaftlichen Denkens unterscheidet: Anstelle des analytischen, auf das Detail ausgerichteten Denkens tritt ein auf das grössere Ganze gerichtete, integrierendes Denken. Statt in kleinen, linearen Kausalketten mit definierten Ursachen und Wirkungen wird in vernetzten Wechselbeziehungen gedacht. Statt das nicht Messbare und das mathematisch nicht Formulierbare aus der Wissenschaft zu verbannen, werden bewusst auch solche Phänomene in den Denkprozess einbezogen. Und statt nach den statischen Strukturen der Dinge zu suchen, richtet man den Blick auf die Dynamik des Geschehens und sucht nach den Ordnungsmustern solcher Prozesse. Eindrücklich lässt sich dieser Paradigmenwechsel mit dem vermehrten Einsatz von Simulationswerkzeugen dokumentieren. Dynamische Systeme wie mechanische Mehrkörper, komplexe Regelsysteme oder auch ökonomische Netzverbunde lassen sich kaum mit einfachen mathematischen Gleichungen beschreiben. Um die Verhaltensweisen verstehen zu lernen, genügt eine statische Betrachtung nicht mehr. Mit Hilfe von Simulationsinstrumenten erhalten wir einen stärkeren Einblick in das dynamische Verhalten solcher Systeme.

2.1.2 Ethische Grundsätze

Unter dem Begriff *Ethik* verstehen wir im allgemeinsten Sinne die Lehre des «Lebens als guter Mensch». Da jeder Mensch in eine Gesellschaft eingebunden und Teil einer ökologischen Umwelt ist, geht es bei der Suche nach dem «Leben als guter Mensch» immer um die Abstimmung persönlicher Ziele mit den Ansprüchen anderer Menschen oder um eine nachhaltige Nutzung der natürlichen Ressourcen. Ethische Grundsätze finden wir in unserem Alltag implizit in Form von unausgesprochenen Regeln oder Normen des menschlichen Verhaltens und explizit z.B. in juristischen Texten oder religiösen Schriften.

Ethik wird als wissenschaftliche Disziplin betrieben, mit dem Ziel, das «Wohlverhalten des Menschen» zu untersuchen und Regeln für dieses Verhalten zu beschreiben. Eines der wichtigsten Untersuchungsergebnisse zeigt, dass viele ethische Grundregeln – unabhängig von Kultur und Religion – allgemein gültig sind. So finden wir beispielsweise die folgenden Verhaltensgrundsätze bei den unterschiedlichsten Völkern: Ehrfurcht vor dem Leben, Vermeiden von unnötigem Leid, Hilfe in der Not oder Streben nach allgemeinem Wohlergehen. Aus deren globaler Gültigkeit lässt sich schliessen, dass die Grundregeln des menschlichen Verhaltens nicht künstlich vom Menschen geschaffen worden sind, sondern sich als Ergebnis der menschlichen Entwicklung herauskristallisiert haben. Es sind offenbar jene Verhaltensformen, welche sich im Verlaufe der Menschheitsgeschichte im (Über-)Leben besonders bewährt haben.

Der Ingenieur/technische Wissenschafter, die Ingenieurin/technische Wissenschafterin

- trägt persönliche, ethische Verantwortung für sein/ihr Handeln
- handelt in ausgewogener Berücksichtigung seiner/ihrer gesellschaftlichen, ökologischen und wirtschaftlichen Verantwortung
- übernimmt, bei grundsätzlicher Freiheit der Forschung, die persönliche Verantwortung, auch Grenzen bei der Erkenntnisgewinnung zu berücksichtigen
- trägt zur Schonung beschränkter Ressourcen und zur Verminderung schädlicher Umweltbelastung bei
- bewertet und berücksichtigt Nutzen und Risiko/Schaden der Umsetzung technischer Erkenntnis in praktischen Anwendungen
- ist bestrebt, durch stete Innovation Fortschritte zugunsten von Gesellschaft, Umwelt und Wirtschaftlichkeit zu erzielen
- sorgt für die erforderliche berufliche Kompetenz durch stete Weiterbildung
- erwirbt sich ein genügendes Allgemeinwissen und damit die Fähigkeit zur Beurteilung grösserer Zusammenhänge und zur interdisziplinären Zusammenarbeit
- engagiert sich auf Gebieten des eigenen Wissens im Dialog mit der Öffentlichkeit
- verpflichtet sich der Wahrhaftigkeit, nach aussen und innen

---

Abb. 2.2   Ethische Grundsätze der Schweizerischen Akademie der Technischen Wissenschaften (SATW)

Obwohl die Ethik vor allem von kirchlichen Institutionen oder von Philosophen thematisiert wird, geht die Frage nach dem Wohlverhalten des Menschen uns alle an. Gerade in einer Zeit, in der es auf dem Planeten Erde langsam eng wird und in der die Auswirkungen unserer technischen Errungenschaften auf die Umwelt und auf den Menschen immer deutlicher zutage treten, gewinnen Fragen des ethischen Wohlverhaltens noch vermehrt an Bedeutung. Dies hat die Schweizerische Akademie der Technischen Wissenschaften (SATW) dazu bewogen, einen Ethik-Kodex als Orientierungshilfe für Ingenieure und technische Wissenschafter zu formulieren (die Kernaussagen finden sich in Abb. 2.2). Die SATW will mit diesem Kodex Verhaltensregeln aufzeigen, welche über den gesetzlichen Rahmen hinausgehen und den einzelnen Ingenieur bzw. Wissenschafter an seine Verantwortlichkeit erinnern.

2.2 Wahrnehmung

In diesem Kapitel wird der Begriff Denkmuster nun sehr konkret verwendet. In einem ersten Teil zeigen wir, welche Rolle die in unserem Hirn verfügbaren Denkmuster im Wahrnehmungsprozess spielen. Im zweiten Unterkapitel steht dann die Frage im Zentrum, in welcher Weise wir uns ein Bild von der Realität machen.

2.2.1 Wahrnehmung liefert keine Wahrheit

Vielleicht eines der grössten Probleme im Umgang mit unseren Mitmenschen liegt darin, dass wir unsere Wahrnehmung als das «Erkennen von absoluten Tatsachen» verstehen. Drei kleine Experimente sollen diesen Absolutheitsanspruch relativieren. In Abb. 2.3 sieht man im ersten Bild einen Streifen in der Mitte, welcher offensichtlich von links nach rechts heller wird. Decken wir nun aber die obere und untere Hälfte des Bildes ab, so merken wir, dass uns unsere Wahrnehmung einen Streich gespielt hat. Die Wahrnehmung der Helligkeit erfolgt hier offensichtlich sehr *subjektiv*. Im zweiten Bild erkennen wir einen durchsichtigen Würfel. Wir sehen ihn von oben rechts – oder vielleicht von unten links? Wie wir hier leicht sehen, ist unsere Wahrnehmung *mehrdeutig*. Im dritten Bild erkennen wir ein gleichseitiges Dreieck. Wenn wir genau hinsehen, erkennen wir sogar ganz schwach die Verbindungslinien, welche das Dreieck vom leicht grauen Hintergrund abheben. Decken wir nun aber die dunklen Kreissegmente ab, so verschwinden diese Linien. Wir realisieren, dass das Dreieck durch unsere Wahrnehmung *konstruiert* worden ist und dass in Tat und Wahrheit bloss drei Kreissegmente zu finden sind. Die drei kleinen Experimente lehren uns, dass wir bei der Wahrnehmung sehr vorsichtig sein müssen, und zwar nicht bloss beim Sehen, sondern auch bei der Aufnahme von Informationen mittels all unseren übrigen Sinnesorganen.

Wir wollen nun untersuchen, weshalb Wahrnehmung manchmal so widersprüchlich sein kann. In Abb. 2.4 findet sich eine vereinfachte Darstellung des Wahrnehmungsprozesses. Die Aussenwelt ist Träger von Informationen. Sie umfasst nicht bloss konkrete Objekte in der uns umgebenden Realität,

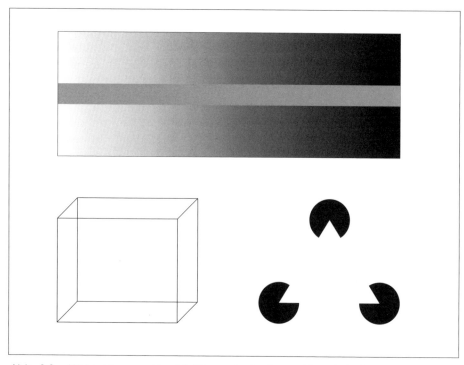

Abb. 2.3   Wahrnehmung ist subjektiv, mehrdeutig und konstruiert

sondern auch Wörter, Bilder oder Konzepte, welche uns von unseren Mitmenschen präsentiert werden. Aus der Vielfalt der uns umgebenden Sinneseindrücke kann nun bloss das wahrgenommen werden, was mit einem *Muster* aus unserem *Mustervorrat* assoziierbar ist. Erst durch die Verbindung von Muster und Träger erlangen die Sinneseindrücke eine Bedeutung. Es versteht sich, dass der Mustervorrat laufend erweitert und angepasst wird. In einem lebenslangen Lernprozess eignen wir uns neues Wissen an, machen neue Erfahrungen oder übernehmen Konventionen aus unserem sozialen Umfeld.

Die *Subjektivität* der Wahrnehmung kommt nun offensichtlich dadurch zustande, dass wir nur jene Muster erkennen können, welche auch in unserem Mustervorrat vorhanden sind. Die *Mehrdeutigkeit* ergibt sich aus der Tatsache, dass ein bestimmter Träger mit mehreren Mustern assoziiert werden kann. Und die *Konstruktion* von scheinbar wahren Tatsachen resultiert aus einer Situation, in der zu einem Träger kein geeignetes Muster abrufbar ist.

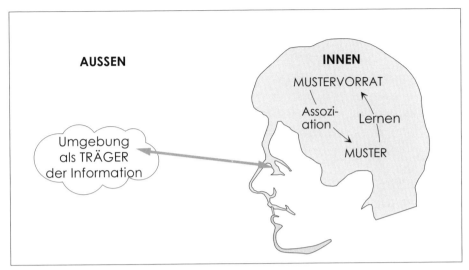

Abb. 2.4   Wahrnehmung durch Assoziation von Muster und Träger

2.2.2 Modellierung – Konstruktion der Realität

Im Folgenden wollen wir uns damit befassen, dass es sich bei der von uns als Realität wahrgenommenen Aussenwelt bloss um ein konstruiertes Bild handelt. Bekanntlich basiert unsere Fähigkeit, über die Realität nachzudenken, auf einer Menge von chemischen Prozessen und elektronischen Signalen in unserem Gehirn. Alles, was wir durch unsere Sinne von der Realität wahrnehmen können, wird in unserem Gehirn in Form von gedanklichen Bildern reproduziert. Solche Bilder werden als Gedankenmodelle bezeichnet, da es sich um Abbildungen von realen Objekten und nicht um die Objekte selber handelt.

Um die Gedankenmodelle zu konkretisieren, geht man oft noch einen Schritt weiter und stellt die Vorstellungen von der Realität in irgendeiner grafischen, schriftlichen oder gegenständlichen Form dar. Ganz allgemein bezeichnen wir deshalb jede Vorstellung, Beschreibung oder Abbildung der Realität als *Modell*. Neben den allgemeinen Denkmodellen, welche uns jeden Tag begleiten, verwendet der Ingenieur oder Betriebswirtschafter eine ganze Reihe von spezifischen Modelltypen: verschiedene Formen von grafischen Diagrammen, gegenständliche Modelle, mathematische Modelle oder auf dem Computer implementierte Simulationsmodelle.

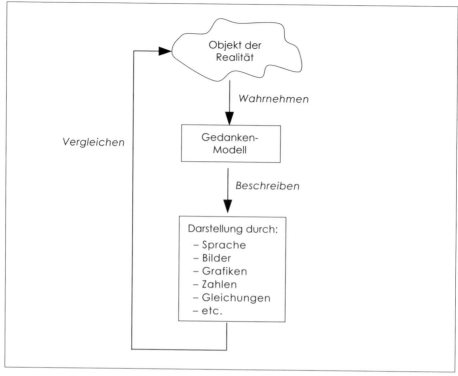

Abb. 2.5   Modellbildung durch Abstraktion

Bei vielen Tätigkeiten geht es darum, eine gegebene Situation möglichst umfassend und sachgerecht zu erfassen. Bewusst oder unbewusst durchläuft man dabei den in Abb. 2.5 vereinfacht dargestellten Abstraktionsprozess. Unter *Abstraktion* verstehen wir das Herausarbeiten von wesentlichen Merkmalen eines Problembereichs. Indem der zyklische Prozess mehrfach durchlaufen wird, erreichen wir eine schrittweise Annäherung unserer Modelle an die Realität.

Modelle sind also Abstraktionen und somit Vereinfachungen der Wirklichkeit. Sie zeigen nur Teilaspekte der Realität auf, sind meist zweckgebunden und stark durch die Wahrnehmung des Modellbildners geprägt. Bei der Modellierung haben wir uns daher stets die Frage nach der Zweckmässigkeit und der Problemrelevanz unseres Modells zu stellen und müssen uns bewusst sein, dass es *das* richtige Modell nicht gibt. Der ungeübte Fachmann hat die Tendenz, seine Modelle mit Informationen zu überladen, um ja keine Details zu vergessen. Die Erfahrung zeigt aber, dass die komplizierten Modelle nicht die besten Modelle sind. Wie bei allen Problemlösungsansätzen gilt auch hier der Grundsatz: So kompliziert wie nötig und so einfach wie möglich! Oder wie EINSTEIN gesagt hat: «Make it as simple as possible, but not simpler.»

Im Zusammenhang mit der Lösung von Problemen ist zu beachten, dass die Lösungs*findung* auf der Modellebene stattfindet. Dies bedeutet, dass zunächst ein Ausschnitt aus der Realität analysiert und modelliert wird. Anhand des Modells wird sodann eine Lösung gesucht. Dabei bewegt man sich gezwungenermassen im Rahmen von gedanklichen Vorstellungen und abstrakten Abbildungen. Es ist nahe liegend, dass man dabei nicht laufend den Bezug zur Realität herstellen kann. Dies hat zur Folge, dass die Lösung letztendlich nicht mehr vollständig mit den ursprünglichen Vorstellungen übereinstimmt (vgl. Abb. 2.6). Gerade in diesem Bereich ist es ein wichtiges Ziel der Systemik, Ansätze zur Entschärfung der Problematik zu finden.

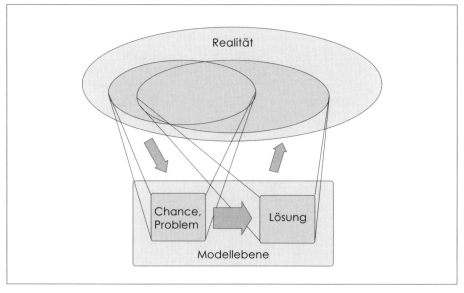

Abb. 2.6   Realität und Modellebene

2.3 Kommunikation

Unter *Kommunikation* verstehen wir jeden Austausch von Informationen zwischen mindestens zwei Akteuren, wobei einer zeitweilig die Rolle des «Senders» und der andere die Rolle des «Empfängers» übernimmt. Alles, was im vorangehenden Kapitel über Subjektivität und Mehrdeutigkeit der Wahrnehmung gesagt worden ist, gilt auch für die Kommunikation. In einem ersten Unterkapitel werden wir deshalb bloss noch einige spezifische Ergänzungen vornehmen; im zweiten Unterkapitel erläutern wir dann einige praktische Probleme, welche sich im Zusammenhang mit Wahrnehmung und Kommunikation ergeben können.

2.3.1 Suche nach dem gemeinsamen Verständnis

Wie wir soeben gesehen haben, sind Wahrnehmungen und daraus resultierende Modelle sehr subjektiv. Im Zusammenhang mit der Bearbeitung von Projekten erhält die Wahrnehmungsproblematik eine zusätzliche Dimension. In der Regel sind nämlich mehrere Personen am Problemlösungsprozess beteiligt. Neben dem Auftraggeber und dem Auftragnehmer können auch fachfremde Leute wie Benutzer oder Experten in den Prozess involviert sein. Der bearbeitete Problembereich kann sich den Beteiligten sehr unterschiedlich präsentieren, je nach Standpunkt, Erfahrungshintergrund bzw. Mustervorrat. Zur Veranschaulichung dieses Sachverhalts ist in Abb. 2.7 exemplarisch die unterschiedliche Sicht eines geometrischen Problems dargestellt.

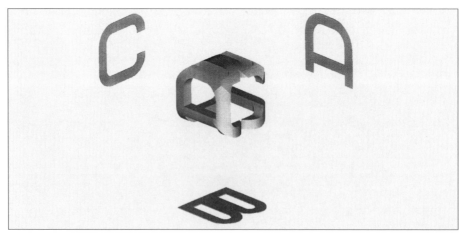

Abb. 2.7 *Unterschiedliche Sicht eines Problembereichs*

Um die Differenz zwischen zwei unterschiedlichen Sichtweisen zu reduzieren, ist offenbar ein Kommunikationsprozess notwendig. Abb. 2.8 veranschaulicht schematisch, was im Falle einer Einwegkommunikation zwischen Sender und Empfänger abläuft. Der Sender assoziiert zum gegebenen Problembereich ein bestimmtes Muster und formuliert seine Wahrnehmung in Form von Worten. Der Empfänger entschlüsselt diese Worte und assoziiert sie mit Mustern aus seinem Mustervorrat. Zudem vergleicht er die Muster mit seiner eigenen Wahrnehmung. Stimmen die empfangenen und wahrgenommenen Muster nicht überein, so haben wir ein Kommunikationsproblem. Dieses gilt es zu bereinigen, indem der Prozess in der umgekehrten Richtung gestartet wird. Der Rollentausch zwischen Sender und Empfänger wird so lange wiederholt, bis die beiden Gesprächspartner zu einem gemeinsamen Verständnis finden.

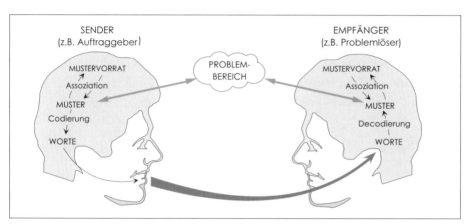

Abb. 2.8   Einwegkommunikation zwischen Sender und Empfänger

Im obigen Beispiel läuft die Kommunikation über die Sprache als Informationsträger. Es ist oft sehr nützlich, die Form des Kommunikationsmittels zu variieren. Die verschiedenen Ingenieurdisziplinen setzen zum Teil sehr fantasievolle Hilfsmittel ein, von der Verwendung einfacher Bauklötze bis zur komplexen Computersimulation. Hier können wir das vermittelnde Medium

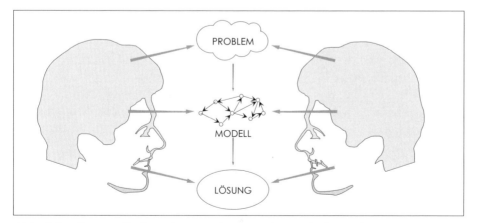

Abb. 2.9   Kommunikation via gemeinsam entwickelte Modelle

durchaus auch als Modell im obigen Sinne verstehen. Die Bedeutung von Modellen für den Problemlösungsprozess ist in Abb. 2.9 schematisiert.

2.3.2 Probleme der Wahrnehmung und Kommunikation

Viele Projekte geraten bereits im Frühstadium der Situationserfassung und gegenseitigen Verständigung in erste Schwierigkeiten. Oft handelt es sich dabei um Probleme der Wahrnehmung und Kommunikation. Etliche dieser «Denkfallen» sind implizit bereits in den vorangehenden Kapiteln zur Sprache gekommen. Weil sie uns tagtäglich begegnen, am Arbeitsplatz und auch im persönlichen Umfeld, sind in Abb. 2.10 die wichtigsten Wahrnehmungs- und Kommunikationsprobleme im Zusammenhang mit der Beschreibung, Erfassung und Lösung von Problemen nochmals zusammengestellt.

Problem	Mögliche Ursachen
Unklare Formulierung einer Aufgabenstellung	■ Auftraggeber kann Aufgabe nicht eindeutig oder nur unzureichend mit prägnanten Mustern assoziieren. ■ Auftraggeber hat anderen Mustervorrat als Auftragnehmer. ■ Codierungsproblem, falls die Bedeutung (Semantik) der kommunizierten Inhalte nicht eindeutig ist.
Falsche Erfassung eines Problems	■ Mustervorrat des Problemlösers ist beschränkt, z. B. durch mangelhaftes Wissen oder fehlende Erfahrung. ■ Mustervorrat des Problemlösers ist der Problemstellung nicht angepasst, z. B. Fachwissen aus einem anderen Fachgebiet. ■ Problemlöser assoziiert falsch und konstruiert sich aufgrund seiner Denkmuster eine eigene Problemstellung.
Einseitige Betrachtung eines Problems	■ Wahrnehmung ist immer subjektiv, da der Mustervorrat beschränkt und durch persönliche Erfahrungen geprägt ist. ■ Wahrnehmungsvermögen ist beschränkt; wir können bloss maximal sieben Aspekte eines Problembereichs gleichzeitig erfassen. ■ Überbewertung der ersten Erkenntnis, d. h. einmal gemachte Assoziationen werden ungern verworfen. ■ Bestimmtes Denkmuster wird bevorzugt, weil es bei der Wahrnehmung mehrfach assoziiert wurde.
Mangelnde Offenheit gegenüber neuen Lösungsansätzen	■ Es ist einfacher, in bewährten Denkmustern zu denken. ■ Neues und Unbekanntes löst unter Umständen Ängste aus; wir bevorzugen alte, uns vertraute Denkmuster. ■ Wir haben die Tendenz, unsere eigene Denkrichtung schon nach einer geringen Anzahl von Hinweisen zu bestätigen. ■ Wir streben nach möglichst grosser Ordnung in unserem Gedankengebäude, neue Denkansätze bedingen aber eine vorübergehende Unordnung.

Abb. 2.10 *Wahrnehmungs- und Kommunikationsprobleme im Zusammenhang mit der Beschreibung, Erfassung und Lösung von Problemen*

oskar weiss zu: « Denkmuster »

2.4 Systemdenken

Im Umgang mit komplexen Problemen erweist es sich oft als hilfreich, einen gegebenen Sachverhalt als Menge von Komponenten und Beziehungen und damit als System aufzufassen. Normalerweise sind Systeme nach aussen begrenzt und somit Teil einer Systemumwelt. Oft können Systeme hierarchisch in Teilsysteme gegliedert werden. Meistens interessiert man sich für die Struktur eines Systems, häufig ist man aber auch an dessen Dynamik interessiert. All diese Aspekte werden im Folgenden genauer erläutert. Zum Schluss wird auch die Nützlichkeit des Systembegriffs als Hilfsmittel der Problemlösung dargestellt. Bei aller Nützlichkeit müssen wir uns aber klar sein: Jede Beschreibung eines Systems ist letztlich ein Konstrukt unseres Geistes und unterliegt damit allen Beschränkungen unserer Wahrnehmung.

2.4.1 Was ist ein System?

Viele Erscheinungen werden im normalen Sprachgebrauch als System bezeichnet: EDV-System, Datenbank-System, Währungs-System, Transport-System, Planungs-System, Sonnen-System. Was sind nun die Gemeinsamkeiten all dieser Systeme, wie lässt sich der Begriff *System* definieren (vgl. Abb. 2.11)?

- Ein System besteht aus *Komponenten* und *Beziehungen*. Was wir als Komponente oder Beziehung gelten lassen, ist von unserer Wahrnehmung und Wertung abhängig.
- Die Art der Verknüpfung (Vernetzung) der Komponenten durch die Beziehungen definiert die *Struktur* und bestimmt damit die Eigenschaften des Systems. Eine unterschiedliche Struktur kann bei an sich gleichen Elementen zu recht unterschiedlichem Verhalten führen (z.B. $2 H_2 + O_2$ = Knallgas; $2 H_2O$ = Wasser).
- Jede Komponente kann selber als System aufgefasst werden. Ein System kann also hierarchisch in *Teilsysteme* untergliedert werden.
- Umgekehrt ist jedes System ein Teil eines übergeordneten Systems. Wir bezeichnen das umgebende System als *Umwelt*.
- Zwischen System und Umwelt wird vom Betrachter mehr oder weniger subjektiv eine *Systemgrenze* gezogen.
- Wichtige Umweltelemente, welche von aussen auf ein System einwirken, werden als *externe Grössen* bezeichnet.
- Die Merkmale eines Systems, welche wir zu einem bestimmten Zeitpunkt beobachten, werden als *Systemzustand* bezeichnet.

- Veränderungen des Systemzustandes im Verlaufe der Zeit kommen durch *Wechselwirkungen* zwischen den Komponenten zustande; diese können direkt oder indirekt sein.

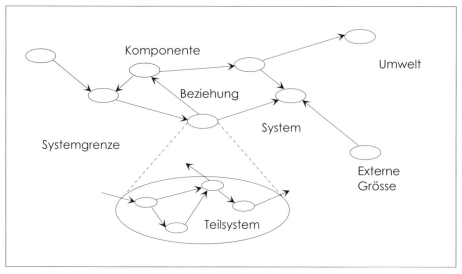

Abb. 2.11 *Wesentliche Aspekte des Systembegriffs*

2.4.2 Komponenten und Beziehungen

Was als *Komponente* (Einheit der feinsten Unterteilung) gewählt wird, hängt von der jeweiligen Fragestellung und Betrachtungsweise ab. Möchte ich beispielsweise das Verhalten eines Federpendels im Detail verstehen, so muss ich den Zusammenhang zwischen den folgenden Komponenten betrachten: Auslenkung, Geschwindigkeit, Beschleunigung, Federkraft und Masse. An diesem Beispiel wird offensichtlich, dass Komponenten sowohl gegenständliche wie auch konzeptionelle Einheiten sein können.

Im Zusammenhang mit einer dynamischen Systembetrachtung ist es oft sinnvoll, eine Komponente als *Prozess* zu verstehen (vgl. Abb. 2.12). Ein Prozess ist abhängig von einwirkenden Grössen (Input). Das Ergebnis eines Prozesses (Output) hat seinerseits Auswirkungen auf andere Prozesse.

Das *dynamische Systemverhalten*, d.h. die Zustandsveränderung pro Zeit, lässt sich am Verhalten (Output) der einzelnen Komponenten ablesen. Das Verhalten eines Federpendels kann beispielsweise durch die Zustandsveränderung der zwei Komponenten Auslenkung und Geschwindigkeit beschrieben werden.

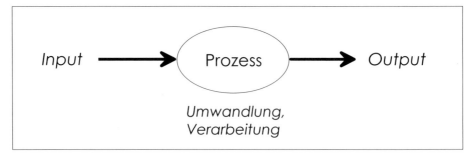

Abb. 2.12 Systemkomponente als Input-Output-Prozess

Die Systemkomponenten sind untereinander durch *Beziehungen* verbunden. Der Begriff Beziehung ist sehr allgemein zu verstehen. Es kann sich um Materialflussbeziehungen, Informationsflussbeziehungen, Lagebeziehungen, Wirkungszusammenhänge usw. handeln. Im Zusammenhang mit einer dynamischen Systembetrachtung ist es oft sinnvoll, eine Beziehung als Übertragung einer Flussgrösse zu verstehen (vgl. Abb. 2.13).

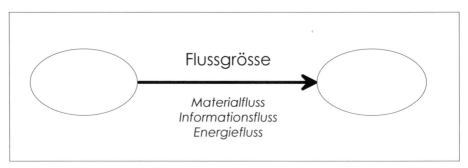

Abb. 2.13 Systembeziehung als Flussgrösse

2.4.3 Systemgrenze und Systemumwelt

Eine *Systemgrenze* ist eine mehr oder weniger willkürliche Abgrenzung zwischen Systemen. Was zum System und was zur Umwelt gezählt wird, richtet sich allein nach dem Wissen und dem Untersuchungsziel des Betrachters. Die Systemgrenze kann dabei physisch sichtbar oder rein gedanklicher Natur sein.

Wenn Grenzen gezogen werden, gibt es offensichtlich «innen» und «aussen». Um ein System zu verstehen, ist es oft notwendig, neben den inneren Systemkomponenten auch umliegende Elemente zu berücksichtigen. Als

Systemumwelt bezeichnen wir deshalb die Menge der Elemente (Komponenten, Systeme), welche zwar ausserhalb der Systemgrenzen liegen, aber dennoch auf das abgegrenzte System Einfluss nehmen bzw. von diesem beeinflusst werden.

Es stellt sich hier natürlich die Frage nach der «richtigen» *Abgrenzung*. Wenn offensichtlich eine Beziehung zwischen Umwelt und System besteht, sollten dann nicht die Umweltelemente ins System einbezogen werden? Da Systeme in der Regel offen sind (d.h. mit der Umwelt in Beziehung stehen), würde diese Argumentation zu einer beliebigen Ausdehnung der Systemgrenzen führen. Wir kommen also um eine (mehr oder weniger willkürliche) Abgrenzung des Systems nicht herum.

Bei der Abgrenzung eines Systems sollten folgende Aspekte berücksichtigt werden (vgl. Abb. 2.14):
- Je umfassender das zu untersuchende System abgegrenzt wird, desto mehr Aufwand ist für die Analyse der Komponenten, Beziehungen und Einflussgrössen erforderlich.
- Wird ein System zu eng abgegrenzt, so wird die Entdeckung weiterer Lösungs- und Eingriffsmöglichkeiten eingeschränkt oder vielleicht sogar unmöglich gemacht.
- Die Anzahl der Beziehungen innerhalb des Systems sollte grösser sein als die Anzahl der Beziehungen zwischen System und Umwelt (Übergewicht der inneren Bindung).
- Die Anzahl der Beziehungen zwischen System und Umwelt sollte minimal sein (Einfachheit der Schnittstelle zur Umwelt).

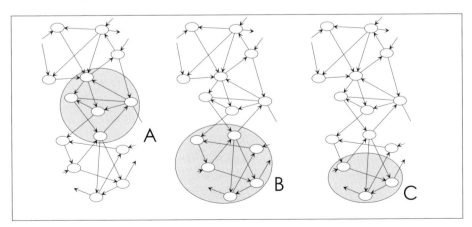

Abb. 2.14   Abgrenzung eines Systems

2.4.4 Systemhierarchie

Jedes komplexe System erweist sich bei näherer Untersuchung als eine in sich gegliederte Gesamtheit von kleineren Systemen. Beginnen wir mit einer groben Gliederung eines Systems und verfeinern diese Gliederung Schritt für Schritt, dann erwarten wir schliesslich, auf die eigentlichen Grundbausteine des Systems zu stossen. Solche Grundkomponenten haben die Eigenheit, dass sie für das Verständnis der Systemzusammenhänge nicht weiter zerlegt werden müssen. Betont sei hier die Relativität dieser Begriffsbestimmung: Wir sagen, dass ein Element in Bezug auf eine gegebene Systembetrachtung nicht weiter zerlegt werden *muss*. Das heisst jedoch nicht, dass wir absolut nicht mehr weiter zerlegen *könnten*.

Komponenten eines Systems können somit als Untersysteme aufgefasst werden. Für Untersysteme gilt wiederum die Systemdefinition, d.h. sie weisen selber Komponenten auf und können weiter unterteilt werden. Bei der Systemanalyse kommen wir aber nicht darum herum, uns auf ein bestimmtes Abstraktionsniveau festzulegen.

2.4.5 Formen der Systembeschreibung

Ein wesentliches Prinzip des Systemdenkens besteht darin, Systeme und komplexe Zusammenhänge durch modellhafte Abbildungen zu veranschaulichen. Wie bei Modellen, stellt sich auch bei einer Systembeschreibung immer die Frage, nach welchen Gesichtspunkten vereinfacht werden soll. Ausgangspunkt des Entscheides ist immer der Modellzweck, d.h. die Frage, was schliesslich mit dem Modell erreicht werden soll. Bezüglich der Form lassen sich generell drei Typen unterscheiden:

- Blackboxbeschreibung
- Strukturorientierte Beschreibung
- Dynamische Beschreibung

Blackboxbeschreibung

Bei der Analyse und Beschreibung von Systemen ist es oft zweckmässig, zunächst nur die Schnittstelle zwischen einem System und der Umwelt zu betrachten und die inneren Systemzusammenhänge zu vernachlässigen. Eine solche Beschreibungsform wird als Blackboxbeschreibung bezeichnet. Dabei wird von der Frage ausgegangen, welche Umwelteinwirkung (Input) welche

Systemreaktion (Output) zur Folge hat (vgl. Abb. 2.15). Die Blackboxbeschreibung ist ein gutes Hilfsmittel zur groben Charakterisierung von Problemfeldern und Lösungen. Bevor mit der detaillierten Untersuchung bzw. Gestaltung begonnen wird, grenzt man Teilsysteme als Blackboxen ab und definiert den angenommenen oder gewünschten Zusammenhang zwischen Input und Output.

Bei der Blackboxbeschreibung stehen somit folgende WAS-Fragen im Zentrum:

- Was für einen Output produziert das System?
- Was ist der notwendige Input des Systems?

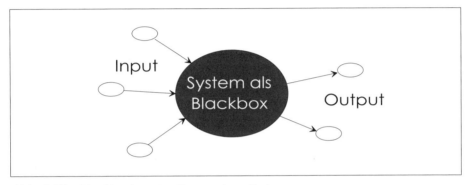

Abb. 2.15   Blackboxbeschreibung eines Systems

Strukturorientierte Beschreibung

Die Struktur eines Systems ist definiert durch die Menge der Beziehungen zwischen den Systemkomponenten. Durch sukzessive Auflösung der Black-Box wird untersucht, nach welchen *Prinzipien* der Input in einen bestimmten Output umgewandelt wird (vgl. Abb. 2.16). Eine strukturorientierte Sichtweise ist somit geeignet, im Rahmen einer Problemanalyse zu *erklären*, wie der Output aus dem Input entsteht, bzw. bei der Lösung eines Problems zu planen, wie der Input in einen gewünschten Output umgewandelt werden soll.

Folgende WIE-Fragen stehen im Zentrum:
- Wie entsteht eine bestimmte Wirkung bzw. der Output?
- Wie lassen sich die Beziehungen zwischen den Elementen charakterisieren?

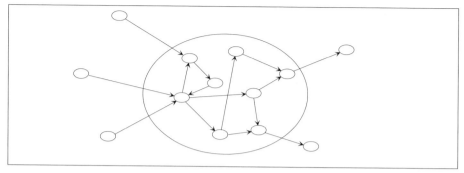

Abb. 2.16 Strukturorientierte Beschreibung eines Systems

Dynamische Beschreibung

Die Dynamik eines Systems wird sichtbar, wenn man den Zustand des Systems zu verschiedenen Zeitpunkten untersucht. Insbesondere folgende Aspekte eines Systems können sich im Verlaufe der Zeit verändern:

- Art und Intensität der Beziehungen zwischen System und Umwelt
- Art und Intensität der Beziehungen im Innern des Systems
- Eigenschaften von Komponenten
- Struktur, also Anordnung der Beziehungen zwischen den Komponenten (vgl. Abb. 2.17).

Bei der Analyse und Planung von technischen Systemen ist die Dynamik bezüglich System und Umwelt gebührend zu berücksichtigen. Ansonsten besteht die Gefahr, dass sich die Umwelt zwischen Analyse und Realisierung des Projekts derart verändert, dass erstens die Problemstellung nicht mehr identisch ist und zweitens eine Lösung entwickelt wird, welche nicht mehr zeitgemäss ist.

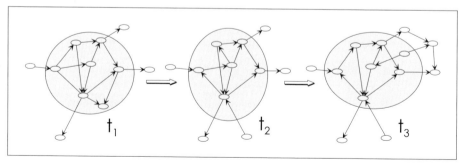

Abb. 2.17 Dynamische Beschreibung eines Systems

2.4.6 Systemdenken und Problemlösen

Beim Lösen von Problemen besteht die Gefahr, entweder den Sachverhalt zu eng abzugrenzen oder den Betrachtungshorizont bis zur Handlungsunfähigkeit auszuweiten. Die systemhierarchische Gliederung eines Sachverhalts erlaubt nun einen geordneten Umgang mit der Problemstellung. Dabei wird der Problembereich zunächst nur grob strukturiert, indem man eine überblickbare, bewusst beschränkte Anzahl von Untersystemen bildet und die als wesentlich erachteten Beziehungen darstellt. Um vorerst die Details vernachlässigen zu können, werden die Untersysteme als Blackboxen aufgefasst. Erst wenn keine Aussagen auf der Ebene der groben Gesamtbetrachtung mehr möglich sind, geht man zu einer strukturorientierten Betrachtungsform über. Auf diese Weise ist es möglich, sich – je nach augenblicklicher Fragestellung – einmal im Bereich des umfassenderen Systems, ein andermal im Bereich eines Untersystems zu bewegen, ohne dass dabei der Gesamtzusammenhang verloren geht.

Die Systemtheorie liefert somit den Rahmen für eine geordnete Problemlösung: Der problematische Sachverhalt wird zunächst vom Groben ins

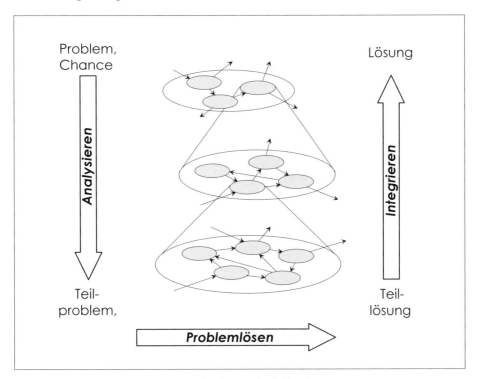

Abb. 2.18   Problemlösen durch Zerlegen in Teilsysteme

Detail zerlegt. Die resultierenden Teilsysteme ermöglichen eine detaillierte und systematische Problemlösung derart, dass die ermittelten Teillösungen jederzeit mit dem Gesamtkonzept im Einklang sind. Die Lösung von Teilproblemen muss *immer* im Rahmen des Gesamtsystems erfolgen. Wird diesem Aspekt zu wenig Beachtung geschenkt, besteht die Gefahr, dass die Lösung eines Teilproblems für sich gesehen vielleicht genial, aber unverträglich mit dem Gesamtsystem ist.

Systemisches Problemlösen beinhaltet somit analysierendes *und* integrierendes Denken (vgl. Abb. 2.18):
- Zerlegen und Lösen von Teilproblemen (Top-down)
- Integrieren der gelösten Teilprobleme (Bottom-up).

Zusammenfassend halten wir nochmals fest:
- Systeme sind dynamische Ganzheiten. Sie lassen sich mit einer System- oder Wirkungsanalyse untersuchen.
- Die Komponenten sind miteinander vernetzt und wirken aufeinander ein. Diese Wechselwirkungen bestimmen das Systemverhalten als Ganzes.
- Das Systemverhalten kommt nicht durch Addition der Verhaltensweisen der Teile zustande, sondern stellt eine neue, hierarchisch höher entwickelte Ganzheit dar.
- Jede Komponente kann selber als System aufgefasst werden. Was wir als Komponente und was als System betrachten, hängt von unseren jeweiligen Standpunkten, Untersuchungskriterien und Wahrnehmungsfähigkeiten ab.
- Die Grenzen eines Systems gegenüber seiner Umwelt sind nicht absolut gegeben, sondern müssen gedanklich konstruiert werden.
- Systeme sind offen gegenüber ihrer Umwelt und stehen mit dieser in einer Wechselbeziehung.
- Das Verhalten eines Systems kann nur verstanden werden, wenn es in Verbindung zur Umwelt gebracht wird, also als Teil eines umfassenden Systems gesehen wird.

2.5 Komplexität und Dynamik

Im vorangehenden Kapitel haben wir gezeigt, wie wir einen Problembereich ganz allgemein als System verstehen und strukturieren können. Für die prak-

tische Anwendung sind nun aber zusätzliche Kenntnisse bezüglich der Charakteristik einzelner Systemtypen notwendig. Um die Unterschiede der einzelnen Systemtypen besser herausarbeiten zu können, stellen wir die wichtigsten Formen einander gegenüber:
- technische und natürliche Systeme
- Systeme mit einer komplizierten und einer komplexen Struktur
- hierarchisch und holarchisch geordnete Systeme
- Systeme mit determinierten und mit zufälligen Ereignissen.

Wie bei einer Typisierung üblich, beschreiben wir die Systemmerkmale in überspitzter Form und ordnen sie eindeutig einem Systemtyp zu. In der Realität finden wir die einzelnen Typen selten in reiner Form. Vielfach treten sie als Kombination der verschiedenen Typen auf. Dadurch verschwimmen die beschriebenen Charakterzüge etwas. Generell lässt sich aber sagen, dass technische Systeme eher als kompliziert bezeichnet werden, hierarchische Züge aufweisen und ein determiniertes Verhalten zeigen. Dagegen lassen sich natürliche Systeme als komplex charakterisieren, mit eher holarchischer Ordnung und einem Verhalten, das uns oft als zufällig erscheint.

2.5.1 Technische und natürliche Systeme

Die Erfolge, welche die Technik in unserem Jahrhundert gefeiert hat, sind derart überwältigend, dass die Idee verlockend ist, alle Systeme gleich wie technische Systeme zu behandeln. Bei einer genaueren Betrachtung wird jedoch klar, dass wir für technische und für natürliche Systeme unterschiedliche Sichtweisen und Strategien anwenden müssen. Als technische Systeme bezeichnen wir all jene Systeme, welche von Menschenhand gezielt entwickelt worden sind (Maschinen, Häuser, Computerprogramme usw.). Natürliche Systeme dagegen zeichnen sich dadurch aus, dass sie sich in einem Evolutionsprozess nach selbstorganisatorischen Prinzipien entwickelt haben (Lebewesen, soziale Gruppen, politische Systeme usw.).

Für die Charakterisierung *technischer Systeme* betrachten wir stellvertretend das Prinzip einer Maschine. Die Grundvorstellung von einer Maschine besteht darin, dass sie nach einem Plan konstruiert ist und einen bestimmten Zweck erfüllt. Ihre Funktion, Zuverlässigkeit und Effizienz hängt von der entsprechenden Funktion und Eigenschaft ihrer Einzelteile ab. Die Einzelteile sind ihrerseits nach exakten, bis ins Detail ausgearbeiteten Plänen konstruiert und in einer genau bestimmten Art und Weise zusammengesetzt.

Eine Maschine muss also von ihrem Konstrukteur im Voraus bis ins Detail durchdacht und beherrscht werden.

Das bestimmende Merkmal *natürlicher Systeme* ist die sich selbst generierende Ordnung. So werden lebende Organismen nicht nach Bauplänen konstruiert, sondern sie entwickeln sich spontan und in gegenseitiger Beeinflussung. Oder etwa im sozialen Bereich entwickelt sich spontane Ordnung, die von niemandem gemacht bzw. in dieser Form geplant wird. Der Mensch hat die ihm zur Bewältigung seines Lebens so überaus dienlichen sozialen Institutionen, wie beispielsweise Sitte, Moral, Sprache, Recht, Familie, Geld, Kredit, Wirtschaft, Unternehmen usw., nicht in dem Sinne geschaffen oder erfunden, wie er Werkzeuge oder Maschinen entwickelt hat. Nicht Baupläne sind für die Ordnung innerhalb des Systems verantwortlich, sondern Verhaltensregeln. Diese Regeln können – wie im Falle von juristischen Gesetzen – zwar bewusst aufgestellt worden sein. In vielen Fällen orientieren sich soziale Individuen jedoch an ungeschriebenen Regeln, oder sie formulieren diese erst im Nachhinein.

Für den Umgang mit Systemen ist es somit entscheidend, ob man ein technisches oder ein natürliches System zu analysieren oder zu planen hat. Im Falle von technischen Systemen muss man das Funktionsprinzip bis ins Detail durchschauen. Bei einem steuernden Eingriff müssen die zugrunde liegenden Baupläne berücksichtigt werden. Im Gegensatz dazu werden natürliche Systeme nicht durch Baupläne, sondern durch Regeln bestimmt. Diese Regeln organisieren nicht das Verhalten im Detail, sondern bloss die Art des Verhaltens. Das spezifische Verhalten ergibt sich erst aus der Anwendung der Regeln auf die besonderen, im Einzelfall vorherrschenden konkreten Umstände.

Obwohl klare Unterschiede zwischen technischen und natürlichen Systemen bestehen, werden viele natürliche Systeme wie technische behandelt. Es ist offensichtlich, dass ein technischer Ansatz – unabhängig vom Systemtyp – so lange praktikabel ist, wie das System überschaubar und im Detail analysierbar ist. Natürliche Systeme haben nun aber – im Gegensatz zu technischen Systemen – die Eigenart, dass sich ihre Struktur im Verlaufe der Zeit verändert. In einem solchen Fall wird es vollkommen unmöglich sein, das System durch detaillierte Anweisungen zu steuern, da sich die Entscheidungsgrundlagen fortlaufend ändern.

2.5.2 Kompliziertheit und Komplexität

Die zwei Begriffe *Kompliziertheit* und *Komplexität* werden im Alltag oft gleichbedeutend verwendet. Im Umgang mit Systemen ist eine Unterscheidung hingegen wesentlich. In Abb. 2.19 sind die Unterschiede der beiden Systemtypen symbolisch dargestellt. Ein Getriebe setzt sich aus wenigen Komponenten zusammen, die Zahl der Beziehungen ist eindeutig und unveränderlich, die Zusammenhänge sind überschaubar. Ein allfälliges Problem lässt sich einfach beheben, indem die entsprechende Ursache angegangen wird. In einem Computer ist die Zahl der Komponenten und Beziehungen grösser, die Systemstruktur ist weiterhin fix und das dynamische Verhalten ist immer noch voraussagbar. Mit entsprechenden Fachkenntnissen und dem notwendigen Aufwand lassen sich auftretende Probleme auch hier lösen. Dies ist möglich, weil komplizierte Systeme zwar viele Komponenten und Beziehungen haben können, aber diese nicht «lernfähig» sind, im Sinne dass sie nicht offen sind für Informationen bzw. für selbstständige Veränderungen. Komplizierte Systeme werden konstruiert, sie werden nach vorgegebenen Plänen realisiert und bleiben dann unverändert.

Anders präsentiert sich die Situation in einem Arbeitsteam. Die Struktur des Systems ist hier veränderlich: Die Beziehungen zwischen den Teammitgliedern können sich verändern, Personen können ersetzt werden, oder neue Mitglieder können zum Team stossen. Noch komplexer zeigt sich die Situation in einem Produktionsbetrieb. Mit der Zahl der beteiligten Komponenten im System nimmt die Zahl der möglichen Beziehungen quadratisch zu. Täglich ändert sich die Systemstruktur: Veraltete Technologien werden ersetzt, Arbeitsteams werden neu konstituiert, das Management führt neue Methoden ein, oder es werden neue Märkte erschlossen. Zukünftige Entwicklungen sind kaum voraussagbar, und auftretende Probleme lassen sich nicht bloss durch einen einfachen Eingriff in das System lösen. Dies ist bedingt durch die Tatsache, dass komplexe Systeme offen sind für Informationen. Sie werden nicht auf einmal nach einem Konstruktionsplan zusammengesetzt, sondern entwickeln sich in einem fortlaufenden Prozess. Komplexe Systeme sind darum prinzipiell nicht stabil und können nicht in dem Sinne repariert werden wie komplizierte Systeme. Aber auch bei reinen technischen Systemen genügt der klassische technische Ansatz oft nicht mehr. Zum einen interagieren Menschen mit technischen Geräten, was bei der zunehmenden Komplexität dieser Geräte teilweise zu einem chaotischem Zusammenspiel führt. Zum andern lassen sich gerade komplexe technische Systeme nicht mehr bis ins letzte Detail analysieren. Die Folge davon sind technische Gebilde, welche in gewissen Situationen aus scheinbar unerklärlichen Gründen nicht funktionstüchtig sind.

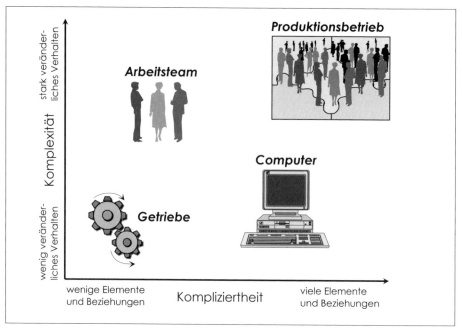

Abb. 2.19 Kompliziertheit und Komplexität

Fassen wir die Charakteristik der beiden Systemtypen zusammen:

Komplizierte Systeme haben
- viele verschiedene Komponenten und
- viele verschiedene Beziehungen.
⇨ Das Verhalten des Systems ist unveränderlich und überschaubar; bei genügendem Aufwand und ausreichenden Kenntnissen kann ein Problem abschliessend analysiert und gelöst werden.

Komplexe Systeme haben
- veränderbare Komponenten und
- veränderbare Beziehungen.
⇨ Die Verhaltensmöglichkeiten des Systems sind variabel und vielfältig; ein Problem kann auch mit viel Aufwand und ausreichenden Kenntnissen nicht abschliessend gelöst werden.

2.5.3 Hierarchie und Holarchie

Die Begriffe *Hierarchie* und *Holarchie* (vgl. Abb. 2.20) beziehen sich auf das Organisations- und Steuerungsprinzip eines Systems. Technische Systeme sind eher hierarchisch geordnet, während natürliche Systeme eher eine holarchische Ordnung aufweisen. Auch hier ist eine eindeutige Zuordnung aber oft nicht möglich.

Eine *Hierarchie* ist im engeren Sinne eine nach Rangstufen geordnete Herrschaftsform. Hierarchien sind pyramidenförmig geordnet, mit einer von unten nach oben abnehmenden Zahl von Systemkomponenten und einer Machtausübung von oben nach unten. Im Zusammenhang mit Systemen bezieht sich der Begriff auf die Organisation des Verhaltens. Viele technische Systeme verfügen über eine Art Schaltzentrale, welche das Verhalten von untergeordneten Teilen bestimmt. Diese Teile können selber ihrerseits für die Steuerung von weiteren Teilen verantwortlich sein. In ähnlicher Weise sind heute noch militärische Organisationen oder gewisse Betriebe organisiert.

Als Gegenstück zur Hierarchie verwenden wir den Begriff *Holarchie*. Ein holarchisch geordnetes System, gemäss WILBER als Holon bezeichnet, ist dadurch gekennzeichnet, dass es sich aus vielen gleichartigen Komponenten zusammensetzt, welche über eine grosse Autonomie verfügen. Eine Ordnung innerhalb eines Holons kommt dadurch zustande, dass die Kompo-

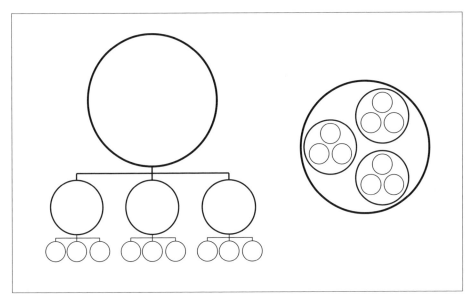

Abb. 2.20   Hierarchie und Holarchie

nenten untereinander Informationen austauschen und jede Komponente ein Optimum zwischen Autonomie und Integration sucht.

Alle lebenden Organismen können als Holone aufgefasst werden, ebenso wie deren Organe, bis hinunter zu den Bestandteilen der einzelnen Zellen. Auch die menschlichen soziokulturellen Systeme weisen holarchische Eigenschaften auf. Heute werden holarchische Organisationsformen auch vermehrt in Betrieben propagiert. Dabei wird von der Idee ausgegangen, dass jeder Mitarbeiter eine Führungskraft ist in dem Sinne, dass er verantwortlich für die Erbringung einer Leistung innerhalb des Gesamtsystems ist. Er betreibt im Rahmen seiner Aufgabe eine Planung und trifft Entscheidungen. Welche juristischen Kompetenzen oder welchen Rang er dabei hat, spielt eine untergeordnete Rolle. Entscheidend ist allein seine Funktion im gesamten Netzwerk.

Es kann durchaus sein, dass auch Holone eine hierarchische Ordnung aufweisen. Dabei handelt es sich aber eher um eine Form der Gliederung als um eine Form der Kontrolle und Steuerung. Betrachten wir beispielsweise unser Nervensystem, so stellen wir fest, dass gewisse Aufgaben sinnvollerweise delegiert werden. So wird die Verantwortung für die Aktivierung des Herzmuskels vollständig von einem Untersystem, dem vegetativen Nervensystem, übernommen. Eine zentrale Steuerung aus dem Hirn wäre unvernünftig, würde uns im freien Denken einschränken und den Blick auf das Wesentliche beeinträchtigen. Hierarchisch gegliederte Holone besitzen zudem keine Einwegkommunikation von oben nach unten: Wenn der Herzmuskel nicht mehr einwandfrei aktiviert wird, so tritt dies schlagartig in das oberste Bewusstsein.

Ähnliche Überlegungen gelten auch für einen holarchisch geordneten Betrieb. Beispielsweise liegt die Verantwortung für eine optimale Produktion sinnvollerweise bei der entsprechenden Produktionsgruppe, während sich die Führungsspitze ihre Denkkapazität für die Erarbeitung von kreativen Entwicklungsstrategien freihält. Analog spricht man in der Politik vom Prinzip der Subsidiarität. Dies bedeutet, dass Staatsaufgaben von der jeweils untersten politischen Ebene bewältigt werden, die dazu in der Lage ist.

2.5.4 Determiniertheit und Zufall

Immer wieder hat sich die Menschheit mit der Frage beschäftigt, ob unsere Zukunft eindeutig *determiniert* und damit – bei hinreichend genauer Kenntnis der Zusammenhänge – vorhersagbar sei oder ob *zufällige* Ereignisse das Geschehen beinflussten. Deterministische und probabilistische Beschreibungen der Realität haben denn auch die Entwicklung der modernen Naturwissenschaften über Jahrhunderte hinweg geprägt. Als Ausgangspunkt der beiden Auffassungen gelten die NEWTONsche Mechanik einerseits und die wahrscheinlichkeitstheoretischen Arbeiten von BERNOULLI andererseits. Bis heute können in der Determinismusfrage zwei unterschiedliche Positionen ausgemacht werden: Eine erste Gruppe von Wissenschaftern vertritt die Meinung, dass die Unmöglichkeit der Voraussage natürlicher Systeme darauf hindeute, dass die Natur grundsätzlich indeterministisch sei. Eine zweite Gruppe ist der Auffassung, dass die Unsicherheit in der Voraussage nur im mangelnden Wissen bezüglich der Systemzusammenhänge zu suchen und die Natur somit prinzipiell als deterministisch aufzufassen sei.

Wir wissen heute, dass beispielsweise die Gesetze der Mechanik eine gute Beschreibung und Voraussage der Bahn der Himmelskörper erlauben, dass dagegen Prognosen bei gewissen Wetterlagen sehr schwierig sind. Aus dieser Erkenntnis heraus hat sich in den letzten Jahren eine neue Auffassung bezüglich Determiniertheit und Zufall ergeben. Ausgangspunkt dieser neuen Auffassung ist die Feststellung, dass das Verhalten gewisser Systeme unvorhersagbar sein kann, auch wenn die zugrunde liegenden Gesetze bekannt sind. Beispielsweise ist die Dynamik einer frei fallenden Kugel im Detail bekannt und die Flugbahn entsprechend gut voraussagbar. Lassen wir die Kugel nun aber durch ein «Galton'sches Nagelbrett» fallen, dann ist nicht mehr genau vorhersagbar, wie sich die Kugel bewegen wird. Eine minimal unterschiedliche Startposition der Kugel kann zu einer wesentlich anderen Flugbahn führen. In Abb. 2.21 ist ein Galton-Brett symbolisiert. Wir schauen direkt von vorne auf das Brett. Die Köpfe der Nägel sind als schwarze Punkte dargestellt, eine mögliche Flugbahn der Kugel ist durch Pfeile gekennzeichnet.

Derartiges Verhalten ist heute allgemein unter dem eher unglücklich gewählten Begriff *deterministisches Chaos* bekannt. Der scheinbar paradoxe Begriff bringt zum Ausdruck, dass die genannten Systeme zwar deterministisch beschrieben werden können, dass sie jedoch sehr empfindlich auf kleine Änderungen der Anfangsbedingungen reagieren. Identische Systeme mit wenig differierenden Anfangbedingungen können daher ein grundlegend unterschiedliches Verhalten zeigen. Weil sich in einem natürlichen System die Startwerte aber prinzipiell nicht beliebig genau feststellen lassen und deshalb bei der Wiederholung eines Prozesses zufällige Abweichungen in den

Anfangsbedingungen auftreten, ist eine eindeutige Vorausberechnung und Voraussage für solche Systeme unmöglich. Im besten Fall kann bloss eine Wahrscheinlichkeitsaussage über das Systemverhalten gemacht werden. Im Falle des Galton-Brettes findet man zum Besipiel experimentell heraus, dass die Kugel öfters einen mittleren Weg durch das Brett wählt und weniger häufig einen extremen Weg über den linken oder rechten Rand.

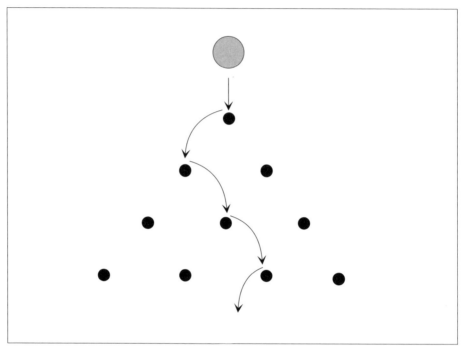

Abb. 2.21   Galton'sches Nagelbrett als Beispiel für chaotisches Verhalten

Im Lichte der «Chaos-Theorie» gelangen die Wissenschaften somit langsam zu einem neuen Verständnis bezüglich der Unterscheidung von determinierten und zufälligen Prozessen. Vieles, was bis jetzt als zufällig betrachtet wurde, kann nun als chaotisch interpretiert werden. Umgekehrt wird man sich vermehrt bewusst, dass auch Prozesse, welche bisher als determiniert erachtet wurden, eindeutig chaotische Komponenten enthalten. Chaotisches Verhalten scheint in natürlichen Systemen nicht bloss die Ausnahme, sondern die Regel zu sein. Beim Umgang mit Systemen müssen wir uns deshalb weniger die oftmals philosophische Frage stellen, ob ein Prozess zufällig oder determiniert ist, sondern wir müssen uns fragen, ob das Verhalten des Systems mehr oder weniger gut prognostizierbar ist.

oskar weiss zu: « Paradigmawechsel »

2.6 Umdenken

Das zweite Kapitel wurde mit Gedanken zur Wandelbarkeit von Weltbildern und mit der Forderung nach einem Paradigmawechsel eingeleitet. Nachdem nun etliches über Wahrnehmung, Kommunikation und Systemdenken bekannt ist, soll die Forderung nach einem Umdenken noch etwas konkretisiert werden. In Abb. 2.22 sind sieben Denkfehler aufgeführt, welche gemäss GOMEZ/PROBST im Umgang mit komplexen Problemsituationen tagtäglich gemacht werden. Wir wollen im folgenden diese Fehler diskutieren und Konsequenzen für ein neues, ganzheitliches Denken erarbeiten.

- Probleme sind objektiv gegeben und müssen nur noch klar formuliert werden.
- Jedes Problem ist die direkte Konsequenz einer einzigen Ursache.
- Um eine Situation zu verstehen, genügt eine «Fotografie» des Ist-Zustandes.
- Verhalten ist prognostizierbar; notwendig ist nur eine ausreichende Informationsbasis.
- Problemsituationen lassen sich «beherrschen», es ist lediglich eine Frage des Aufwandes.
- Ein «Macher» kann jede Problemlösung in der Praxis durchsetzen.
- Mit der Einführung einer Lösung kann das Problem endgültig ad acta gelegt werden.

Abb. 2.22   Denkfehler im Umgang mit komplexen Problemsituationen
(nach Gomez/Probst)

2.6.1 Objektivität

Wie wir im Zusammenhang mit Wahrnehmung und Kommunikation diskutiert haben, sind Probleme nie objektiv gegeben. Jeder Beteiligte macht sich seine eigene Meinung bezüglich der Problemstellung, die Wahrnehmung ist von Problemlöser zu Problemlöser verschieden. Probleme sind nicht einfach etwas Gegebenes, sondern sie werden von jemandem als solche abgegrenzt und definiert. Je nach Beruf, Ausbildung, Position, Standpunkt usw. wird eine Situation unterschiedlich gesehen.

Als Konsequenz aus diesen Tatsachen gilt es, wie folgt umzudenken: Es ist zu berücksichtigen, dass alle beteiligten Problemlöser eine unterschiedliche Sichtweise haben können. Unter Umständen sind auch Standpunkte in Betracht zu ziehen, welche für die Beteiligten im ersten Moment nicht offensichtlich erscheinen. Die aktuelle Situation ist immer wieder zu überdenken und mit den Projektpartnern zu diskutieren. Systemanalyse und Systemgestaltung sind als teamorientierte Prozesse zu verstehen (alle Teammitglieder sind Experten!). Ein gemeinsamer Lernprozess ist Voraussetzung für die Kommunikation zwischen den Beteiligten. Erst durch die Zusammenarbeit ist eine gemeinsame Sprache und damit eine Verständigung bezüglich des bearbeiteten Problembereichs möglich.

2.6.2 Kausalität

Unsere Ausbildung, Erziehung und Erfahrung führt uns dazu, dass wir vorwiegend in einfachen, linear-kausalen «Wenn-dann»-Beziehungen denken. Für jedes Ereignis suchen wir nach bloss einer einzigen Ursache. Wie wir im Zusammenhang mit dem Systembegriff gesehen haben, sind nun aber Problemstellungen oft komplexe Netzwerke von Komponenten und Beziehungen. Vielfältige gegenseitige Beeinflussungen können dabei zu Nebenwirkungen, Schwellenübergängen, Aufschaukelungen usw. führen. In vernetzten Systemen ist eine eindeutige Zuordnung und Reduktion auf Ursache und Wirkung nicht mehr sinnvoll.

Konsequenterweise müssen wir folglich im Rahmen einer Problemstellung nicht nach Wirkungsketten, sondern nach Wirkungsnetzen suchen. Haben wir die entsprechenden Netzwerke einmal aufgezeichnet, gilt es, die Wirkungsbeziehungen zu analysieren und zu interpretieren. Beispielsweise stellt sich die Frage, welche Komponenten aktiv sind, d.h. stark auf andere Komponenten wirken, oder welche Komponenten einen hohen Vernetzungsgrad aufweisen. Solche Komponenten können bei einem allfälligen Eingriff in das System einen kritischen Faktor darstellen.

2.6.3 Systemdynamik

Wir sind oft versucht, den augenblicklichen Zustand einer Problemsituation eingehend zu analysieren und dabei die zeitliche Komponente zu vernachlässigen. Weil nun aber Systemkomponenten in vielfältiger Weise miteinander interagieren, werden sich über kurz oder lang Veränderungen in der Situation ergeben. Die Analyse entspricht dann nicht mehr den Tatsachen. Zudem kann sich eine Vernachlässigung der Systemdynamik auf den gewählten Lösungsansatz negativ auswirken. Unüberlegte Eingriffe in das System können beispielsweise dazu führen, dass sich der Zustand einer Komponente via Rückkopplung aufschaukelt und damit letztlich das gesamte System destabilisiert. Oder eine falsche Einschätzung von zeitlichen Verzögerungen kann bewirken, dass ein Projekt abgebrochen wird, bevor die getroffenen Massnahmen überhaupt wirksam werden können.

Um eine Problemstellung adäquat zu erfassen, ist somit eine Analyse der Systemdynamik unumgänglich. Dazu sind die Wirkungen qualitativ zu beurteilen. Es gilt beispielsweise zu untersuchen, ob eine Komponente A sich anregend oder hemmend auf eine Komponente B auswirkt, ob einzelne Rückkopplungskreise einen aufschaukelnden oder stabilisierenden Effekt haben oder mit welcher zukünftigen Entwicklung des Gesamtsystems wohl zu rechnen ist.

2.6.4 Voraussagbarkeit

Bei Maschinen können wir in der Regel die Ergebnisse und Verhaltensweisen voraussagen. In Analogie dazu glauben wir gerne, dass auch das Verhalten komplexer Systeme voraussagbar sein müsse. Dabei vergessen wir, dass sich hier eine kleine Veränderung in direkter oder indirekter Weise auf das gesamte System auswirkt. Rückkopplungseffekte können zu unerwarteten Resultaten führen. Das Verhalten ist chaotisch, kleine Turbulenzen können grosse Wirkungen entfalten. Die Informationsbasis ist zudem nie ausreichend, da durch die Dynamik des Systems Informationen laufend verändert oder neu kreiert werden.

In komplexen Systemen bringt die Analyse einzelner Teile wenig, solange wir nicht die Beziehungen zwischen den Teilen erkennen können. Eine ganzheitliche Betrachtungsweise mag zwar grob und allgemein erscheinen, aber sie liefert ungleich wichtigere Erkenntnisse als eine noch so detaillierte Analyse von zusammenhangslosen Teilen. Ein ganzheitliches Bild zukünftiger Entwicklungen kann man beispielsweise erhalten, wenn man anhand der erarbeiteten Wirkungsnetze verschiedene Szenarien durchspielt. Eine offensive Strategie kann es aber auch sein, selber aktiv Einfluss auf die zukünftige Entwicklung zu nehmen, ganz nach dem Motto: «Don't predict the future, invent it!»

2.6.5 Beherrschbarkeit

Damit sind wir bei der Frage, in welcher Weise wir überhaupt Einfluss auf zukünftige Entwicklungen nehmen können. Auch hier müssen wir uns der

Eigenheiten komplexer Systeme bewusst sein. Zur Illustration verwenden GOMEZ/PROBST das Bild eines Fussballspiels. Der Ablauf des Spiels kann nur in beschränktem Mass durch den Trainer beeinflusst werden. Von «Beherrschung» des Systems kann sicher keine Rede sein. Das konkrete Verhalten jedes Spielers und die Interaktionen können nicht vorausgesagt oder gar gesteuert werden. Jedes Fussballspiel unterliegt zwar denselben Spielregeln, aber der Verlauf jedes Spiels ist ein einmaliges Ereignis, welches sich nie auf dieselbe Art und Weise wiederholen lässt. Die Idee der Beherrschbarkeit von Systemen ist eng mit einem technokratischen Weltbild verknüpft. So wie wir komplizierte Maschinen bauen und steuern, glauben wir, auch komplexe Systeme kontrollieren zu können. Vernetzung und Komplexität führen jedoch nicht nur dazu, dass wir nie alles wissen und prognostizieren können, sondern bewirken zudem, dass solche Systeme nicht beherrschbar sind.

Obwohl wir komplexe Systeme nicht beherrschen können, ist eine Forcierung von Systemveränderungen oftmals unumgänglich. Dabei kann es aber nicht darum gehen – wie bei einer Maschine – eine direkte Systemveränderung anzustreben. Vielmehr müssen wir – wie im Beispiel der Fussballmannschaft – versuchen, das System durch gezielte Eingriffe indirekt in eine bestimmte Richtung zu lenken. Dazu ist das System auf lenkbare und nicht lenkbare Aspekte zu untersuchen, wobei man beachte, dass man es mit einer vernetzten Situation zu tun hat. Oftmals ist es sinnvoll, die im System vorhandenen Kräfte zum eigenen Vorteil zu nutzen und beispielsweise Rückkopplungen in die Überlegungen mit einzubeziehen. Vielfach können gewünschte Systemveränderungen durch Eingriffe erreicht werden, welche gar nicht in direktem Zusammenhang mit der Problemgrösse stehen. Bei geschicktem Vorgehen können bereits durch einfache Anpassungen gute Resultate erzielt werden. In jedem Fall sind aber die möglichen Auswirkungen von Systemeingriffen gründlich zu studieren. Insbesondere sind allfällige unerwünschte Nebeneffekte aufzudecken.

2.6.6 Machbarkeit

Meist gehen wir davon aus, dass zu Entwicklungs-, Organisations- oder Planungsvorhaben Lösungen projektmässig erarbeitet und eingeführt werden können. Dabei vernachlässigen wir, dass die Projektsituation – bestehend aus Auftraggeber, Projektteam, bearbeitetem Problem, verfügbaren Hilfsmitteln usw. – selber ein dynamisches System ist. Jede Projekttätigkeit produziert Veränderungen: Wahrnehmungen werden angepasst, Erwartungen geändert,

Abwehrmechanismen aufgebaut, Massnahmen unterlaufen usw. Die Vorstellung, dass der Erfolg eines Projekts einzig vom «richtigen Vorgehen» abhängt, ist eng mit der mechanistischen, linear-kausalen Sichtweise verbunden. Dabei wird das Einhalten von Vorgehensplänen überbetont, und es wird wenig auf die Gegebenheiten als Ganzes geachtet.

Ein Vorgehen *gegen* das System ist häufig erfolglos oder gar kontraproduktiv. Nachhaltiger sind Massnahmen, welche die Systemzusammenhänge berücksichtigen. Dies bedingt die Einsicht, dass nicht alles, was machbar erscheint, dem System auch aufgezwungen werden kann und dass der indirekte Weg manchmal der effizientere ist.

2.6.7 Entwicklungsfähigkeit

Viele Industrieprojekte, Organisationsfragen oder andere komplexe Problemstellungen werden oft nach deren Bearbeitung als abgeschlossen betrachtet. Mit der Einführung des Produktes oder dem Entwurf eines Jahresplans scheint die Aufgabe erfüllt. Wie wir nun aber bereits gesehen haben, führen alle Handlungen und Eingriffe zu Veränderungen: Vielleicht hat sich die Problemstellung bereits nach den ersten Analyseschritten geändert. Eventuell stehen plötzlich mitten im Lösungsprozess neue technische Möglichkeiten zur Verfügung. Ist die Lösung einmal fertig gestellt, so stimmt vielleicht das Umfeld nicht mehr mit der Ausgangssituation überein. Definitive Lösungen gibt es folglich nicht. Es entstehen immer wieder neue Fragen, Anforderungen oder Problemdefinitionen.

Lösungen müssen folglich laufend neu beurteilt und allenfalls angepasst werden. Dies bedingt, dass eine gewisse Flexibilität, Sensibilität und Offenheit gegenüber der Problemstellung erhalten bleibt. Bereits während der Planung und Entwicklung muss man sich Gedanken bezüglich Anpassbarkeit oder Erweiterbarkeit des Endproduktes machen. Über Fragen der Lebensfähigkeit von Lösungen und über die Lebensphasen von Projekten werden wir uns in späteren Kapiteln noch eingehend unterhalten. Hier sei bloss vorweggenommen, dass sich in diesem Zusammenhang ein evolutionäres Vorgehen bewährt hat.

Kontrollfragen

1. Welches sind die wesentlichen Unterschiede zwischen mechanistischem und ganzheitlichem Denken?

2. Wo vermuten Sie die grössten Probleme bei der Umsetzung der Prinzipien eines «ganzheitlichen Weltbildes»?

3. Was versteht man unter den Begriffen «Paradigma» und «Paradigmawechsel»? Erläutern Sie ein Beispiel eines Paradigmawechsels.

4. Definieren Sie in eigenen Worten den Begriff *Ethik!* In welchen Bereichen scheinen Ihnen ethischen Grundsätze von besonderer Bedeutung?

5. In welchen Bereichen müssen Sie in Ihrem persönlichen und beruflichen Umfeld Ihrer Ansicht nach ethische Verantwortung übernehmen?

6. Erklären Sie den Wahrnehmungsprozess anhand einer vereinfachten Darstellung.

7. Begründen Sie, weshalb Wahrnehmung nie «wahr» sein kann.

8. Was verstehen Sie unter einem Modell, was bedeutet Abstraktion, und in welchem Zusammenhang stehen die beiden Begriffe? Was sind Vor- und Nachteile der Abstraktion?

9. Was haben Sie zur folgenden Aussage eines Planers zu sagen: «Ich habe anhand eines Modells bewiesen, dass der geplante Lösungsansatz funktioniert.»

10. Erläutern Sie den Begriff *Kommunikation* anhand der Begriffe *Sender* und *Empfänger*.

11. Welchen Nutzen sehen Sie in der Verwendung von Modellen für den Kommunikationsprozess?

12. Nennen Sie Wahrnehmungs- und Kommunikationsprobleme im Zusammenhang mit der Erfassung, Beschreibung und Lösung von Problemen.

13. Wie definieren Sie den Begriff «System»? Was sind die Merkmale eines Systems?

14. Was bedeutet die Aussage «Das Ganze ist mehr als die Summe seiner Teile»?

15. Nach welchen Gesichtspunkten grenzen Sie ein System ab?

16. Analyse und Synthese (bzw. Integration) sind wichtige Aspekte der Problemlösung. Welchen Zusammenhang sehen Sie dabei zwischen Problemlösung und Systembegriff?

17. Erläutern Sie drei unterschiedliche Formen der Systembetrachtung.

18. Erläutern Sie anhand je eines Beispiels die Merkmale eines technischen und eines natürlichen Systems.

19. Definieren Sie die Merkmale eines komplizierten und eines komplexen Systems. Welche Konsequenzen haben diese Merkmale für den Umgang mit den jeweiligen Systemtypen?

20. Inwiefern ist der Aktienhandel an der Börse ein holarchisch organisiertes System?

21. Erläutern Sie anhand eines Beispiels, was man unter chaotischem Verhalten eines Systems zu verstehen hat.

22. Nennen Sie grundlegende Vorgehensweisen bei der Problemlösung innerhalb von Systemen,
    a) welche Sie eher als technisch, kompliziert, hierarchisch und determiniert bezeichnen würden und
    b) welche Ihnen eher als natürlich, komplex, holarchisch und zufällig erscheinen.

23. Nehmen Sie Stellung zur folgenden Aussage: «Probleme sind objektiv gegeben und müssen nur noch klar formuliert werden.»

24. Was würden Sie einem Kollegen erwidern, welcher Sie mit der folgenden Aussage konfrontiert: «Ich bin überzeugt, dass wir für die anstehen-

den Umweltprobleme früher oder später eine Lösung finden werden. Wir brauchen bloss noch bessere Kenntnisse über die ökologischen Zusammenhänge und müssen unsere technischen Möglichkeiten weiter verbessern.»

25. Bei der Abwicklung von Projekten geht man gerne davon aus, dass ein Problem mit der erfolgreichen Umsetzung und Einführung einer Lösung ad acta gelegt werden kann. Was haben Sie zu dieser Auffassung zu sagen?

3 Chancen- und Problemdefinition

Nachdem sich unsere vier Techno-Freaks von der Firma CASH-PROTECT bei ihrer ersten Sitzung zum Thema «Sicherheit von Tiefgaragen» völlig zerstritten hatten – es ging zum Schluss um die Frage, ob die Nachführung der Videokamera hydraulisch oder nun doch eher mechanisch sein sollte –, wurde die Sitzung abgebrochen. Obwohl zunächst alle frustriert waren, konnten sie sich von ihren innovativen Ideen nicht lösen. Zum Glück erinnerte sich Luki daran, dass sein Tenniskollege Sibo kürzlich von einem Kursbesuch zum Thema «Systemische Denkmuster» erzählt hatte. In der Hoffnung, dass dieser etwas Ordnung in ihr Gedankengestrüpp bringen könnte, wurde Sibo zur heutigen Sitzung eingeladen.

Sibo: «Ja, ihr habt euch offenbar ganz schön verrannt in eure gute Idee. Aber so kommt ihr nicht weiter, ihr geht das Problem zu einseitig, zu eng an.»

Matz: «Zu einseitig? Zu eng? Was meinst du damit? Wir haben doch viel zu viele Aspekte besprochen, so dass wir nun den Kopf dermassen voll haben, dass wir nicht mehr weiterwissen!»

Sibo: «Ja, das kommt davon, dass ihr das Problem bereits technisch zu lösen versucht, bevor ihr überhaupt mal richtig darüber nachgedacht habt, worin eure Firma echte Chancen realisieren könnte und worin das Sicherheitsproblem als Ganzes zu sehen ist.»

Rolf: «Was plapperst du da zusammen? Wir sind ja dazu bezahlt, technische Lösungen zu entwickeln. Wir haben keine Zeit, über die Sicherheit zu philosophieren und etwa noch einen Psychiater zu Rate zu ziehen ...»

Sibo: «Aber genau das solltet ihr eben tun. Ihr entwickelt ja nicht einfach das Bankensicherheitssystem weiter, sondern wollt in einen völlig neuen Markt einsteigen, wo ganz andere Kriterien über Erfolg und Misserfolg entscheiden. Zum Beispiel ganz einfach, ob sich Frauen sicher fühlen oder nicht. Das hat sehr viel mit Psychologie zu tun!»

Carole: «Hm – das stimmt. Technische Sicherheit ist das eine – aber ob ich mich dann auch wirklich sicher fühle, das ist eine andere Frage!»

Luki: «Jetzt verstehe ich überhaupt nichts mehr! Brauche ich etwa einen Psychiater? Jetzt fehlt nur noch, dass wir mit dem Architekten über bauliche Massnahmen bei der Installation des Sicherheitssystems diskutieren sollen!»

Sibo: «He – genau –, das ist ein weiterer Punkt. Redet auch mit einem Architekten!»

Rolf: *(etwas nachdenklich)* «Du meinst also, Sibo, wir verhalten uns wie Fachidioten. – Wie sollen wir dann aber vorgehen, damit wir tatsächlich auch Erfolg haben und nicht wichtige Aspekte vergessen?»

Matz: «Jetzt reichts mir aber! Komm, wir besprechen das mal in aller Ruhe bei einem kühlen Bier.»

Sibo: «He, ...»

Matz: «Nein! Dann schlägt er uns sicher noch vor, mit dem Wirt darüber nachzudenken, eine Bar in der Tiefgarage einzurichten!»

Die meisten klassischen Problemlösungsansätze gehen davon aus, dass Problemstellungen klar gegeben sind und bloss noch mittels geeigneter Methoden angegangen werden müssen. Entgegen dieser Annahme erweisen sich Problemsituationen in der Praxis oft als unscharf. Wir erahnen eine Marktchance, verspüren eine Bedrohung, haben das Bedürfnis nach Veränderung, ärgern uns über einen Mangel oder schlagen uns mit unbefriedigenden Situationen herum. Bevor wir zur Problemlösung schreiten können, gilt es deshalb, zunächst die Ausgangssituation zu klären. Weil dabei ein ganzheitlicher Weg einzuschlagen ist, welcher über den vermeintlich unsicheren Grund von unscharfen Aussagen und mehrdeutigen Szenarien führt, tun sich insbesondere methodenorientierte Berufsleute wie z. B. Ingenieure oder Betriebswirtschafter mit diesem Schritt besonders schwer. Sie unterschätzen gerne die Bedeutung einer gründlichen Situations- und Wirkungsanalyse. Ein abgekürztes Verfahren mag zwar auf Anhieb als Effizienzsteigerung erscheinen, längerfristig zahlt es sich jedoch nicht aus. Werden nämlich Chancen und Probleme ungenügend oder zu spät analysiert, so bestimmen letztlich Sachzwänge die Handlungen, es wird bloss reagiert, statt agiert, oder es werden Symptome bekämpft. Ein derartiges Vorgehen kann zwar womöglich zu einer kurzfristigen Verbesserung der Situation führen. Langfristig werden wir jedoch auf diese Weise nicht zu nachhaltigen, lebensfähigen Lösungen finden.

Wie aus Abb. 3.1 hervorgeht, nimmt die Chancen- und Problemdefinition im systemischen Vorgehensmodell eine Schlüsselstellung ein. Zeitlich ist sie klar

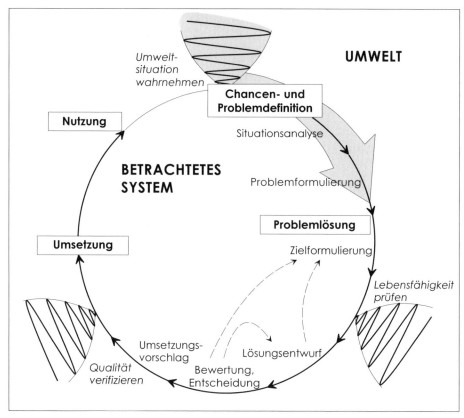

Abb. 3.1   Chancen- und Problemdefinition sind zentral

vor den konzeptionellen Tätigkeiten der Problemlösung und Umsetzung angesiedelt. Das Ziel dieser Phase ist es, die zur Diskussion stehende Problemsituation zu erfassen und zu verstehen. Wie wir aus dem vorangehenden Kapitel wissen, müssen dabei Wahrnehmungs- und Kommunikationsprobleme ebenso berücksichtigt werden wie die Tatsache, dass unsere Welt ein vernetztes, komplexes System ist. Konsequenterweise müssen wir deshalb eine Problemstellung aus verschiedenen Blickwinkeln betrachten, wir müssen Wirkungsbeziehungen im System untersuchen, Umweltaspekte berücksichtigen, die Variabilität und Dynamik des Systems in Betracht ziehen oder uns Gedanken über die Auswirkungen unseres Handelns machen.

In diesem Kapitel werden wir uns also mit der wichtigen ersten Phase im Vorgehensmodell befassen. Zunächst geht es um die Frage, wodurch denn ein Problemlösungsprozess überhaupt ausgelöst wird. Dann werden die Definition des Problembegriffs und der Zusammenhang zwischen Systemdenken und Problemlösen diskutiert. Anschliessend charakterisieren wir die wesentlichen Schritte der Situationsanalyse und machen Bezüge zu den Erkenntnissen aus dem vorangehenden Kapitel. In einem weiteren Unterkapitel stellen wir mit der Wirkungsanalyse ein Hilfsmittel vor, welches eine systemische Situationsanalyse erlaubt. Insbesondere in komplexen Situationen und bei Problemen mit starker Vernetzung der Abhängigkeiten leistet die Wirkungsanalyse hervorragende Dienste. Mit einer umfassenden Analyse allein ist jedoch die Problemstellung noch nicht geklärt. Deshalb dreht sich der letzte Teil dieses Kapitels um die Frage der Problemformulierung.

3.1 Chancen und Probleme

Im Folgenden befassen wir uns mit der Definition und Charakterisierung von Problemen. Wir sind der Auffassung, dass jedes Problem eine Chance darstellen kann und dass aus Chancen oft neue Problemstellungen resultieren. Ebenso sind wir überzeugt, dass viele Probleme auf komplexen Situationen basieren und deshalb systemisch angegangen werden müssen.

3.1.1 Problem – Chance packen oder Gefahr abwenden?

Die Tatsache, dass wir eine Situation als problematisch erkennen oder beurteilen, kann verschiedene Ursachen haben. Nach Duden ist ein *Problem* eine Schwierigkeit oder eine zu lösende Aufgabe respektive Fragestellung. Ursachen für ein Problem können etwa sein:
- Abweichung eines IST-Zustandes von einer SOLL-Vorstellung
- ein Verlangen oder ein Bedürfnis
- eine Chance
- eine Veränderung
- ein Gefühl für einen Mangel oder einen gewollten Zustand
- ein Wunsch nach etwas Speziellem
- etwas Unbekanntes
- eine Gefahr

Die Vorstellung über den SOLL-Zustand, die Einschätzung einer Chance oder die Beurteilung einer Gefahr ist oft sehr subjektiv. Die Art der Wahrnehmung hängt stark vom Wissen, von der Erfahrung, vom Realitätsbezug, von der Risikobereitschaft usw. ab. Wenn also nicht bloss persönliche Interessen, sondern das Wohl eines Unternehmens, eines Gemeinwesens oder gar der Umwelt im Zentrum stehen, sind die entsprechenden Aspekte der Problemerfassung gebührend zu berücksichtigen. So müssen etwa die unterschiedlichen Bedürfnisse und Wünsche der Betroffenen oder individuelle Situationsbeurteilungen angemessen in die Problemdefinition einfliessen.

3.1.2 Struktur und Charakteristik von Problemen

Die Vernetzung in komplizierten Systemen ist in der Regel gering, eine Problemsituation lässt sich daher meist recht einfach beschreiben. Dagegen ist die Struktur eines komplexen Systems sehr stark vernetzt, was im allgemeinen keine einfache Problemdefinition mehr ermöglicht. Durch den hohen Vernetzungsgrad sind meist verschiedene Sichten auf die gleiche Problemsituation möglich. Werden diese Sichten von verschiedenen Personen oder Gruppen untersucht und beurteilt, so können durchaus unterschiedliche Meinungen über die Ursache der gleichen Situation geäussert werden, ohne dass diese differierenden Ansichten falsch wären.

	kompliziert	komplex
Struktur	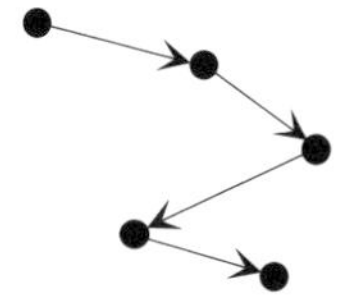 linear-kausale Abhängigkeiten	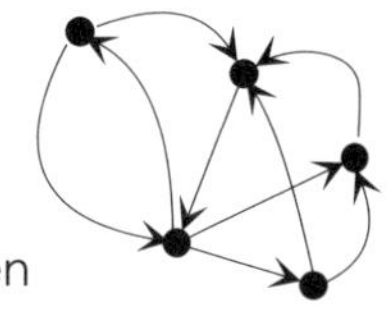 vernetzte Abhängigkeiten
Gefahr	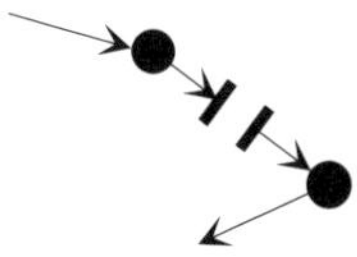 Das System verliert an Produktivität	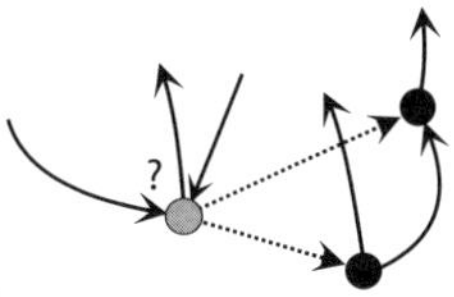 Das System verliert an Lebensqualität
Analyseansätze	Suche nach Ursachen Analyse gibt Aufschluss über Störungen	Verstehen der Wirkungszusammenhänge Analyse zeigt problematische Grundmuster
Problemlösung	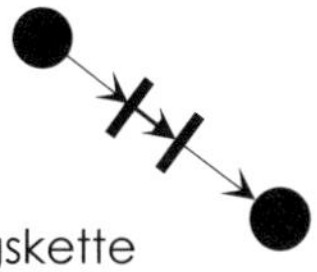 Reparieren der gestörten Wirkungskette	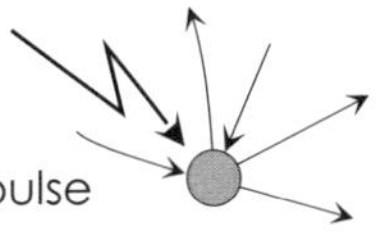 Gestaltungsimpulse geben

Abb. 3.2   Charakteristik von Problemen

In Abb. 3.2 sind zwei unterschiedliche Problemtypen charakterisiert. Die Struktur des Problems zeigt wesentliche Unterschiede. Das Funktionsprinzip in einer komplizierten Situation kann anhand der linear-kausalen Wirkungsketten verstanden werden. Um dagegen die Funktionszusammenhänge in einer komplexen Situation zu verstehen, ist ein Denken in Wirkungsnetzen unabdingbar. Falls etwa eine Maschine eine Panne hat, finden wir das Problem in der Regel durch ein systematisches Suchen nach Ursachen. Gesellschaftliche Probleme dagegen, welche durch ihre Komplexität gekennzeichnet sind, können nur mit einer umfassenden Wirkungsanalyse untersucht werden. Eine Schadensituation in einem komplizierten System kann in der Regel durch einen gezielten Eingriff behoben werden. Komplexe Probleme dagegen lassen sich nicht endgültig in den Griff bekommen; bestenfalls können wir die Problemsituation durch gezielte Gestaltungsimpulse in eine gewünschte Richtung lenken.

3.2 Situationsanalyse

Die Situationsanalyse dient dazu, einen umfassenden Überblick über eine gegebene Problemsituation zu erlangen. Wir werden später in Kapitel 3.3 eine konkrete Methode vorstellen, welche die bisher gemachten systemtheoretischen Überlegungen berücksichtigt. Nachfolgend beschreiben wir zunächst ganz allgemein die charakteristischen Merkmale einer Situationsanalyse, diskutieren dann die wesentlichen Schritte des Vorgehens und machen schliesslich Bemerkungen zur Abgrenzung von Systembereichen.

3.2.1 Charakteristik der Situationsanalyse

Tagtäglich analysieren wir die unterschiedlichsten Situationen. Im Berufsalltag sind wir aber nicht bloss mit einfachen Alltagsproblemen, sondern oft mit komplizierten oder gar komplexen Situationen konfrontiert.

Bei *einfachen Problemen* fällt es leicht, die Situation richtig zu erfassen und zweckmässige Entscheidungen zu treffen. Ohne langes Überlegen vermögen wir vernünftig zu handeln. Allenfalls bedienen wir uns dabei der Reihe nach folgender W-Fragen: WAS ist los? WAS will ich? WELCHE Lösungsmöglichkeiten gibt es? WELCHES ist die beste Lösungsmöglichkeit? WAS könnte dabei schief gehen?

Komplizierte Situationen erfordern dagegen bereits Analysearbeit. Eine anspruchsvollere Methodik ist erforderlich. Damit die Problemstellung überhaupt verstanden wird, muss das zugrunde liegende System untersucht werden: Das System ist von der Umgebung abzugrenzen, die relevanten Teile sind zu erkennen, und die Funktionsweise des Systems muss untersucht werden.

Bei *komplexen Problemen* erlangt die Situationsanalyse eine zentrale Bedeutung. Die sorgfältige Problemdefinition und die richtige Systemmodellierung, allenfalls auch eine fundierte Wirkungsanalyse und die Überprüfung der Lebensfähigkeit sind dann wichtig. Es braucht ein systemisches Vorgehen. Dabei bedarf es möglicherweise verschiedener Analysemittel, um das System in der für die Problemlösung notwendigen Komplexität zu verstehen. Wir müssen uns befassen mit
- der Funktionsweise des relevanten Systems unter Berücksichtigung der wesentlichen Einflussfaktoren
- den relevanten Teilen der Systemumgebung
- den Stärken und Schwächen des Systems
- den Ursachen dieser Schwächen und Stärken und
- den zukünftigen Chancen und Gefahren für das System.

Jede Situationsanalyse setzt sich grundsätzlich aus drei zentralen Tätigkeiten zusammen:
- Informationsbeschaffung
- Informationsaufbereitung
- Informationsdarstellung

Für die *Informationsbeschaffung* sind viele Methoden und Techniken bekannt. Sie reichen vom Fragebogen über das Brainstorming bis hin zu Datenbankabfragen. Für alle Methoden gilt aber die gleiche Feststellung: Die Informationsbeschaffung hat mit dem richtigen Detaillierungsgrad zu erfolgen. In der Praxis ist es nun nicht ganz einfach, diesen «richtigen» Detaillierungsgrad zu finden. Ein Überfluss an Informationen versperrt die Sicht auf das Wesentliche, mangelhafte Information lässt die tatsächlichen Ursachen einer Problemsituation schwer erkennen.

Die *Informationsaufbereitung* hat zum Ziel, das Problem zu strukturieren und die wesentlichen Aspekte zu verdeutlichen. Dieser Schritt beinhaltet eine Vielzahl von möglichen Tätigkeiten wie Abstrahieren, Klassifizieren, Eliminieren, Assoziieren, Systematisieren, Reduzieren, Transformieren, Interpretieren usw. Es ist offensichtlich, dass für diesen Schritt Erfahrung, Fachwissen und Methodenkenntnis eine entscheidende Rolle spielen.

Mittels einer geeigneten *Informationsdarstellung* müssen die Erkenntnisse schliesslich dokumentiert bzw. anderen Beteiligten zugänglich gemacht werden. Die beschreibende Form einer untersuchten Situation kann durchaus auch als Hilfsmittel der Informationsaufbereitung verstanden werden. Durch den Zwang zur eindeutigen Beschreibung werden unter Umständen Wissenslücken oder Unklarheiten aufgedeckt. Für die Informationsdarstellung sind je nach Fachgebiet unterschiedliche Techniken bekannt wie Systemgrafen, Ablaufdiagramme, Organigramme usw.

Wie aus den Ausführungen von Kapitel 2.2 geschlossen werden kann, handelt es sich bei der Wahrnehmung, Erfassung und Beschreibung einer Situation im allgemeinsten Sinne um einen Modellbildungsprozess. Dieser Prozess ist in Abb. 3.3 schematisch dargestellt. Eine Situationsanalyse wird in der Regel durch das Erkennen einer Chance oder eines Problems ausgelöst. In einem ersten Schritt erarbeitet man sich sodann eine modellhafte Vorstellung der Realität. Bei diesem Analyseschritt kommen die genannten Tätigkeiten der Informationsbeschaffung, -aufbereitung und -darstellung zum

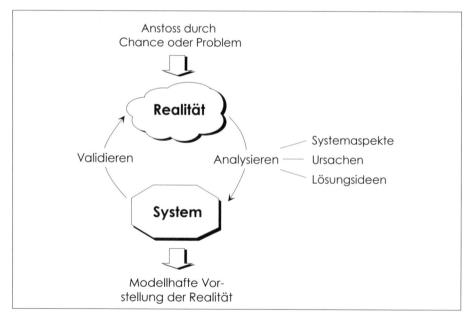

Abb. 3.3   Allgemeines Vorgehen bei der Situationsanalyse

Einsatz. Die erarbeitete Modellvorstellung muss nun auf ihre Brauchbarkeit hin überprüft werden. Dieser Schritt wird als Validierung bezeichnet. Beide Schritte werden so lange zyklisch wiederholt, bis die Problemsituation befriedigend erfasst und beschrieben ist.

Grundsätzlich lässt sich eine Situationsanalyse unter besonderer Berücksichtigung von system-, ursachen- oder lösungsorientierten Aspekten durchführen. Bei einem *systemorientierten* Vorgehen sucht man insbesondere nach der Abgrenzung und Vernetzung der zugrunde liegenden Situation. Bei einem *ursachenorientierten* Ansatz steht die Frage nach der Entstehung einer Problemsituation im Vordergrund. Bei einer *lösungsorientierten* Vorgehensweise haben Szenarien von zukünftigen Entwicklungen eine besondere Bedeutung. Obwohl wir den Systemaspekt ins Zentrum der Betrachtungen stellen, erscheint uns die Analyse von Ursache-Wirkungs-Zusammenhängen ebenso wichtig wie eine zukunftsgerichtete Betrachtung.

3.2.2 Abgrenzung einer Situation

Eine zentrale Bedeutung bei der Analyse einer Problemsituation hat die Abgrenzung des untersuchten Bereichs. Bereits im Zusammenhang mit der Erläuterung des Systembegriffs haben wir die Relativität der Systemabgrenzung betont. Diese Relativierung soll hier nun hinsichtlich der Situationsanalyse präzisiert werden. Grundsätzlich lassen sich nach DAENZER/HUBER vier verschiedene Systembereiche unterscheiden (vgl. Abb. 3.4):

Der *Problembereich* ist derjenige, in welchem die Problemzusammenhänge vermutet werden. Die Bereichsgrenzen liegen in der Regel nicht klar vor; man ist gezwungen, sich an sie heranzutasten.

Der *Eingriffsbereich* ist jener Teil des Problembereichs, in welchem die Eingriffsmöglichkeiten zur Lösung des Problems festgestellt oder erwartet werden. Dieser Bereich wird gegenüber dem Problembereich eingeschränkt, weil z.B. keine Eingriffskompetenz über den gesamten Problembereich vorliegt oder keine ausreichenden Ressourcen vorhanden sind.

Im *Lösungsbereich* ist die effektiv entwickelte Lösung angesiedelt. Er kann gegenüber dem Eingriffsbereich, der ja noch alle denkbaren Lösungen beinhaltet, durch die umgesetzte Lösung weiter eingeschränkt sein.

Der *Wirkungsbereich* umfasst schliesslich jenen Bereich, in welchem die implementierte Lösung Auswirkungen zeigt. Sind alle relevanten Wirkungsbeziehungen in der Problemabgrenzung erfasst worden, so ist der Wirkungsbereich identisch mit dem Problembereich. Wurden nicht alle Wirkungszusammenhänge bei der Problemdefinition genügend berücksichtigt, resultiert ein vergrösserter Wirkungsbereich, indem nun Elemente ausserhalb des Problembereichs tangiert werden. Es treten dann ungeplante und unerwünschte negative, manchmal auch positive, Nebenerscheinungen auf.

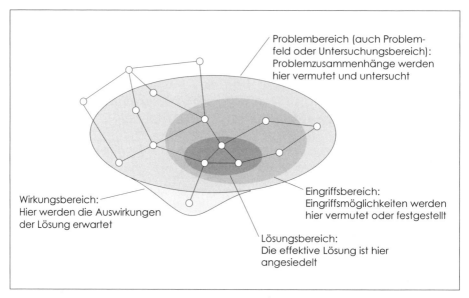

Abb. 3.4 Unterschiedliche Systembereiche (nach DAENZER/HUBER)

3.2.3 Auswahl von Systemkomponenten

Der wichtigste Vorgehensschritt bei der Durchführung einer Situationsanalyse ist die Auswahl von geeigneten Systemkomponenten. Ausgangsbasis für die Auswahl ist eine grobe Systembeschreibung. Um einen Überblick über die beteiligten Systemkomponenten zu erhalten, ist in der Praxis oft ein Brainstorming unter Beizug von direkt und indirekt Beteiligten aus verschiedensten Bereichen hilfreich. Um ein ganzheitliches Bild zu erhalten, ist die Problematik zudem aus verschiedenen Blickwinkeln zu betrachten.

Nehmen wir beispielsweise an, wir hätten die Vermarktung eines neuen Online-Platzreservierungssystems einer regionalen Fluggesellschaft zu analysieren. Zunächst sollten wir uns vielleicht in die Situation des Kunden versetzen, welcher seine Plätze möglichst bedienungsfreundlich und zu tiefen Preisen reservieren und sich auf die Qualität und Zuverlässigkeit der Buchung verlassen möchte. Oder wir hätten uns die Geschäftsleitung vorzustellen, welche die Rendite der Gesellschaft ins Zentrum ihrer Betrachtungen stellt. Im Weiteren würde die Marketingabteilung ein hohes Verkaufsvolumen erzielen, die Werbung forcieren und einen wirksamen Kundensupport bieten wollen. Die Informatikabteilung möchte ein qualitativ gutes Reservierungssystem mit geringem Entwicklungsaufwand und tiefen Betriebskosten erstellen. Insgesamt würden wir bei unserer Betrachtung feststellen, dass die verschiedenen Sichtweisen bereits zu neun Komponenten im betrachteten System führen würden (vgl. Abb. 3.5).

Für die Analyse eines Systems und dessen Umwelt sind eine Vielzahl von theoretischen Ansätzen und konkreten Instrumenten entwickelt worden. Für die differenzierte Beurteilung der gegenwärtigen und zukünftigen wirtschaftlichen, sozialen, technologischen und ökologischen Situation kann beispielsweise eine SWOT-Analyse dienlich sein und die wesentlichen Komponenten liefern. Bei der SWOT-Analyse (Strength – Weakness – Opportunity – Threat) werden den internen Stärken und Schwächen eines Unternehmens die externen Chancen und Risiken der Unternehmensumwelt gegenübergestellt. Abbildung 3.6 zeigt als Beispiel eine vereinfachte SWOT-Analyse für die regionale Fluggesellschaft, welche ein neues Online-Platzreservierungs-

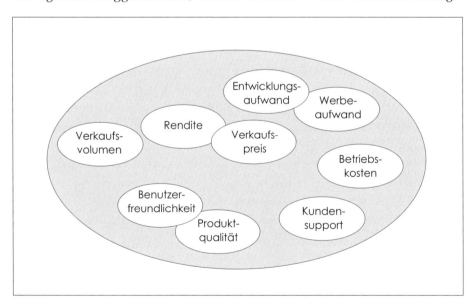

Abb. 3.5 Komponenten des Systems «Vermarktung Platzreservierung»

Analyse der internen, unternehmensrelevanten Faktoren im Vergleich zur Konkurrenz	Analyse der externen, umweltrelevanten Faktoren der Konkurrenz, der Abnehmer der Lieferanten der Gesellschaft, Werte und Normen
Auflistung der **Stärken** (Strengh) – zentral geführtes Reservationssystem – Veränderungsbereitschaft der Mitarbeiter	**Chancen** (Opportunities) am Markt – moderne Kommunikationstechnologie – guter Arbeitsmarkt
Auflistung der **Schwächen** (Weakness) – lange Beschäftigungsdauer – hohe Fluktuationsrate beim Personal	**Gefahren** (Threats), die von aussen drohen – Ausweichung der Kunden auf Auto – Einschränkung der Betriebszeiten – Markteintrit neuer Konkurrenten

Abb. 3.6 Vereinfachtes Beispiel SWOT-Analyse

system vermarkten will. Die SWOT-Analyse führt oft zu zusätzlichen Komponenten im betrachteten System, im vorliegenden Beispiel etwa zur Mitberücksichtigung des Markteintrittes (time to market).

Komponenten müssen mit einem geeigneten, selbstsprechenden Namen versehen werden und für alle Beteiligten möglichst verständlich sein. Um den Modellierungsprozess transparent und nachvollziehbar zu machen, ist es zudem hilfreich, die Bedeutung der Komponenten in kurzen Worten zu dokumentieren. An dieser Stelle muss auch die Frage nach dem Detaillierungsgrad gestellt werden. Unter Umständen kann es zweckmässig sein, eine zu allgemein formulierte Komponente als Subsystem aufzufassen und sie in weitere Teilkomponenten zu zerlegen. Umgekehrt können mehrere spezifische Komponenten als Teil eines übergeordneten Systems verstanden und zu einer einzigen, allgemeineren Komponente zusammengefasst werden. Oft reicht eine Anzahl von 10 bis 12 geschickt gewählten Komponenten, um einen groben Überblick über die Wirkungszusammenhänge in einem betrachteten Problembereich zu erhalten. Für eine aussagefähigere Analyse ist dagegen eine Auswahl von 20 bis 40 Komponenten zweckmässig. Tendenziell steigt die Aussagekraft mit zunehmender Zahl der Komponenten, bei einer zu grossen Anzahl wird die Analyse aber unübersichtlich und aufwändig.

Es gibt keine gesicherten Erkenntnisse über die richtige Auswahl der geeigneten Systemkomponenten. Allgemeine Rezepte existieren diesbezüglich leider nicht. Aus der Wissenschaftstheorie wissen wir, dass wir aufgrund betrachteter Ereignisse und gemachter Erfahrungen eine Hypothese aufstellen und mögliche Verhaltensweisen vorhersagen können. In den Wissenschaften werden solche Vorhersagen einer kritischen empirischen Prüfung unterzogen. Ein wesentlicher Schritt der experimentellen Hypothesenprüfung ist die Operationalisierung von Variablen, d. h. die Zuordnung beobachtbarer Phänomene zu diesen Variablen und die Untersuchung ihrer Messbarkeit. Aus praktisch unendlich vielen Variablen müssen einige wenige selektiert werden, auf die man sich konzentrieren will. Die wissenschaftliche Ermittlung und der experimentelle Nachweis der bedeutsamen Variablen ist bei komplexen Systemen kaum möglich, da die Verhaltensmöglichkeiten solcher Systeme in der Praxis derart variabel und vielfältig sind. Somit bleibt vieles der Intuition und Auffassungsgabe des Problemlösers überlassen. Es ist deshalb von Bedeutung, dass die Analyse durch mehrere versierte Personen mit unterschiedlichem fachlichem Hintergrund vollzogen wird.

3.2.4 Ganzheitlichkeit beurteilen

Eine umfassende Betrachtung einer Situation ist erst möglich, wenn verschiedene Sichtweisen eingenommen werden. Die Berücksichtigung unterschiedlicher Positionen verhindert, dass eine Situation zu eng, zu einseitig oder nur symptombezogen erfasst wird. Im Sinne einer ganzheitlichen Systemanalyse müssen wir deshalb die Komponenten so auswählen, dass alle relevanten Aspekte mitberücksichtigt werden. Eine Teilaufgabe bei der Komponentenauswahl besteht somit in der Überprüfung auf vollständige Abdeckung aller für die gegebene Fragestellung relevanten Bereiche. In Anlehnung an die Überlegungen zum Systembegriff geht es also hier um die Frage nach einer sinnvollen Abgrenzung des Systems.

Der Begriff *Ganzheitlichkeit* wird oft verwendet, wenn übliche Vorgehensweisen und Lösungsansätze einengen oder das ungute Gefühl auslösen, einseitig zu sein. Häufig bleibt es aber bei der Floskel, ohne erkennbare Handlungskonsequenzen. Im Folgenden möchten wir aufzeigen, wie eine ganzheitliche Sichtweise im Rahmen der Systemanalyse angewandt werden kann. Eine ganzheitliche Systemanalyse kann wohl kaum eine möglichst vollständige Betrachtung einer Situation aus allen möglichen Perspektiven bedeuten. Dies würde unweigerlich zu einer Handlungsunfähigkeit führen und wäre ebenso unsinnig wie eine zu einseitige Erfassung. Ganzheitlichkeit darf aber auch nicht heissen, sich ins Generelle zu flüchten und keine spezifischen und konkreten Aussagen zu machen. Vielmehr geht es darum, zu überprüfen, ob bei der Analyse die wichtigsten Lebensbereiche berücksichtigt worden sind.

Die Idee eines Ganzheitlichkeitstestes geht zurück auf die «Kriterienanalyse» im Sensitivitätsmodell von VESTER. Die im Folgenden definierten Lebensbereiche basieren auf vielen praktischen Erfahrungen. Aus Gründen der Allgemeingültigkeit sind sie hier in einer allgemeinen, abstrakten Form beschrieben, zur Veranschaulichung haben wir jedoch in Abbildung 3.7 einige Aspekte aus dem vorangehenden Beispiel «Platzreservierung» aufgeführt.

1. **Hauptaufgaben** Was wird warum getan?	übergeordneter Sinn, Zielformulierung, Ökonomie, Legitimierung, Ausrichtung, Innovation, Entwicklung, Mission etc.
2. **Akteure** Wer tut es wie?	personifizierte Umsetzer, Know-how, Kompetenz, Anforderung, Kreativität, Zusammensetzung, Teamgrösse, Fluktuation etc.
3. **Raum / Zeit** Wo wird es wann getan?	Ansprüche und Bewirtschaftung zu Raum und Zeit, Grenzen, Geschwindigkeit, Infrastruktur, Nutzung, Virtualisierung, Existenz etc.
4. **Befindlichkeit** Wie und warum wird so empfunden?	interne Kultur, Sinn- und Motivationsfragen, Identität, Gefühl, Emotionen, Stress, Empathie etc.
5. **Haushalt** Was wird wie verarbeitet?	Kunden, Lieferanten, Ressourcen, Kernprozesse, explizites Wissen, Produkte, Absatz etc.
6. **Strukturen** Wie wird das System zusammengehalten?	interne Organisation, Informationen, Kommunikation, implizites Wissen, informelle Macht etc.
7. **Spielregeln** Welche externen Faktoren sind zu beachten?	Gesetze, Trends, Kapital, Umwelt, Politik, Märkte, Katastrophen etc.

Abb. 3.7 Die sieben Lebensbereiche am Beispiel «Platzreservation»

1 Hauptaufgaben – Was wird warum getan?

Jede Systembeschreibung sollte mit Hilfe von mindestens einer Komponente erfassen, welchen Sinn bzw. Zweck das System erfüllt. Diese Forderung mag völlig klar erscheinen, aber die mangelnde Zielbeschreibung ist der am meisten vorkommende Fehler in komplexen Situationen. Das kommt nicht von ungefähr, da die Zielvorgabe in komplexen Situationen nicht immer offensichtlich ist und häufig einer Dynamik unterliegt. Darum verdrängen wir die Beantwortung dieser Frage auch oft! Wie schlimm die Verdrängung der Sinnfrage sein kann, zeigen viele Suizidmotive – ohne Sinn, kein Leben!

2 Akteure – Wer tut es wie?

In komplexen Systemen sind Menschen involviert, z. B. als Kunden, Auftraggeber oder Mitarbeiter. Oft stehen diese in Zusammenhang mit dem Zweck des Systems. Die Akteure können bei groben Systemanalysen durchaus pauschal beschrieben werden, vergessen darf man sie aber nicht, und das geschieht häufiger als man denkt!

3 Raum / Zeit – Wo wird es wann getan?

Systeme können nur modelliert werden, wenn man sie räumlich und zeitlich situiert. Raum kann häufig verstanden werden als Infrastruktur (Gebäude, Computer, Werkzeuge etc.). Auch in einer immer stärker virtualisierten Welt bleibt dieser Bereich ein wichtiger Teil der Systembeschreibung. Wenn der räumliche Aspekt nicht im Vordergrund steht, wird dieser oft durch die zeitliche Dimension ergänzt: Organisationsentwicklung als zeitliches Verhaltensmuster.

4 Befindlichkeit – Wie und warum wird so empfunden?

Dieser Aspekt mag auf den ersten Blick befremden, ist aber in vielen komplexen, sozio-technischen Systemen oft von grosser Bedeutung. So ist etwa bekannt, dass rund 80% der nicht erfolgreichen Projekte aus menschlichen bzw. zwischenmenschlichen Gründen scheitern. Trotzdem fehlen aber genau diese emotionalen Aspekte oft bei der Systemerfassung. Es ist also wichtig, je nach Systemtyp Gefühl, Stimmung, Identität etc. als Komponenten zu beschreiben.

5 Haushalt – Was wird wie verarbeitet?

In keiner Systembeschreibung dürfen die Ressourcen und Produkte vergessen werden. Diese Bereiche umfassen den gesamten bilanzierbaren Prozess vom Eintritt ins System bis zum Austritt. In einer knappen Analyse muss entschieden werden, ob die Ressourcen, die Kernprozesse oder die Produkte am wichtigsten für die gewählte Betrachtungsebene ist. Mindestens ein Stellvertreter der messbaren (bilanzierbaren) Grössen muss vorhanden sein.

6 Strukturen – Wie wird das System zusammengehalten?

Im Gegensatz zum Bereich Haushalt werden hier die oft nicht sichtbaren und schlecht messbaren Aspekte analysiert. Solche impliziten und informellen Komponenten sind oft entscheidend für ein nachhaltiges Funktionieren des Systems. Eine ganzheitliche Systembeschreibung sollte deshalb mindestens eine Komponente enthalten, welche die Organisation, die Art der Kommunikation, vorausgesetztes Wissen oder versteckte Macht beschreibt.

7 Spielregeln – Welche externen Faktoren sind zu beachten?

Mindestens eine Systemkomponente muss die umgebende Welt reflektieren, indem sie wichtige Rahmenbedingungen beschreibt. Solche exogene Komponenten sind oft nicht stark vernetzt, weil sie ja effektiv nicht Teil des Systems sind, sondern Grössen, welche gezielt von aussen auf das System einwirken. Diese Aussensicht ist notwendig, um der Offenheit komplexer Systeme auch in der Systembeschreibung gerecht zu werden. Gehen z.B. wichtige gesetzliche Rahmenbedingungen vergessen, so können die entwickelten Lösungen innerhalb des Systems noch so genial sein, sie werden scheitern!

Da die Zugehörigkeit der Komponenten zu den einzelnen Bereichen oft nicht eindeutig ist, sollte bei der Zuteilung nach dem Ausschliessungsverfahren vorgegangen werden. Eine Mehrfachzuteilung macht keinen Sinn, da ja mit dieser Form von Analyse nach Möglichkeit «blinde Flecken» aufgedeckt werden sollen. In Abbildung 3.8 haben wir die Komponenten aus dem Beispiel «Platzreservation» den sieben Lebensbereichen zugewiesen. Die Analyse zeigt eine einseitige Verteilung. Es ist nicht das Ziel des Ganzheitlichkeitstestes, in allen Bereichen gleich viele Komponenten zu haben. Aber es sollten keine «Löcher» vorhanden sein, sonst können scheinbar gute, aber eben einseitige Bemühungen eventuell scheitern. Andererseits erlauben Schwerpunkte eine gewisse Charakterisierung des betrachteten Systems: So ist zum Beispiel für humanökologische

Nr.	Komponente	Lebensbereiche						
		Hauptaufgaben	Akteure	Raum/Zeit	Befindlichkeit	Haushalt	Strukturen	Spielregeln
1	Entwicklungsaufwand					x		
2	Verkaufsvolumen					x		
3	Verkaufspreis					x		
4	Rendite					x		
5	Benutzerfreundlichkeit				x			
6	Produktqualität	x						
7	Kundensupport						x	
8	Werbeaufwand					x		
9	Betriebskosten					x		
10	Markteintritt			x				
	Bilanz	**1**	**0**	**1**	**1**	**6**	**1**	**0**

Abb. 3.8 Beurteilung der Ganzheitlichkeit am Beispiel «Platzreservation»

Systeme ein Schwerpunkt im Bereich Befindlichkeit charakteristisch, Produktionssysteme tendieren zur Schwerpunktbildung im Bereich Haushalt.

Aufgrund der Analyse des Systems «Platzreservation» sollten bei den Lebensbereichen als Akteure «Verkaufsfachkräfte» und als Spielregeln «Datensicherheit» ergänzt werden,

Um die Zahl der Variablen zu begrenzen, können andererseits die zahlreichen Variablen im Bereich Ressourcen zusammengefasst werden, so zum Beispiel «Verkaufspreis» und «Rendite», oder «Betriebskosten» und «Supportkosten». Nun kann noch die Frage gestellt werden, ob es richtig ist, dass ein Platzreservationssystem sich schwergewichtig mit Ressourcenfragen beschäftigt, oder ob eventuell Aspekte der Befindlichkeit noch verstärkt einfliessen sollten. Damit sei klargestellt: Eine gute Systembeschreibung kann sich auf keine blind anwendbare Methodik abstützen. Der Ganzheitlichkeitstest bietet zwar eine Hilfe, aber die Eigenverantwortung für eine «intelligente und realitätsnahe» Beschreibung bleibt bei uns.

3.3 Wirkungsanalyse

Wie wir bisher gesehen haben, müssen wir uns über Struktur und Verhalten eines Systems im Klaren sein, bevor wir dieses richtig planen bzw. zielgerichtet beeinflussen können. Wir lernen, das System zu verstehen, indem wir es in seiner Struktur analysieren. Erst wenn wir die Systemzusammenhänge kennen, können wir das Erarbeiten von Lösungen angehen. Im folgenden Lehrschritt werden wir uns mit einer spezifischen Art der Analyse von Systemen, der Wirkungsanalyse, befassen.

Bei der Wirkungsanalyse bringen wir die einzelnen Komponenten eines Systems zueinander in Beziehung. Die unterschiedlichen Beziehungen zwischen den Komponenten werden im so genannten Wirkungsdiagramm visualisiert. Diese Methode erlaubt uns, in kurzer Zeit recht komplexe Systemmodelle aufzustellen. Insbesondere lassen sich damit rasch Kausalketten und Rückkopplungsschleifen erkennen. Die Bewertung der Wirkungszusammenhänge mit Hilfe einer so genannten Wirkungsmatrix erlaubt uns, den Einfluss der einzelnen Systemkomponenten zu beurteilen und Rückschlüsse auf Eingriffsmöglichkeiten zu ziehen.

Die Wirkungsanalyse umfasst grundsätzlich fünf Schritte:
1. Auswählen von Systemkomponenten
2. Erstellen und bewerten von Wirkungsdiagrammen
3. Beurteilen der Systemdynamik
4. Erstellen einer Wirkungsmatrix
5. Interpretieren der Wirkungsmatrix
Die Reihenfolge dieser Schritte kann situativ angepasst werden.

Das Vorgehen zur Auswahl von geeigneten Systemkomponenten ist in Kapitel 3.2.3 ausführlich beschrieben. Im Folgenden befassen wir uns mit den weiteren Schritten der Wirkungsanalyse. Die methodischen Grundlagen beziehen sich auf das von VESTER und VON HESLER entwickelte «Sensitivitätsmodell».

3.3.1 Erstellen von Wirkungsdiagrammen

Wir haben im vorangehenden Kapitel ein System definiert als «Menge von Komponenten und Beziehungen». Falls wir uns bei der Auswahl der Beziehungen auf *Wirkungen* beschränken (sprich Komponente X wirkt auf Komponente Y) und die Wirkungen durch Pfeile darstellen, so können wir bereits wesentliche Aspekte der Systemdynamik zum Ausdruck bringen. In Abb. 3.9 verstehen wir beispielsweise sofort, dass der Lernaufwand eines Studenten sich auf den Erfolg und damit wiederum auf die Motivation auswirkt.

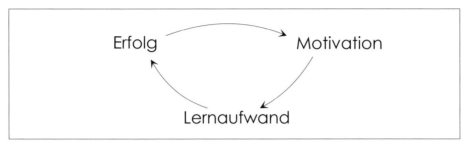

Abb. 3.9   Wirkungsbeziehungen zwischen Systemkomponenten

In Abb. 3.9 ist jedoch erst die Struktur des Systems dargestellt. Es ist aber noch nicht ersichtlich, ob sich der Student auf einer Aufwärtsspirale bewegt (mehr Erfolg führt zu mehr Motivation und damit zu mehr Lernaufwand ...) oder ob sich das System in einem stabilen Zustand befindet.

Das dynamische Systemverhalten kann besser verstanden werden, wenn zwei Wirkungstypen, nämlich gleichgerichtete und entgegengerichtete Wirkungen, unterschieden werden. Von einer *gleichgerichteten Beziehung* wird dann gesprochen, wenn eine Wirkung beschrieben werden kann durch die Aussage «je mehr – desto mehr» bzw. «je weniger – desto weniger». Ein entsprechender Wirkungspfeil wird mit einem Plussymbol an der Pfeilspitze versehen (vgl. Abb. 3.10).

Abb. 3.10   Gleichgerichtete Beziehung zwischen zwei Systemkomponenten

Eine *entgegengerichtete Beziehung* zwischen zwei Systemkomponenten besteht dann, wenn die Beziehung mit «je mehr – desto weniger» bzw. «je weniger – desto mehr» beschrieben werden kann. Ein entsprechender Wirkungspfeil wird mit einem Minussymbol an der Pfeilspitze versehen (vgl. Abb. 3.11).

Abb. 3.11   Entgegengerichtete Beziehung zwischen zwei Systemkomponenten

Beziehungen können in dieser Weise nur bewertet werden, wenn die beteiligten Grössen gedanklich quantifizierbar sind (der Autoverkehr hat z.B. ein bestimmtes *Ausmass*). Zur Bewertung einer Wirkung wird dann untersucht, welche Folge die Veränderung des Ausmasses in die eine oder andere Richtung hat. Beispielsweise hat ein *gesteigertes* Umweltbewusstsein die *vermehrte* Benützung der öffentlichen Verkehrsmittel zur Folge, oder die *vermehrte* Benützung der öffentlichen Verkehrsmittel *vermindert* den privaten Autoverkehr.

Kausalketten

Werden zwei oder mehrere Wirkungen in einer Kette hintereinander geschaltet, so sprechen wir von einer *Wirkungs- oder Kausalkette*. Die Gesamtbewertung der Kette entspricht der mathematischen Multiplikation der Einzelbewertungen, wenn + bzw. - als +1 bzw. -1 gesetzt werden. Für das Beispiel in Abb. 3.12 können wir formulieren: Je höher der Schwimmer liegt, desto tiefer befindet sich der Hebel, und je tiefer die Lage des Hebels ist, desto höher ist die Zeigerstellung. Die beiden Beziehungen, diejenige zwischen dem Schwimmer und dem Hebel sowie diejenige zwischen dem Hebel und dem Zeiger, sind also entgegengerichtet. Die mathematische Multiplikation ergibt eine gleichgerichtete Gesamtbewertung für die Kette. Dies ist plausibel, da ein höher liegender Schwimmer auch eine höhere Lage des Zeigers bedeutet.

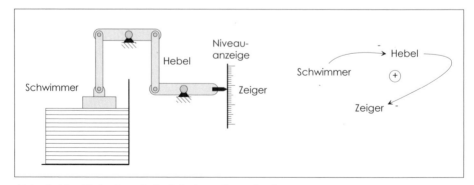

Abb. 3.12   Einfaches Beispiel einer Kausalkette

Rückkopplungen

Wichtig für die Dynamik von Systemen sind die Rückkopplungen. Wir unterscheiden dabei einerseits zwischen direkter und indirekter bzw. zwischen negativer und positiver Rückkopplung. Von *direkter Rückkopplung* sprechen wir, wenn zwei Grössen sich gegenseitig beeinflussen (vgl. Abb. 3.13). Eine *indirekte Rückkopplung* oder auch Rückkopplungsschleife ist dann gegeben, wenn mehrere Systemkomponenten in einer geschlossenen Kausalkette zusammenwirken (vgl. Abb. 3.15 und Abb. 3.16). Eine *negative Rückkopplung* liegt vor, wenn die Gesamtbewertung der Beziehungen negativ ausfällt. Entsprechend besteht bei positiver Gesamtbewertung eine *positive Rückkopplung*.

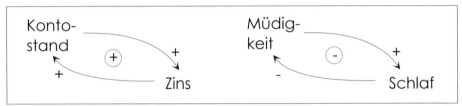

Abb. 3.13 Beispiele direkter Rückkopplungen

Das in Abb. 3.14 dargestellte Beispiel zeigt die Regelung des Wasserstandes in einem Behälter. Ein Schwimmer ist über einen Hebel mit einem Schieber verbunden, der den Wasserzulauf regelt. Je höher der Schwimmer mit dem Wasserspiegel steigt, desto geringer wird der Wasserzufluss. Wenn der Pegel den vorgesehenen Höchststand erreicht, wird der Zulauf geschlossen. Sobald der Wasserspiegel sinkt, sinkt auch der Schwimmer und öffnet dadurch den Zulauf des Wassers wieder.

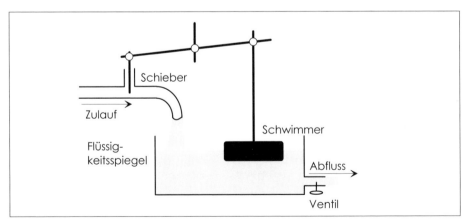

Abb. 3.14 Regelung des Wasserstandes in einem Behälter

Aus dem Wirkungsdiagramm des Beispiels in Abb. 3.15 ersehen wir drei gleichgerichtete und eine entgegengerichtete Beziehung. Die Gesamtbeurteilung des Systems zeigt somit eine negative Rückkopplung. Dass dadurch eine stabilisierende Situation entsteht, wird beim gedanklichen Durchlaufen der Schleife klar. Es gelten die folgenden Überlegungen: je höher der Schwimmer, desto tiefer der Schieber; je tiefer der Schieber, desto geringer der Zulauf; je geringer der Zulauf, desto tiefer der Flüssigkeitsspiegel; je tiefer der Flüssigkeitsspiegel, desto tiefer der Schwimmer. Beim zweiten Durchlauf kehren sich nun die Tatsachen um: je tiefer der Schwimmer, desto höher der Schieber usw. Offensichtlich sind wir nach zweimaligem Durchlaufen wieder bei der Ausgangssituation angelangt, und der Regelungsprozess kann von vorne beginnen.

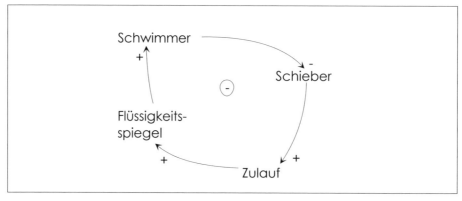

Abb. 3.15 *Regelung durch negative Rückkopplung*

Eine negative Rückkopplung stabilisiert ein System auf ein Fliessgleichgewicht, während eine positive Rückkopplung eine gleichgerichtete Verstärkung (Eskalation) oder Abschwächung für das Gesamtsystem bedeutet. Eine positive Rückkopplung darf nicht mit einer positiven Entwicklung des Systems gleichgesetzt werden. Wie das Marketingbeispiel in Abb. 3.16 zeigt, kann sich eine positive Rückkopplung durchaus negativ auf die Systementwicklung auswirken. Man überlege sich beispielsweise, was bei einer rezessionsbedingten Abnahme der Anzahl Käufer geschehen würde.

Negative und positive Rückkopplungen wirken sich überall in unserer Umwelt aus. Insbesondere die negativen Rückkopplungen sind dafür verantwortlich, dass die Welt nicht aus den Fugen gerät. Das Beispiel einer Schaukel demonstriert den Normalzustand der physikalischen Welt: Je höher man die Schaukel treibt, je weiter man sie von ihrem Ruhezustand wegbewegt, desto schwerer wird es, sie weiterzutreiben, desto stärker zerrt die Schwerkraft an ihr. Eine Schaukel mit positiver Rückkopplung hätte die interessante Eigenschaft, dass sie nur einmal angestossen zu werden bräuchte und dann bei jeder Schwingung einen Impuls erhielte, der immer stärker würde, je weiter/höher die Schaukel ausschwingen würde.

Abb. 3.16 Positive Rückkopplung führt zu Verstärkung oder Abschwächung

Wirkungsgefüge

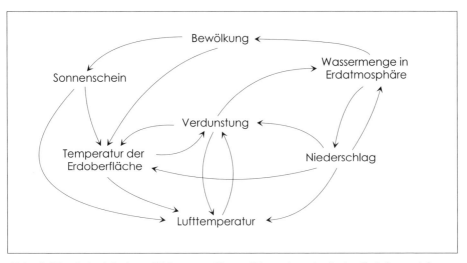

Abb. 3.17 Beispiel eines Wirkungsgefüges: Wasserhaushalt der Erdatmosphäre

Im Allgemeinen sind die Beziehungen zwischen den Komponenten eines Systems nicht nur auf Kausalketten beschränkt. Vielmehr können auf eine Komponente mehrere andere Komponenten einwirken, oder umgekehrt kann eine Komponente auf weitere Komponenten wirken. Die grafische Darstellung eines solchen Netzwerkes von Beziehungen wird *Wirkungsgefüge* genannt. In Abb. 3.17 ist das Wirkungsgefüge für den Wasserhaushalt der Erdatmosphäre dargestellt.

3.3.2 Beurteilung von Zustandsveränderungen

Studieren wir den zeitlichen Verlauf von Systemzuständen, so finden wir immer wieder ähnliche Entwicklungsmuster (vgl. Abb. 3.18). Viele natürliche Systeme schwingen zyklisch oder haben eine stabilisierende Tendenz. Beide Verhaltensformen haben ihre Ursache in negativen Rückkopplungen. Dagegen führen positive Rückkopplungen entweder zu exponentiellem Wachstum (aufschaukelnde Wirkung) oder zu exponentiellem Zerfall (hemmende Wirkung).

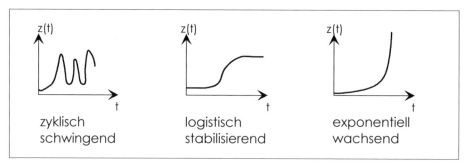

Abb. 3.18 *Charakteristische Veränderung von Systemzuständen*

Das zeitliche Verhalten eines Systems lässt sich somit qualitativ abschätzen, wenn man alle beteiligten Wirkungen und insbesondere die Rückkopplungsschleifen bewertet. Die Verhältnisse sind aber nicht immer ganz eindeutig. Kommen beispielsweise in einem Wirkungsgefüge sowohl negative wie auch positive Rückkopplungen vor, so ist nicht mehr eindeutig, welche Entwicklungstendenz die Oberhand hat. In einem solchen Fall kann das dynamische Systemverhalten etwa mit einem Simulationsmodell genauer untersucht werden.

Für den zeitlichen Verlauf eines Systemzustandes spielt aber nicht nur die Art der Wirkungen eine Rolle. Ebenso von Bedeutung ist, ob die beteiligten

Komponenten sofort oder erst mit Verzögerung reagieren. So kann etwa bei einem gezielten Eingreifen in ein System eine zu schnelle oder zu langsame Reaktion den erwünschten Effekt durchaus in sein Gegenteil verkehren.

Die Bedeutung von Zeitverzögerungen in rückgekoppelten Systemen wird am folgenden Beispiel klar: Ein Auto macht einen leichten Schlenker. Reagiert nun der Fahrer mit zu grosser zeitlicher Verzögerung, so erfolgt die Korrektur nach der einen Richtung immer erst, wenn sie bereits in der anderen Richtung notwendig gewesen wäre. Aus dem leichten Schlenker wird ein Schlingern, aus diesem ein Schleudern, bis der Wagen im Graben landet (nach VESTER). Die Gefahr der zu frühen oder zu späten Steuerung beim Autofahren nimmt mit der wachsenden Fahrgeschwindigkeit exponentiell zu! Die negative Rückkopplung – als Gegensteuerung zur Stabilisierung der Situation gedacht – wirkt in der geschilderten Situation nicht dämpfend, sondern verstärkend und erhält damit ähnliche Eigenschaften wie eine positive Rückkopplung (vgl. Abb. 3.19).

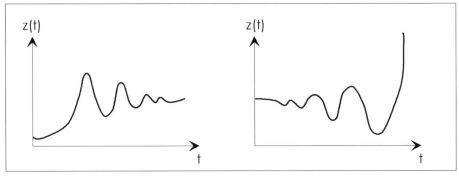

Abb. 3.19   Zeitliches Verhalten negativ rückgekoppelter Systeme: Stabilisierend oder aufschaukelnd wegen verzögerter Reaktion

Die Ergebnisse von dynamischen Prozessen sind prinzipiell erst in einer zeitlichen Betrachtung ersichtlich. Für die Erkennbarkeit der Veränderungen ist jedoch die Reaktionsgeschwindigkeit entscheidend. Unter Umständen sind Prozesse derart langsam, dass wir sie in unserem menschlichen Zeitempfinden nicht erkennen können. Zum Beispiel verändert sich die Zusammensetzung unserer Atmosphäre durch Emissionen der Industriegesellschaften klar messbar, aber für uns Menschen kaum nachvollziehbar. Die dadurch bedingte Klimaveränderung hat via Rückkopplung weiterreichende Konsequenzen: Das Abschmelzen der polaren Eiskappen, das Auftauen von Permafrostgebieten oder das Absterben von Wäldern sind Vorgänge, welche sich über die Temperaturerhöhung selbst verstärken. Durch die Ausdünnung der Ozonschicht wird das Phytoplankton in den Meeren geschädigt, dadurch wird eine gewaltige Kohlenstoffsenke in ihrer Aufnahmefähigkeit beeinträchtigt. Die vorgenannten positiven Rückkopplungsprozesse erhalten einen weiteren Antrieb.

Dass diese Vorgänge nichts anderes sind als eine «Explosion», können wir nicht erkennen, weil sie sich nicht in einem menschlichen, sondern in einem geologischen Zeitmassstab abspielen. Mit einem Kunstgriff lassen sich die Zeitdimensionen deutlich machen: Um den geologischen Ablauf in den menschlichen Erfahrungshorizont zu projizieren, rechnen wir das Alter des Sonnensystems und der Erde (rund 4,6 Mia. Jahre) in ein Menschenalter von 92 Jahren um. Dann erscheinen nach vier Jahren dieses Lebens die ersten Ozeane auf dem nackten und kahlen Planeten, nach zehn Jahren treten die ersten Moleküle auf, die sich verdoppeln können, nach 20 Jahren gibt es die ersten primitiven Zellen und beginnt die Bildung der Ozonschicht, nach 52 Jahren erscheint die erste Zelle mit Zellkern. Nach 82 Jahren steigt das Leben aus dem Wasser und erobert das Land. Die Dinosaurier verschwinden im 91. Lebensjahr, und der Mensch erscheint eine Woche vor Ablauf dieses Lebens auf der Bildfläche. Die Zivilisation beginnt eine Stunde vor dem Ende, für die industrielle Revolution (200 Jahre) bleiben noch zwei Minuten, und die 50 Jahre, in denen sich die augenblicklichen und bevorstehenden Klimaveränderungen abspielen, stellen gerade nur 30 Sekunden dar! Wenn also die genannten Rückkopplungsschleifen, für die es deutliche wissenschaftliche Hinweise gibt, schon wirksam sind und wenn es keine uns bekannten Mechanismen der Gegensteuerung gibt, befinden wir uns in den ersten Sekunden einer Explosion!

3.3.3 Systemische Grundmuster

Im Bereich des Systemdenkens gibt es bestimmte wiederkehrende Strukturmuster. SENGE hat typische Grundmuster von Strukturen erkannt, die im persönlichen Leben, in sozialen Organisationen und bei Managementproblemen in komplexen Situationen häufig anzutreffen sind und in der Kommunikation und Zusammenarbeit eine wichtige Rolle spielen. SENGE hat die systemischen Grundmuster, die er *Archetypen* nennt, in einfacher Form dargestellt. Die Grundmuster bestehen alle aus denselben Systembausteinen, aufschaukelnden Prozessen, hemmenden Wirkungen und Zeitverzögerungen. In der Praxis sind intuitive Voraussagen über die Dynamik von komplexen Systemen oft falsch. Bei den systemischen Grundmustern ist daher besonderes Schwergewicht auf zeitliches Verhalten und verzögerte Reaktionen gelegt. Je besser wir Grundmuster erkennen, desto besser können wir angesichts schwieriger Herausforderungen potenzielle Hebelwirkungen erkennen, Wirkungsweisen verstehen, unerwünschten Auswirkungen frühzeitig entgegentreten und geeignete Beeinflussungsmöglichkeiten aufspüren.

Gleichgewichtsprozess mit Zeitverzögerung

Ein erstes systemisches Grundmuster haben wir bereits bei der Beschreibung der Bedeutung von Zeitverzögerungen in rückgekoppelten Systemen kennen gelernt (vgl. Abb. 3.19). Wir unternehmen einen korrigierenden Eingriff, um eine unbefriedigende Situation zu verändern. Die Reaktion erfolgt zeitlich verzögert. Falls wir diese Verzögerung nicht wahrnehmen, so ergreifen wir mehr korrigierende Eingriffe als notwendig oder geben einfach auf, weil wir keine Fortschritte erkennen. Das Beispiel der Richtungskorrektur bei der Autolenkung hat uns gezeigt, dass eine solche Situation zu einer unerwünschten Aufschaukelung führen kann.

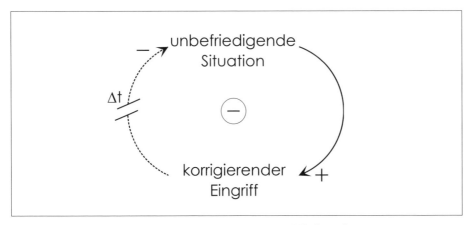

Abb. 3.20 Grundmuster «Gleichgewichtsprozess mit Zeitverzögerung»

Das systemische Grundmuster von zeitverzögerten Gleichgewichtsprozessen findet sich zum Beispiel im Verhalten von Marktteilnehmern. Gibt es zu wenige Immobilien auf dem Markt, so reagieren die Unternehmer mit dem Bau von neuen Einheiten. Wegen der langen Planungs- und Baudauer gelangen diese jedoch mit zeitlicher Verzögerung auf den Markt. Bis dahin ist die Nachfrage nach Immobilien aber wegen der in der Zwischenzeit eingetretenen schlechteren Wirtschaftslage bereits rückläufig.

Selbstbeschränkendes Wachstum

Selbstverstärkende, positive Rückkopplungen sind zum Antreiben von Wachstumsprozessen oft sehr erwünscht und werden deshalb gezielt implementiert. Durch unbeachtete Nebenwirkungen können jedoch (eventuell zeitverzögerte) Bremseffekte ausgelöst werden. Im schlimmsten Fall dreht sich die Dynamik sogar um, es kommt zum Stillstand oder gar zu einem sich beschleunigenden Absturz.

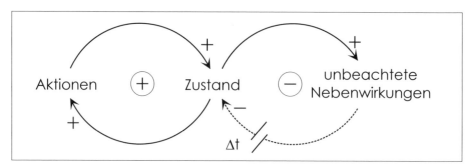

Abb. 3.21   Grundmuster «Selbstbeschränkendes Wachstum»

Beispielsweise erlauben steigende Verkaufszahlen ein wachsendes Marketingbudget und vermehrte Marketinganstrengungen, was die Zahl der Verkäufe weiter nach oben treibt. Ein Bremseffekt entsteht, wenn Arbeitskräfte und technische Kapazität fehlen, um den technischen Support der installierten Anlagen in der erforderlichen Qualität zu gewährleisten.

Problemverschiebung

Eine andere alltägliche Situation ist die Problemverschiebung oder Symptombekämpfung. Wir wenden in einer problematischen Situation eine kurzfristige Lösung an, indem wir direkt auf das Symptom einwirken, um eine sofortige Verbesserung zu erreichen. Da das Problem auf diese Weise nur vordergründig gelöst wird, müssen wir das gleiche Lösungsverhalten in verstärktem Masse anwenden. Wenn wir nicht flankierend grundsätzliche Lösungen angehen, so werden mehr und mehr nachteilige Nebenwirkungen spürbar. Mit der Zeit verkümmert zudem die Fähigkeit, grundsätzliche Lösungen zu finden, oder die Symptombekämpfung verliert an Wirksamkeit. Damit wird die Abhängigkeit von symptomatischen Lösungen noch stärker. Einsetzende Nebenwirkungen schaukeln diesen Prozess zusätzlich auf, bis völlige Verwirrung herrscht und eine zunehmende Schwächung das Gesamtsystem bedroht.

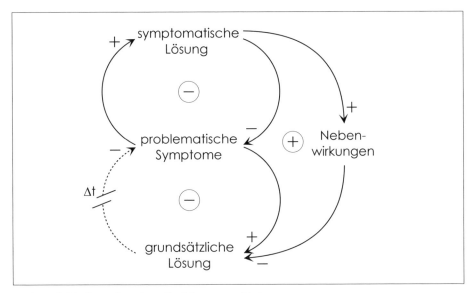

Abb. 3.22 Grundmuster «Problemverschiebung»

Da viele Menschen dazu tendieren, Probleme rasch und einfach aus dem Weg zu räumen, finden wir zu diesem Grundmuster zahlreiche Beispiele. Arbeitsdruck und Stress können sehr problematisch sein und zu einer Notsituation führen. Wird nun als symptomatische Lösung auf Tabletten oder Drogen ausgewichen, so kann eine kurzfristige Verbesserung der Situation erreicht werden. Damit wird aber der Notwendigkeit ausgewichen, eine grundsätzliche Lösung zu finden und die Arbeitslast selbst zu kontrollieren und anzupassen. Viele Abhängigkeitsbeziehungen beruhen auf dem Grundmuster der Problemverschiebung.

Ein Sonderfall der Problemverschiebung tritt auf, wenn Aussenstehende bei der Problemlösung zu helfen versuchen. Durch eine rasche Intervention wird versucht, augenfällige Probleme zu lindern. Geschieht dies erfolgreich, so wird dadurch verhindert, dass die Menschen innerhalb des Systems lernen, wie sie ihre Probleme selber bewältigen können. So begeben sich beispielsweise Unternehmen oft in eine längerfristige Abhängigkeit von externen Beratern, statt Massnahmen für die Förderung der eigenen Mitarbeiter zu treffen.

Erodierende Ziele

Bei dieser Grundstruktur handelt es sich um eine andere Form der Problemverschiebung. Eine Differenz zwischen der aktuellen Situation und den angestrebten Zielen kann überbrückt werden, indem entweder grundlegende Aktionen zur Zielerreichung eingeleitet werden oder indem die Ziele heruntergeschraubt werden. Offensichtlich benötigt das Einleiten und Durchführen von Aktionen für eine nachhaltige Zielerreichung eine gewisse Zeit, während durch die Anpassung der Ziele die Differenz zwischen IST-Zustand und SOLL-Vorstellung kurzfristig aus dem Weg geräumt wird.

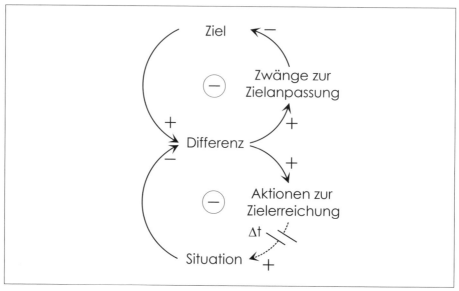

Abb. 3.23 Grundmuster «Erodierende Ziele»

Beispielsweise ist die Informatikinfrastruktur in einem Unternehmen momentan unbefriedigend: Es gibt zu wenig Speicherplatz, zu langsame Hardware und Netzwerkprobleme. Gewünscht ist ein Zustand, welcher die Bedürfnisse der Firma und aller Mitarbeiterinnen und Mitarbeiter abdeckt; es existiert also eine Lücke. Eine Arbeitsgruppe wird ins Leben gerufen, um Lösungen auszuarbeiten und Anschaffungen vorzuschlagen. Die gewünschte Endlösung muss aber angepasst werden, da die Geldmittel beschränkt sind und die «perfekte» Lösung nicht realisierbar ist.

Eskalation

Bei dieser Grundstruktur unternimmt eine Partei A Aktionen, die von der andern Partei B als Bedrohung wahrgenommen wird. Partei B unternimmt daher ihrerseits Aktionen. Diese werden von Partei A als Bedrohung wahrgenommen und veranlassen sie zur weiteren Verstärkung ihrer Aktionen.

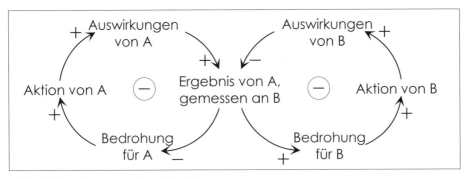

Abb. 3.24   Grundmuster «Eskalation»

Beispielsweise will eine Unternehmung A ihren Marktanteil erhöhen. Dazu verstärkt sie ihre Verkaufsanstrengungen und senkt die Verkaufspreise. Die Verkäufe nehmen zu, was die Konkurrenz B als Bedrohung empfindet. Unternehmung B erhöht ihrerseits die Verkaufsanstrengungen und reduziert die Preise. Dies empfindet wiederum A als Bedrohung und senkt die Preise noch weiter. Ohne Durchbrechung der eskalierenden Mechanismen führt der eskalierende Wettbewerb zum Ruin.

Erfolg den Erfolgreichen

Zwei miteinander verbundene Aktivitäten konkurrieren um begrenzte Ressourcen. Je erfolgreicher eine dieser Aktivitäten wird, desto mehr Unterstüt-

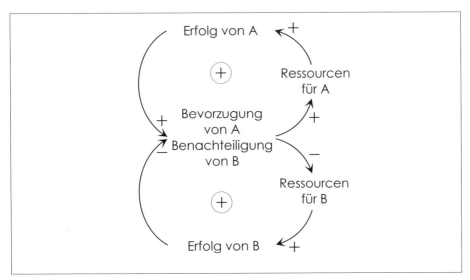

Abb.3.25   Grundmuster «Erfolg den Erfolgreichen»

zung erhält sie. Damit entzieht sie der anderen Aktivität die Ressourcen, und es wird ein selbstverstärkender Prozess eingeleitet.

Zwei Produkte in derselben Unternehmung konkurrenzieren sich beispielsweise um begrenzte Finanz- und Managementressourcen. Eines der Produkte erweist sich auf dem Markt als sofortiger Renner und wird mit weiteren Investitionen gestärkt, was die Ressourcen für das andere Produkt verringert. Dadurch kommt eine Verstärkungsspirale in Gang, welche das Wachstum des ersten Produkts fördert und den Niedergang des zweiten Produkts bewirkt.

Fehlkorrektur

Ein Problem ruft nach einer Lösung. Rasch werden die Symptome bekämpft und das Problem scheinbar gelöst. Die Symptombekämpfung führt aber zu unerwarteten Nebenwirkungen, die das ursprüngliche Problem mit der Zeit verschärfen.

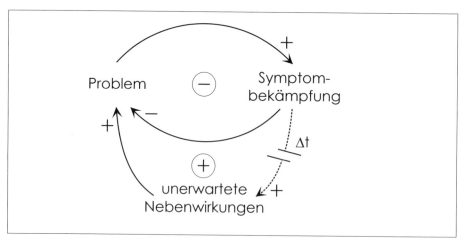

Abb. 3.26 Grundmuster «Fehlkorrektur»

Viele Entscheidungen haben kurzfristig gesehen diametral andere Auswirkungen als langfristig gesehen. Beispielsweise kann eine Firma versucht sein, bei sinkendem Umsatz die Käufer mit gezielten, attraktiven Verkaufspromotionen zu vorzeitigen Käufen zu verleiten. Dadurch wird sich der Umsatz zwar kurzfristig erhöhen, längerfristig kann dies jedoch das Image der gesamten Produktgruppe schädigen.

3.3.4 Erstellen einer Wirkungsmatrix

Bisher haben wir positive und negative Wirkungen unterschieden und dabei vernachlässigt, dass die *Wirkungsintensität* variieren kann. Wir haben bisher ebenfalls darauf verzichtet, systematisch zu überprüfen, ob allenfalls Wirkungsbeziehungen vergessen worden sind. Diese beiden Aspekte können mit Hilfe einer so genannten Wirkungsmatrix (vgl. Abb. 3.28) berücksichtigt werden.

Abb. 3.27 Komponenten eines Projektes mit noch unbekannter Vernetzung

Anhand eines Beispiels soll das Vorgehen zum Erstellen einer solchen Wirkungsmatrix erläutert werden. Abb. 3.27 zeigt die Komponenten des zu analysierenden Systems mit noch unbekannter Vernetzung. Ausgangspunkt der Wirkungsanalyse in diesem Beispiel ist die Frage, welche Aspekte über den Erfolg oder Misserfolg eines beliebigen Projektes entscheiden. In einem zweiten Schritt ist nun zu untersuchen, welche Komponenten mit welcher Intensität aufeinander wirken.

Die Beurteilung der Intensität ist oft schwierig und nicht absolut exakt bestimmbar. Für eine grobe Beurteilung reicht es aber vollkommen aus, wenn die Wirkungen in vier Intensitätsstufen klassifiziert werden:

   keine direkte Einwirkung = 0
   schwache Einwirkung   = $\frac{1}{2}$
   mittlere Einwirkung   = 1
   starke Einwirkung   = 2

Wirkung von ↓ auf →		A	B	C	D	E	F	G	H	I	K	L	M	AS	P
Fähigkeit der Mitarbeiter	A		1	2	1	½	0	0	½	1	2	1	2	11	105
Organisationsgrad	B	1		1	1	1	0	0	½	½	1	1	1	8	76
Teamgeist	C	2	1		1	½	0	0	½	½	2	1	1	9.5	109
Informationspolitik	D	2	2	2		1	0	½	1	½	2	1	2	14	126
Infrastruktur	E	1	1	1	1		0	0	0	½	1	1	½	7	46
Normen und Auflagen	F	½	1	0	½	1		½	½	½	1	1	½	7	7
Marktbedingungen	G	1	1	½	1	1	½		1	1	1	½	1	9.5	14
Einbezug der Investoren	H	0	1	0	½	½	½	0		0	½	½	1	4.5	23
Einbezug der Kunden	I	½	0	1	1	½	0	0	0		2	1	2	8	40
Qualität der Ergebnisse	K	1	½	1	½	0	0	½	1	½		½	½	6	93
Kontrolle	L	½	0	1	½	0	0	0	0	0	1		½	3.5	32
Zielformulierung	M	0	1	2	1	½	0	0	0	0	2	½		7	84
PS		9.5	9.5	11.5	9	6.5	1	1.5	5	5	15.5	9	12		
Q		1.2	0.8	0.8	1.6	1.1	7.0	6.3	0.9	1.6	0.4	0.4	0.6		

Abb. 3.28   Wirkungsmatrix «Projekt»

Die Bewertung der einzelnen Wirkungen wird nun in eine Wirkungsmatrix eingetragen (vgl. Abb. 3.28). Dabei wird die Frage gestellt, wie intensiv eine «Zeilen-Komponente» auf eine «Spalten-Komponente» wirkt. In unserem Beispiel wirkt sich etwa die Fähigkeit der Mitarbeiter stark auf den Teamgeist aus. Für jede der (n x [n-1]) möglichen Wirkungen wird nun systematisch ein Wert in die Wirkungsmatrix eingetragen. Da es letztlich das Ziel der Wirkungsanalyse ist, eine Aussage bezüglich der Rolle der einzelnen Systemkomponenten machen zu können, berechnen wir vier weitere Grössen (das Vorgehen beruht auf der Grundidee «Papiercomputer» von VESTER):

- Die Summe jeder Zeile ergibt die so genannte *Aktivsumme* für jede Systemkomponente. Sie gibt Auskunft über die Stärke, mit der eine Komponente die anderen *beeinflusst*. Je höher dieser Wert ausfällt, desto stärker wirkt die Komponente auf andere.
- Die Summe jeder Spalte ergibt die *Passivsumme* für jede Systemkomponente. Sie gibt darüber Auskunft, wie stark eine Komponente von den anderen *beeinflusst* wird. Je höher dieser Wert ausfällt, desto stärker wird diese Komponente von den anderen bestimmt.
- Das *Produkt* von Aktiv- und Passivsumme zeigt die *Vernetzungsintensität* auf. Je höher dieser Wert ausfällt, desto stärker ist die Komponente in das Wirkungsgefüge eingebunden.
- Der *Quotient* als Ergebnis der Division von Aktivsumme durch Passivsumme ergibt den *Aktivitätsgrad* für jede Komponente. Ein kleiner Quotient (Q<1) bedeutet offensichtlich, dass die Einwirkung auf eine fragliche Komponente stärker ist als die Wirkung, welche diese auf andere Komponenten ausübt. Die umgekehrte Aussage gilt für grosse Quotienten.

Bevor wir erläutern, welche Schlussfolgerungen sich nun aus den berechneten Grössen ziehen lassen, gilt es an dieser Stelle, einige einschränkende Bemerkungen zum vorgestellten Verfahren zu machen:
- Die Qualität der Wirkungen wurde vernachlässigt, d. h. die ursprüngliche Berücksichtigung der positiven oder negativen Kopplung wurde bei der Bewertung nicht berücksichtigt. Durch eine Aufteilung in fördernde und hemmende Wirkungen liesse sich dieser Umstand beheben. Der Einbezug einer derart detaillierten Vorgehensweise sprengt aber den Rahmen dieser Einführung. Eine Anwendung wird in Kapitel 6.2 gezeigt.
- In unseren Betrachtungen sind wir davon ausgegangen, dass alle Beziehungen in gleichen Zeiträumen wirken. Die Erfahrung lehrt aber, dass gewisse Einflussgrössen sehr rasche Veränderungen zeitigen können und dass andere erst mit einer recht grossen Zeitverzögerung aktiv werden. In einer verfeinerten Analyse könnte diese zeitliche Dimension berücksichtigt werden, indem die Wirkungen in die drei Kategorien kurz-, mittel- und langfristig eingeteilt werden und die Auswirkungen auf das Gesamtsystem unter diesem zusätzlichen Aspekt analysiert werden.
- Die Wirkungsbeziehungen wurden bisher als konstant angenommen. Diese Vereinfachung ist aber oft nicht zulässig. Unter Umständen verändert sich eine Beziehung im Verlaufe der Zeit. Beispielsweise reagieren chemische Substanzen desto heftiger, je höher die Temperatur ist; wird aber eine bestimmte Temperatur überschritten, so wird die Reaktion gehemmt. Hier ist eine Beschreibung in der Form «je höher die Temperatur, desto heftiger die Reaktion» nicht angebracht. Derartig variable Wirkungsbeziehungen lassen sich mit dem hier vorgestellten Werkzeug der Wirkungsanalyse nicht beschreiben. Hierzu müssten zum Beispiel moderne Werkzeuge der Computersimulation eingesetzt werden.

3.3.5 Auswerten und Beurteilen

Es stellt sich nun die Frage, welche Schlüsse aus der Wirkungsmatrix gezogen werden können. VESTER unterscheidet gemäss den jeweiligen Quotienten und Produkten vier verschiedene Typen von Systemkomponenten:

Aktive Komponenten ($Q>1$):
Von solchen Komponenten gehen sehr viele Wirkungen auf die übrigen Systemkomponenten aus. Sie selbst werden allerdings gleichzeitig kaum von den anderen Komponenten des Systems beeinflusst.

Passive Komponenten (Q<1):
Sie gehören zu den Komponenten, die das betrachtete System sehr schwach beeinflussen, von diesem aber sehr stark beeinflusst werden. Veränderungen im System wirken sich also vornehmlich bei ihnen aus, ohne dass dies dann auf das übrige System verändernd zurückstrahlt.

Stark vernetzte Komponenten (P gross):
Solche Komponenten sind über eine grosse Zahl von Wirkungen in ein System eingebunden. Sie wirken selber stark auf andere Systemkomponenten, sind aber auch von diesen leicht beeinflussbar.

Schwach vernetzte Komponenten (P klein):
Diese Systemkomponenten beeinflussen die übrigen Komponenten und damit das Gesamtsystem nur schwach. Sie werden selber auch nur sehr schwach beeinflusst.

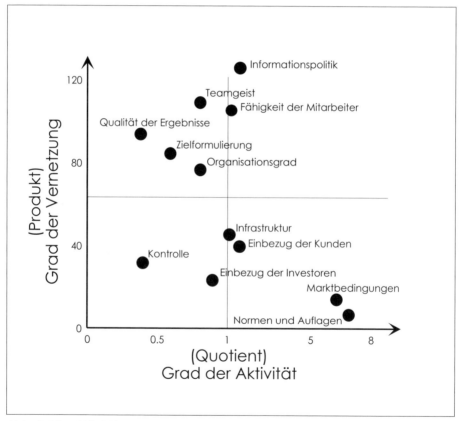

Abb. 3.29   Aktivitäts-Vernetzungs-Diagramm «Projekt»

Um den Sachverhalt zu veranschaulichen, werden Produkt und Quotient von jeder Komponente als Koordinatenpaar interpretiert und in ein Koordinatensystem eingetragen (vgl. Abb. 3.29). Links liegen dann offenbar die passiven Komponenten mit kleinem Quotienten, rechts die aktiven mit grossem Quotienten. Die Trennlinie zwischen aktiv und passiv kann einfach gefunden werden. Aktive Grössen weisen einen Quotienten grösser als eins auf, entsprechend ist bei passiven Grössen der Quotient kleiner als eins. Analog liegen im unteren Teil die weniger vernetzten und im oberen Teil die stärker vernetzten Komponenten. Hier ist die Trennlinie schwieriger zu definieren, da der Wertebereich für die Produkte abhängig ist von der Anzahl gewählter Systemkomponenten. Eine Möglichkeit besteht darin, die neutrale Linie durch den Schwerpunkt sämtlicher Produktewerte zu legen.

Je nach Lage im Aktivitäts-Vernetzungs-Diagramm lassen sich Komponenten unterschiedlich charakterisieren (vgl. Abb. 3.30). Die Piktogramme sollen die Charakteristik der Komponenten veranschaulichen. Dabei symbolisieren dickere Pfeile eine stärkere, dünnere Pfeile eine schwächere Wirkung.

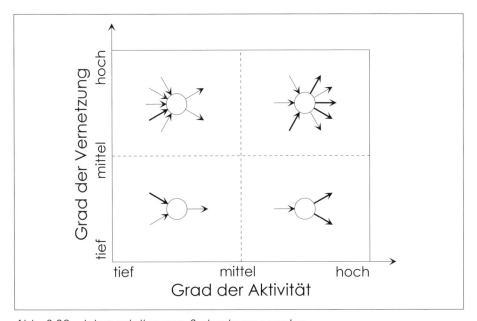

Abb. 3.30   Interpretation von Systemkomponenten

Vier idealtypische Rollen lassen sich wie folgt charakterisieren (die Beschreibung ist allgemein gehalten, in Kapitel 3.4 folgt eine detailliertere Interpretation der Rollen):

Stark vernetzte, wenig aktive Komponenten:
Auf solche Systemgrössen wird zwar durch andere Komponenten stark eingewirkt, selber geben sie aber die Wirkung nicht entsprechend weiter. Zustandsveränderungen des Gesamtsystems werden bei solchen Komponenten besonders deutlich. Sie können deshalb als Indikatorgrössen sehr nützlich sein. Dies führt aber auch dazu, dass man im Rahmen von Problemlösungen geneigt ist, gezielt bei diesen Komponenten anzusetzen. Wegen ihrer geringen Aktivität bleibt die beabsichtigte Wirkung jedoch oft aus. Diese Komponenten direkt durch Eingriffe zu verändern, kommt daher einer Symptombekämpfung gleich, die für die Gesamtkonstellation des Systems nur selten eine sofortige Verbesserung bringt.

Stark vernetzte, aktive Komponenten:
Solche Komponenten sind über eine grosse Zahl von Wirkungen bzw. über sehr intensive Wirkungen in ein System eingebunden. Sie wirken oft als Beschleuniger von Entwicklungen. Sie aktivieren Prozesse, indem sie vorhandene Energien verstärken und weitergeben. Durch Rückkopplung kann dieser Effekt noch verstärkt sein. Da eine solche Komponente unter Umständen ein unkontrolliertes Aufschaukeln und als Folge gar ein Umkippen des Systems bewirken kann, ist bei einem Systemeingriff besondere Vorsicht geboten. Die Komponente ist möglichst mit «Samthandschuhen» und nach gründlicher Nebenwirkungsanalyse anzufassen, da sich sonst leicht unkontrollierbare Entwicklungen ergeben können.

Schwach vernetzte, wenig aktive Komponenten:
Diese Grössen sind in der Regel von anderen Komponenten in geringem Masse abhängig und erzeugen selber wenig Wirkung im System. Einwirkungen auf diese Grössen wirken sich deshalb im System nur wenig und oft mit grosser Zeitverzögerung aus. Es sind diejenigen Komponenten, die auch bei stärkeren Änderungen der Gesamtkonstellation relativ konstant bleiben. Solche Komponenten zu verändern, wäre eine Symptombekämpfung ohne Wirkung auf den Rest des Systems. Hier gilt es aber, besonders auf die Stellung der

Komponente innerhalb des Gesamtsystems zu achten. Es ist durchaus möglich, dass eine solche Komponente mit einer stark aktiven Grösse in Beziehung steht. In einem entsprechenden Fall kann sich die Komponente als «Wolf im Schafspelz» auswirken, indem kleine Veränderungen letztlich an einer scheinbar unbedeutenden Stelle im System eine grosse Wirkung zeitigen.

Schwach vernetzte, aktive Komponenten:
Solche Komponenten können zum Unruhestifter werden, wenn sie gezielt und stark auf andere Komponenten einwirken. Im Rahmen einer Problemlösung lässt sich diese Tatsache jedoch oft gewinnbringend nutzen. Dank der schwachen Vernetzung kann mit Hilfe solcher Komponenten eine gezielte Hebelwirkung erzeugt werden, ohne dass dabei unüberblickbare Nebeneffekte entstehen. In diesem Fall ist zu berücksichtigen, dass sich die Grösse aus dem System heraus kaum bewegen lässt und deshalb eher durch Eingriffe von aussen gezielt aktiviert werden muss.

3.4 Problemformulierung

Nachdem das System eingehend analysiert worden ist, geht es bei der Problemformulierung um die Interpretation der Ergebnisse, die Charakterisierung des Problemtyps sowie die Ableitung von Konsequenzen für die Ziel-

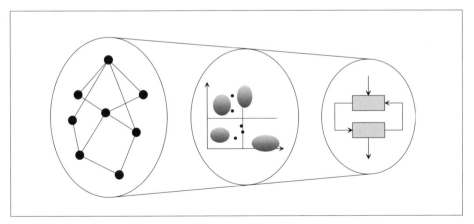
Abb. 3.31 Von der Systemanalyse zur Zielformulierung

formulierung. In Abbildung 3.31 ist der konvergierende Prozess symbolisch dargestellt: Die aus der Situationsanalyse resultierenden Systemmodelle werden bezüglich der Charakterisierung des Gesamtsystems bzw. der Rolle einzelner Schlüsselelemente interpretiert. Daraus lässt sich ableiten, welche Steuer- oder Indikatorelemente bei der Zielformulierung besonders zu berücksichtigen sind.

3.4.1 Charakterisieren des Gesamtsystems

Die in der Wirkungsanalyse erfassten Komponenten und Wechselwirkungen sind eine exzellente Grundlage für die Charakterisierung des Gesamtsystems. Das Aktivitäts-Vernetzungs-Diagramm kann als eine Art stilisiertes Bild betrachtet werden, das es hinsichtlich der Systemdynamik zu verstehen gilt, bevor wir uns auf die Interpretation von einzelnen Schlüsselgrössen konzentrieren.

Zunächst soll die Analyse des Vernetzungsgrades diskutiert werden. Dabei geht es weniger um die absolute Vernetzungsintensität, als vielmehr um die Differenz zwischen höchst- und tiefstvernetzten Komponenten. Befindet sich im System eine überproportional hoch vernetzte Komponente, so ist diese tendenziell dominant, und die schwach vernetzten Grössen können zur Bedeutungslosigkeit absinken. Solche Systeme verhalten sich unberechenbar – je nach Eigendynamik des «Diktators», welcher über Stabilität, Wandel, Entwicklung etc. bestimmt. Ein solches System ist in Abbildung 3.32 a dargestellt. Je enger die Komponenten im Vernetzungsgrad beieinander liegen, desto weniger sinnvoll wird eine zeitliche Differenzierung: Alle Grössen lösen ähnlich viele Wechselwirkungen aus.

Es gibt keine «idealen» Vernetzungstypen. Die Vernetzungsintensität muss immer in Bezug zum betrachteten System interpretiert werden. So sollte die Vernetzungsintensität in stabilen Systemen eher homogen sein. Dagegen ist für ein Change-Management-Projekt eine dominant vernetzte Komponente sehr erwünscht, da diese kurzfristig einen Wandel auslösen könnte (vgl. dazu auch Kap. 3.4.2).

Zur Beurteilung des Vernetzungsgrades halten wir fest:
- Ein mittlerer Unterschied im Vernetzungsgrad bedeutet, dass das System mehrere unterschiedliche Schlüsselgrössen besitzt und deshalb zeitlich differenziert stimuliert werden kann (strukturierte Vernetzung).

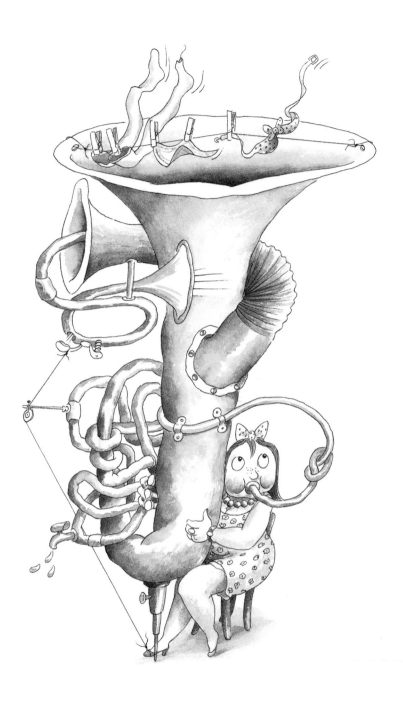

oskar Weiss zu: « kompliziert oder komplex ? »

- Ein grosser Unterschied im Vernetzungsgrad bedeutet eine grosse Abhängigkeit von wenigen oder sogar nur einer Schlüsselgrösse. Dominierende Schlüsselgrössen können von aussen mit sehr schneller Wirkung stimuliert werden, deren Entwicklung ist aber unberechenbar und kaum kontrollierbar (kritische Vernetzung).
- Wenig Unterschied im Vernetzungsgrad heisst, dass wir wenig differenzierte Schlüsselgrössen haben. Da alle Komponenten ähnlich vernetzt sind, können keine gezielten Strategien abgeleitet werden. Die Situation kann als «kollektiver Prozess» interpretiert werden, in welchen alle beteiligten Grössen miteinbezogen sind (stabile Vernetzung).

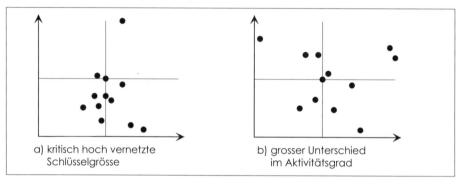

a) kritisch hoch vernetzte Schlüsselgrösse

b) grosser Unterschied im Aktivitätsgrad

Abb. 3.32 *Vernetzungs- und Aktivitätsgrad*

Der Grad der Aktivität wird bekanntlich mit dem Quotienten aus der Wirkungsmatrix angegeben. Der natürliche Mittelpunkt liegt folglich bei 1. Durch die Lage der Komponenten bezüglich dieser Neutrallinie wird die Transformationsdynamik bestimmt. Darunter verstehen wir die Effizienz von Veränderungsmöglichkeiten: Je weiter die Quotienten auseinander liegen, desto mehr können durch Investitionen in aktive Bereiche die übrigen Systemkomponenten angeregt werden. Das System als Ganzes wird stimuliert und erhält damit die Möglichkeit zu einer ganzheitlichen Veränderung (Transformation).

Bei grossen Differenzen zwischen den kleinsten und grössten Quotienten (vgl. Abb. 3.32 b) wird die Transformationsdynamik sehr hoch. Impulse auf aktive Bereiche stimulieren die restlichen Komponenten und verändern Strukturen. Solche Systeme bewegen sich sehr schnell, und bei wohl überlegten Eingriffen sehr zielorientiert, haben aber weniger «Lern- und Eigenentwicklungspotenzial». Im Extremfall reagieren solche Systeme ähnlich wie Maschinensysteme ohne eigene Identität.

Liegen in einem System die Werte mehrheitlich nahe der Neutrallinie, dann besitzt das System kaum Motoren und Indikatoren. Solche Systeme sind veränderungsresistent oder träge. Unter stabilen Rahmenbedingungen können stabile Strukturen durchaus sinnvoll sein, je dynamischer aber die Rahmenbedingen werden, desto ungeeigneter sind derart nach innen orientierte Systeme.

Auch die Interpretation des Aktivitätsgrades muss im Gesamtkontext beurteilt werden. So kann eine hohe Transformationsdynamik erwünscht sein, wenn das System eine hohe Leistung erbringen soll, sie kann aber auch gefährlich sein, wenn eher die Lernfähigkeit im Vordergrund steht (z. B. Firmenkultur). Darum müssen auch hier in der Problemformulierung die vorhandenen Gegebenheiten berücksichtigt werden.

Fazit zur Beurteilung des Aktivitätsgrades:
- Mittlere Aktivitätsunterschiede erlauben steuernde Impulse von aussen. Ein Teil der Wirkungen sind so genannte Nebenwirkungen. Diese bedeuten einerseits Energieverlust in Bezug auf die Zielerreichung, andererseits können sie aber auch Lernprozesse auslösen.
- Grosse Aktivitätsunterschiede erzeugen im Extremfall ein fast maschinenähnliches, stark zielbestimmtes Verhalten. Das System erhält weniger Impulse durch interne Feedbacks, sondern ist stark von äusseren Impulsen abhängig. Die Lernfähigkeit und Identitätsentwicklung in solchen Systemen ist stark eingeschränkt.
- Kleine Aktivitätsunterschiede bedeuten, dass gezielte Impulse von aussen sich auf Komponenten mit ähnlichem Verhalten verteilen. Solche Systeme haben eine kleine Transformationsdynamik und entwickeln sich sehr innen-gesteuert und selbstständig.

3.4.2 Interpretieren der Schlüsselgrössen

Die Interpretation der Schlüsselgrössen ist der nächste Schritt für ein ganzheitliches Verständnis der Systemdynamik. Schlüsselgrössen sind Systemkomponenten, welchen eine spezifische Rolle im System zugewiesen werden kann. Auch hier hilft uns das Aktivitäts-Vernetzungs-Diagramm zur Interpretation (vgl. Abb. 3.33). Je weiter oben sich eine Komponente befindet, desto vernetzter ist diese. Grundsätzlich sagt der Vernetzungsgrad etwas über die «Wichtigkeit» einer Komponente aus: Eine starke Vernetzung bedeutet, dass nichts ohne diese Komponente passiert. Je weiter rechts eine Komponente im Diagramm liegt, desto aktiver ist sie, das heisst desto besser ist deren Hebelwirkung. Aktive Grössen sind deshalb tendenziell gut geeignet für Interventionen von aussen. Je weiter links eine Komponente liegt, desto passiver ist sie. Solchen Grössen kommt tendenziell eher die Rolle von Indikatoren zu.

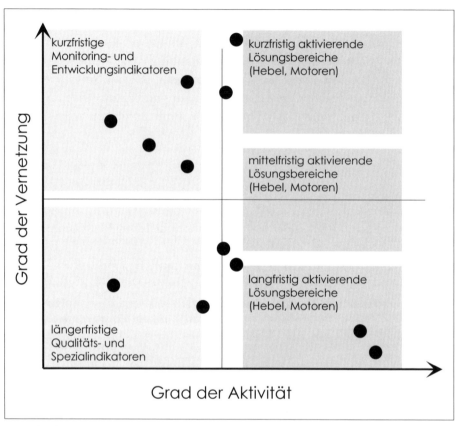

Abb. 3.33   Interpretation von Schlüsselgrössen

Grundsätzlich kann auf der rechten Seite des Aktivitäts-Vernetzungs-Diagramms vom Lösungsbereich gesprochen werden, weil hier Interventionen durch die Hebelwirkung der Komponenten überproportional viel Effekt erzeugen. Wir unterscheiden die folgenden drei Fälle (vgl. Abb. 3.33):
- Sind die Komponenten in einem System *aktiv und hoch vernetzt*, so liegen sie im kurzfristig wirkenden Lösungsbereich. Je aktiver und vernetzter eine Grösse ist, desto treibender und bestimmender wird ihr Einfluss. Die Effizienz des Eingriffs wird aber mit dem Nachteil eingehandelt, dass solche Grössen das System kaum kontrollierbar vorantreiben. In gefährlichen

oder labilen Systemen sollten aktive, hoch vernetzte Grössen nur sehr sorgfältig oder gar nicht stimuliert werden.
- Sind die Komponenten *aktiv und mittelstark vernetzt,* dann gelten Grundsätzlich dieselben Aussagen wie oben. Die Grössen wirken aber langsamer und zeigen bei einer Stimulierung erst mittelfristig eine Wirkung, dafür sind sie aber besser kontrollierbar. Ist genügend Zeit für Veränderungsprozesse da, sind solche Komponenten weniger riskant als die hoch vernetzten und haben weniger unvorhersehbare Nebenwirkungen. Die Effizienz von Lösungen in solchen Bereichen nimmt mit dem Aktivitätsgrad zu.
- Sind die Komponenten *aktiv und schwach vernetzt,* so verringert sich die Geschwindigkeit hinsichtlich der Dynamik nochmals. Es handelt sich um langfristige Lösungsbereiche mit überblickbaren Nebenwirkungen. Meistens dienen solche Grössen nicht als treibende Motoren, sondern repräsentieren Lösungsansätze für langfristig zu lösende Probleme. Werden diese aber nicht berücksichtigt, können sie zu einem Killerkriterium werden (z. B. erfüllen von Normen).

Auf der linken Seite des Aktivitäts-Vernetzungs-Diagramms liegen all jene Systemgrössen, welche mehr Impulse vom System erhalten, als dass sie in das System zurückspeisen. Solche Grössen haben die Tendenz, eine Wirkung über die Systemgrenzen hinweg zu produzieren, weshalb sie oft auch verstärkt von der Umwelt wahrgenommen werden. Es besteht dann die Gefahr, dass die Lösungen ebenfalls in diesem Bereich gesucht werden. Als Systemiker bezeichnen wir ein solches Verhalten als Symptombekämpfung. Für den linken Bereich unterscheiden wir die folgenden zwei Fälle (vgl. Abb. 3.33):
- Liegen Komponenten *hoch vernetzt und deutlich passiv* im Diagramm, dann sind das die besten Gesamtsystemindikatoren, die man sich wünschen kann! Eine grosse Zahl von Wirkungsbeziehungen endet in solchen Komponenten. Sie ermöglichen ein ausgezeichnetes Monitoring, weil sie die am besten «informierten» Systembereiche sind. Mit anderen Worten kumuliert in diesen Bereichen die sich intern entwickelnde Qualität.
- Für die *weniger hoch vernetzten, passiven* Grössen gilt ähnliches. Sie beschreiben nun aber tendenziell die längerfristigen Qualitäten.

Damit sind die wichtigsten Interpretationsmöglichkeiten des Aktivitäts-Vernetzungs-Diagramms besprochen. Diese Interpretation dient als wichtige Grundlage für die Problemformulierung, wie dies anhand des nachfolgenden Beispiels illustriert werden soll.

3.4.3 Beispiel «Medizinal-Projekt»

Die Komponenten und Wirkungsbeziehungen zu diesem Beispiel haben wir bereits in Kapitel 3.3.4 kennen gelernt. Die Analyse ist von einem Projektteam vorgenommen worden, welches von der Geschäftsleitung einer Medizinalfirma den Auftrag erhalten hat, ein im Sortiment wichtiges Gerät weiterzuentwickeln, weil dieses durch konkurrierende Produkte zunehmend in Bedrängnis geraten ist. Wie genau die Weiterentwicklung aussehen soll, ist unklar, die Innovation ist Teil des Projektauftrages. Als wichtige Vorgabe gilt rasches Handeln, um keine weiteren Marktanteile an die Konkurrenz zu verlieren. Die Analyse der Vernetzung ist von allen Teammitgliedern gemeinsam vorgenommen worden, allfällige Differenzen in der Einschätzung der Wirkungsbeziehungen sind so lange diskutiert worden, bis sich alle einig waren. Die zwölf Komponenten sind aus dem folgenden Fokus heraus definiert worden: Was sind die wichtigsten Faktoren beim Projektstart? Ist das Projekt überhaupt erfolgversprechend? Und wenn ja, was ist zu berücksichtigen, um die höchsten Erfolgschancen zu haben? Welche Faktoren könten das Projekt allenfalls gefährden?

Wie aus Abbildung 3.34 ersichtlich ist, haben die Projektmitarbeiter durch die Wirkungsanalyse ein gut strukturiertes Gefüge erhalten: Es können differenzierbare Schlüsselgrössen definiert werden. Es liegen keine kritisch hoch vernetzten Komponenten vor, welche übermässige Risiken bzw. dominante Abhängigkeiten für das Gelingen darstellen würden. Auch die Transformationsdynamik kann als günstig eingeschätzt werden: Das Projekt soll zielorientiert etwas bewegen und gleichzeitig auch Lernprozesse durchlaufen. Zu diesem Zweck ist eine mittlere Dynamik ideal. Wären extrem aktive und passive Komponenten vorhanden, dann liefe das Team Gefahr, zu zielorientiert an die Sache heranzugehen und der Kreativität zu wenig Raum zu lassen. Wäre die Dynamik sehr gering, würde das Projektteam Gefahr laufen, sich zu sehr auf innengesteuerte Prozesse zu konzentrieren und die Kundensicht zu vernachlässigen. Wenn das eine oder andere zutreffen würde, müsste über Massnahmen nachgedacht werden, wie das Projekt z.B. durch kreative Ideen «gestört» – bzw. durch gutes Controlling auf Kurs gehalten werden könnte.

Wie Abbildung 3.34 zeigt, hat die Analyse keine hoch vernetzten, aktiven Grössen ergeben. Die am höchsten vernetzten Grössen liegen fast auf der Neutrallinie. Damit haben sie keinen eigentlichen «Motorencharakter», sind aber gleichwohl nicht zu vernachlässigende Grössen im System. Für das Pro-

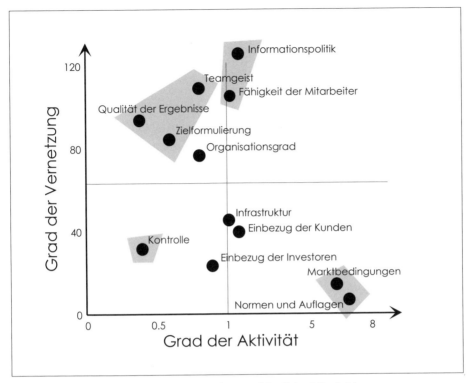

Abb. 3.34 Interpretation der Vernetzung «Medizinal-Projekt»

jektteam gilt es also, in einem ersten Schritt (kurzfristig) in den Bereichen «Informationspolitik» und «Fähigkeiten der Mitarbeiter» nach Lösungen zu suchen. Das Setzen von Impulsen in diesen Bereichen wird zwar keine enorm beschleunigende Wirkung zeigen, trotzdem handelt es sich um ernst zu nehmende Katalysatoren, welche insbesondere beim Projektstart dafür sorgen können dass das Projekt den nötigen Schwung erhält.

Im Diagramm sind keine mittelstark aktiven Komponenten zu erkennen. Das bedeutet, dass es nach der Implementierung einer definierten Informationspolitik bzw. von Massnahmen zur Förderung der Mitarbeiterfähigkeiten keine effektiven, direkt nachfolgenden Aktivitätsfelder gibt. In einer längerfristigen Betrachtung müssen jedoch die «Marktbedingungen» sowie «Normen und Auflagen» berücksichtigt werden. Wenn die Lösungen in diesen beiden Bereichen gut sind, haben sie einen stark aktiven Charakter mit hoher Transformationsdynamik – wirken aber voraussichtlich nur relativ langsam.

Auf der passiven Indikatorenseite ist im hoch vernetzten Bereich eine Dreiergruppe zu erkennen. Der «Teamgeist», die «Qualität der Ergebnisse» und die «Zielformulierung» sind die wichtigsten Indikator- bzw. Monitoringbereiche, welche sich durch geeignete Lösungen im aktiven Bereich positiv entwickeln sollten. Alle drei bilden zusammen das interne Zielsystem. Damit der Entwicklungsfortschritt beurteilt werden kann, müssen überprüfbare Kriterien definiert werden. Der weniger hoch vernetzte, aber ebenfalls deutlich passive Indikator «Kontrolle» ist für den Gesamterfolg mittel- bis langfristig relevant. Auch hier müssen geeignete Ziele operationalisiert werden. Die Zielformulierung ist zentrales Thema des nächsten Kapitels.

Kontrollfragen

1. Erläutern Sie den Begriff «Problem».

2. Nennen Sie wesentliche Unterschiede zwischen den beiden folgenden Problemen:
   a) Während Sie Ihre Haare trocknen, ist bei ihrem Föhn jeweils eine zunehmende Erhitzung des Gehäuses festzustellen.
   b) Die Arbeitsgruppe, in der Sie mitarbeiten, hat Mühe, die Termine einzuhalten.

3. Welche Schwierigkeiten sehen Sie bei der Formulierung von Problemsituationen, welche auf komplexen, vernetzten Systemen beruhen?

4. Nennen Sie verschiedene Tätigkeiten, welche bei einer Situationsanalyse nützlich sein könnten (wie z. B. Sammeln, Ordnen usw.).

5. Beschreiben und kommentieren Sie die wichtigsten Schritte der Situationsanalyse.

6. Bei der Abgrenzung einer Problemsituation kann man verschiedene Systembereiche unterscheiden. Erläutern Sie vier unterschiedliche Bereiche.

7. Welchem Zweck dient die Wirkungsanalyse, und wie wird eine Wirkungsanalyse durchgeführt?

8. Welche grundlegenden Regeln sind bei der Auswahl der Systemkomponenten zu beachten?

9. Beschreiben Sie die Funktionsweise der indirekten negativen und positiven Rückkopplung je anhand eines Beispiels.

10. Gibt es Maschinen, in welchen nur positive Rückkopplungen vorkommen?

11. Den Begriff «Eskalation» finden wir etwa im Zusammenhang mit politischen Entwicklungen. Beschreiben Sie ein Beispiel einer derartigen Eskalation in einem Wirkungsdiagramm.

12. Erläutern Sie ein selbst gewähltes Wirkungsgefüge mit mindestens einer positiven und einer negativen Rückkopplung.

13. Bewerten Sie Wirkungen und Rückkopplungen im folgenden Diagramm:

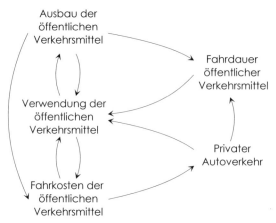

14. Erläutern und charakterisieren Sie den zeitlichen Verlauf des Systemzustandes in einem positiv bzw. negativ rückgekoppelten System.

15. Beschreiben Sie die systemischen Grundmuster je anhand eines Beispiels aus Ihrem persönlichen oder beruflichen Erfahrungsbereich.

16. Erläutern Sie zu jedem der in Aufgabe 15 genannten Beispiele, durch welche Massnahmen die jeweilige Dynamik durchbrochen werden kann.

17. Das folgende Wirkungsnetz stellt Zusammenhänge dar, welche bei der Vermarktung eines Produktes von Bedeutung sind. Erstellen Sie eine Wirkungsmatrix:

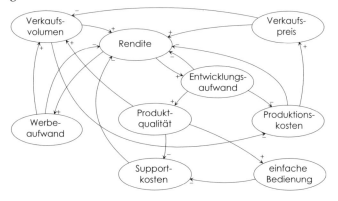

18. Werten Sie folgende Wirkungsmatrix aus:

Wirkung von ↓ auf →		A	B	C	D	E	F	G	H	I
Verkaufsvolumen	A		0	2	0	0	0	½	0	0
Werbeaufwand	B	2		½	0	0	0	0	0	0
Rendite	C	0	1		0	0	2	0	0	0
Produktqualität	D	2	0	0		1	0	0	0	1
Supportkosten	E	0	0	1	0		0	0	0	0
Entwicklungsaufwand	F	0	0	2	2	0		2	0	0
Produktionskosten	G	0	0	2	0	0	0		1	0
Verkaufspreis	H	2	0	2	0	0	0	0		0
einfache Bedienung	I	0	0	0	0	1	0	0	0	
PS										
Q										

19. Zeichnen Sie die folgenden Resultate einer Wirkungsanalyse in das Aktivitäts-Vernetzungs-Diagramm ein und interpretieren Sie dieses.

Wirkung von ↓ auf →		AS	P	PS	Q
Verkaufsvolumen	A	2.5	15	6	0.4
Werbeaufwand	B	2.5	2.5	1	2.5
Rendite	C	3	28.5	9.5	0.3
Produktqualität	D	4	8	2	2
Supportkosten	E	1	2	2	0.5
Entwicklungsaufwand	F	6	12	2	3
Produktionskosten	G	3	7.5	2.5	1.2
Verkaufspreis	H	4	4	1	4
einfache Bedienung	I	1	1	1	1

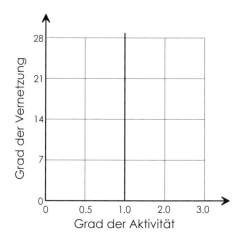

4 Problemlösung

Nachdem die vier Kollegen der Firma CASH-PROTECT es nach längeren Diskussionen schliesslich doch noch geschafft haben, die Problemsituation zu gliedern und die Wirkungszusammenhänge zu analysieren, stehen sie nun vor der Aufgabe, ihre bereits geäusserten Ideen zu ordnen und zu konkretisieren. Der beigezogene Sibo hat ihnen zum Schluss seiner Beratungstätigkeit noch den Tipp gegeben, nächste Besprechung in einer Tiefgarage abzuhalten. Wir befinden uns deshalb zusammen mit dem Projektteam in der Einstellhalle eines grossen Einkaufszentrums.

Carole: «Ganz schön düster diese Atmosphäre, zum Glück habe ich drei Bodyguards bei mir.»

Matz: «Schaut, die haben sich aber immerhin schon etwas gedacht. Da drüben hat es reservierte Parkplätze für Behinderte.»

Luki: «Aber speziell erleuchtete Parkfelder für Frauen sehe ich keine, wie ich sie kürzlich in einer anderen Garage entdeckt habe.»

Rolf: «Richtig, Behinderte und Frauen sind hier wohl von Sicherheitsfragen in erster Linie betroffen. Welche Personengruppen müssen wir denn sonst noch in unsere Überlegungen einbeziehen?»

Matz: «Ich denke, es wäre sinnvoll, wenn wir ein paar Leute über ihre Sicherheitsbedürfnisse befragen würden.»

Nachdem die vier Kollegen mit verschiedenen Benutzern der Tiefgarage angeregte Gespräche geführt haben, treffen sie sich vor dem Ausgang der Garage wieder.

Carole: *(nachdenklich)* «Ich hätte nicht gedacht, dass so viele Leute sich hier unwohl fühlen.»

Rolf: «Ja, nach meinen Gesprächen glaube ich definitiv, dass wir mit unseren Sicherheitsanlagen ein echtes Bedürfnis abdecken könnten.»

Matz: «So werden wir nun doch endlich konkret! Ich brenne darauf, meine Idee mit den Wärmesensoren zu diskutieren.»

Luki: «Ja, aber vergiss bitte unser Projekt ‹Künstliche Intelligenz› nicht!»

Rolf: «Halt, halt! Eines nach dem andern. Zunächst sollten wir uns wohl über die Ziele unseres Projektes Klarheit verschaffen, bevor wir einzelne Lösungsvarianten diskutieren.»

Nachdem wir in den vorangehenden Schritten der Situationsanalyse und Problemformulierung unsere Aufmerksamkeit mehrheitlich auf die Gesamtzusammenhänge des Problembereichs gerichtet haben, werden wir uns bei der nun folgenden Phase der Problemlösung eher mit spezifischen Aspekten des Zielsystems befassen. Abb. 4.1 macht deutlich, dass mit der Zielformulierung und der Überprüfung der Lebensfähigkeit die Phase der analytischen Tätigkeiten abgeschlossen wird. Zu diesem Zeitpunkt muss also klar sein, welchen Anforderungen die angestrebte Lösung genügen muss bzw. *was* das geplante System leisten soll. Erst in den beiden nachfolgenden Schritten geht es dann um Fragen des Entwurfes, d.h. um die Art und Weise, *wie* wir zu einer Lösung gelangen können.

Entsprechend Abb. 4.1 gliedert sich dieses Kapitel in zwei Teile. In den ersten zwei Kapiteln geht es um die Formulierung von Zielen und deren Über-

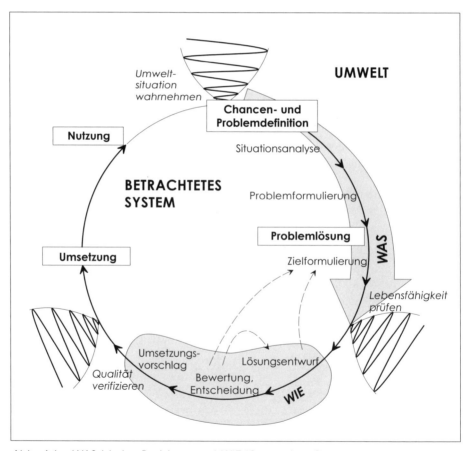

Abb. 4.1   WAS ist das Problem, und WIE lösen wir es?

prüfung bezüglich Lebensfähigkeit. In den zwei weiteren Kapiteln werden Methoden des Lösungsentwurfs vorgestellt, und es wird gezeigt, wie man über die Bewertung verschiedener Lösungsvarianten schliesslich zum Lösungsentscheid gelangt.

4.1 Zielformulierung

Die Tätigkeit der Zielformulierung erfolgt im Projektablauf zu einem Zeitpunkt, zu dem aufgrund des ursprünglichen Projektauftrages bloss vage Zielvorstellungen vorhanden sind und aus der Situationsanalyse erst allgemeine Randbedingungen für die spätere Problemlösung abgeleitet werden können. Eine umfassende Zielformulierung verfolgt deshalb den Zweck, die unscharfen Vorstellungen zu überprüfen, zu konkretisieren, zu ergänzen und zu bereinigen. Dieser Schritt ist insofern wichtig, als später die Qualität der erarbeiteten Lösungen an den hier formulierten Zielen gemessen wird. Wenn bereits die Ziele unklar sind, kann kein noch so intelligenter oder effizienter Entwicklungsprozess zu einem befriedigenden Ergebnis führen. Nach Lösungen suchen macht wenig Sinn, wenn wir unser Ziel nicht genau kennen. Oder mit Marc AUREL bildlich gesprochen: «Wer seinen Hafen nicht kennt, für den ist kein Wind ein günstiger.»

Im Zusammenhang mit der Zielfindung gilt es, funktionale und nicht funktionale Ziele auseinander zu halten. Funktionale Ziele beschreiben Funktionseigenschaften des zu konzipierenden Systems. Zielformulierung in diesem Sinne bedeutet, gemeinsam mit dem Kunden bzw. Auftraggeber die Anforderungen an die zukünftige Lösung zu konkretisieren. Nicht funktionale Ziele dagegen beschreiben allgemeine Qualitätsmerkmale der angestrebten Lösung. Sie haben nichts direkt mit der Funktionalität der Lösung zu tun, sondern beschreiben andere Zieldimensionen. Es geht dabei etwa um Fragen der Wartbarkeit, Erweiterbarkeit, Wiederverwendbarkeit oder ganz allgemein um Fragen der Lebensfähigkeit. Solche Fragen werden im nachfolgenden Kapitel 4.2 gesondert behandelt.

Der Aufbau dieses Kapitels orientiert sich an den verschiedenen Tätigkeiten der Zielsuche. In einem ersten Teil machen wir uns einige Gedanken über die am Zielfindungsprozess beteiligten Akteure. In den weiteren Unterkapiteln sprechen wir über Aspekte der Erarbeitung und Analyse. Und zum Schluss fassen wir die wichtigsten Merkmale bezüglich Formulierung und Operationalisierung von Zielen zusammen.

4.1.1 Beteiligte Akteure

Ziele sind nie wertfrei und objektiv bestimmbar. Ihre Formulierung ist immer abhängig von bestimmten Interessengruppen, wie zum Beispiel Kunden, Anwender, Entwickler, Produzenten, Verkäufer, Konsumenten, Geldgeber, Politiker, Umweltschützer usw. Auch der Erreichungsgrad des Ziels bzw. die Qualität der Lösung wird letztlich immer durch die betroffenen Akteure beurteilt. Es ist deshalb sehr wichtig, dass man sich diesbezüglich vor dem Start des Zielfindungsprozesses Gedanken macht. Insbesondere stellt sich die Frage, welche Personen in welcher Form in den Prozess einzubeziehen sind. Um die verschiedenen beteiligten Akteure zu eruieren, könnte man zunächst in einem Brainstorming (vgl. Kap. 4.3.3) eine ungeordnete Liste aller in irgendeiner Form betroffenen Personen erstellen. Im Zusammenhang mit dem Bau einer Tiefgarage käme man dann vielleicht unter anderem auf Kinder, Behinderte, Hunde, Rollbrettfahrer, Frauen, Verbrecher, Feuerwehrleute, Graffitikünstler, Raucher, Reinigungspersonal usw. Diese Liste könnte man anschliessend nach Personen ordnen, welche man im Zusammenhang mit der Problemstellung ignorieren kann, und solchen, welche man in die Überlegungen miteinbeziehen muss. Die zweite Kategorie könnte man weiter unterteilen in Personen, welchen man freundlich gesinnt ist (Kinder, Behinderte, Frauen usw.), und solchen, welchen man durch geeignete Massnahmen das Leben schwer machen möchte (Verbrecher, Graffitikünstler usw).

Unsere Vorstellungen bezüglich der Ziele werden bereits wesentlich konkreter, wenn wir uns von den potenziellen Benutzern oder Anwendern ein Bild machen können. Noch klarer werden unsere Vorstellungen, wenn wir mit den Beteiligten ins Gespräch kommen und über deren Anforderungen diskutieren. Aufschlussreich, aber leider oft mit viel Aufwand verbunden, ist die Möglichkeit, Wünsche und Ansprüche der Betroffenen durch eigene Erfahrungen aufzudecken. So wäre es für gewisse Architekten sicher heilsam, sich einmal in einem Rollstuhl in eine Tiefgarage zu begeben. Oder ein Informatiker könnte viel konkretere Vorstellungen über die Anforderungen an eine geplante Buchhaltungssoftware entwickeln, wenn er ein paar Tage mit einem Buchhalter zusammenarbeiten würde.

4.1.2 Erarbeiten

Ziele beschreiben Anforderungen an ein geplantes Produkt oder eine mögliche Dienstleistung. Bei der Erarbeitung von Zielen müssen deshalb Vorstellungen über eine noch nicht existierende Situation entwickelt werden. Allgemeine Visionen werden konkreter, wenn man Funktionen und Eigenschaften des Zielsystems zu beschreiben versucht. Die Konkretisierung der Vorstellungen kann durch den Einsatz von Modellen unterstützt werden. Im Folgenden erläutern wir diese Aspekte etwas genauer.

Allgemeine Gedanken über mögliche zukünftige Systemzustände werden etwa als Visionen bezeichnet. Die Hauptschwierigkeit bei der Entwicklung von *Visionen* liegt wohl darin, dass wir in unseren Denkmustern verhaftet sind. Wenn es beispielsweise darum geht, einen Stuhl zu entwerfen, so gehen wir automatisch von Bildern über uns bekannte Stühle aus. Wenn unser Nachdenken über die Zukunft zu stark von Normvorstellungen geprägt ist, so schaffen wir möglicherweise den innovativen Schritt nach vorne nicht. Bei der Entwicklung von Visionen müssen wir deshalb versuchen, auch unkonventionelle Ideen in unsere Überlegungen miteinzubeziehen. Wir werden in den nächsten Kapiteln eine Reihe von Techniken kennen lernen, welche uns diesbezüglich Unterstützung bieten. Es gelingt uns einfacher, uns von konventionellen Denkmustern zu lösen, wenn wir nicht über die Art und Weise eines Produktes nachdenken, sondern über dessen *Funktion*. Bei der Entwicklung eines neuen Stuhles steht ja effektiv nicht die Form im Zentrum, sondern die Tatsache, dass man auf einem Stuhl sitzen möchte. Es kann ein guter erster Schritt bei der Erarbeitung von Zielen sein, die Funktionen des Zielsystems zu definieren. Funktionen sind das «Was» eines Produktes. Es wird damit beschrieben, was mit einem Produkt erreicht werden kann. Eine Übersicht über die gewünschten Funktionen könnte man beispielsweise im Rahmen eines Brainstormings erhalten. Dabei stellen sich etwa folgende Fragen: Welches Produkt wünscht der Kunde? Was möchte der Benutzer mit dem Produkt machen können? Was ist der Zweck des Produkts? Diese Fragen sollen vorerst unabhängig von Überlegungen bezüglich Realisierbarkeit oder Finanzierbarkeit beantwortet werden. Die Antworten sollen auch keine vorzeitigen Annahmen beinhalten. Wenn das Produkt beispielsweise ein Wasserkessel ist und die gewünschte Funktion eine Anzeige für kochendes Wasser, so spielt die Art der Anzeige (akustisch, optisch) vorläufig keine Rolle.

Neben den Funktionen sind die *Eigenschaften* des Zielsystems ein wichtiges Kriterium für die Zielformulierung. Eigenschaften sind vom Kunden gewünschte Charakteristika bzw. Attribute des Zielsystems. Zwei Produkte können genau die gleiche Funktion aufweisen, aber ihre Eigenschaften machen sie komplett unterschiedlich. Ein Ferrari hat mehr oder weniger die gleiche Funktionalität wie ein Fiat, aber ganz unterschiedliche Eigenschaften. Hier kann eine Liste der gewünschten Eigenschaften wiederum mit Hilfe eines Brainstormings erstellt werden. Eigenschaften für den Teekessel könnten beispielsweise sein: benutzerfreundlich, kostengünstig, energiesparend, gut aussehend, handlich, pflegeleicht usw. Bei der Formulierung von Eigenschaften ist darauf zu achten, dass Mehrdeutigkeiten eliminiert werden. So ist beispielsweise unklar, ob sich die Eigenschaft «kostengünstig» auf die Entwicklungskosten, die Herstellungskosten, den Verkaufspreis oder die Wartungskosten bezieht.

Um sich bei der Arbeit mit Funktionen und Eigenschaften von den gängigen Denkmustern zu lösen und die Gedanken trotzdem um ein konkretes Objekt kreisen zu lassen, sind *Modelle* ein nützliches Hilfsmittel. Wir müssen uns aber immer bewusst sein, dass wir uns mit Modellen alle Vor- und Nachteile eines Fantasieproduktes einhandeln. Wenn wir ein Modell erstellen, sind wir zwar einerseits nicht auf das beschränkt, was bereits existiert, es besteht jedoch andererseits die Gefahr, dass wir Modelle ohne jeglichen Realitätsbezug konstruieren.

Modelle sind eine gute Schnittstelle für die Kommunikation mit dem Auftraggeber oder Anwender (vgl. Kap. 2.3). Anhand von modellhaften Vorstellungen ist es viel einfacher, Missverständnisse bezüglich den Anforderungen aufzudecken und die unterschiedlichen Sichtweisen der beteiligten Personen auf einen gemeinsamen Nenner zu bringen. So kann beispielsweise der Kunde einer Softwarefirma anhand des Prototyps einer Benutzeroberfläche bereits eine gute Vorstellung über das Endprodukt erhalten. Funktionen und Eigenschaften können anhand von simulierten Benutzerabläufen anschaulich diskutiert werden. Ebenso helfen Modelle etwa in der Architektur, Wünsche und Vorstellungen des Kunden zu konkretisieren. Der Kunde kann direkt auf den Entwurf zeigen und sagen: «Ja, genau so möchte ich das haben!» Oder: «Nein, was soll denn das hier?»

Grundsätzlich kommt für die Modellierung jede Darstellungsform in Frage, welche die wesentlichen Charakterzüge des Zielsystems wiedergibt. Über die Wahl einer ganz spezifischen Modellierungsform wird in den verschiedenen technischen Fachbereichen oft heftig debattiert. Jeder Vertreter eines bestimmten Ansatzes behauptet dann, seine Darstellungsform sei besonders verständlich. Da man grundsätzlich Zugang zu jeder Darstellungsform findet, wenn man sich genügend lange damit beschäftigt, ist diese Argumentation wenig relevant. Vielmehr sollte man sich bei der Wahl eines Ansatzes nach der Einfachheit richten. Da es sich bei vielen der am Zielfindungsprozess beteiligten Personen um Laien handelt, sollten möglichst allgemein verständliche Werkzeuge gewählt werden. Modelle bringen in den frühen Projektphasen dann den grössten Nutzen, wenn jeder Beteiligte sie rasch verstehen kann.

Die Verwendung von Modellen während der Zielsuche führt gerne dazu, dass die modellierten Vorstellungen mit den realen Systemanforderungen verwechselt werden. Wenn sich die beteiligten Personen zu lange mit Modellen befassen, glauben sie mit der Zeit, dass Modell und Realität identisch sind. Weil Anforderungen nur bezüglich der Realität formuliert werden können, macht der Einsatz von Modellen im Zielfindungsprozess nur dann Sinn, wenn die Gültigkeit der Modelle laufend überprüft wird. Bei einer zu grossen Abweichung zwischen Realität und Modell kann eine alte Pfadfinderregel zu Rate gezogen werden: «Wenn die Karte und das Territorium nicht übereinstimmen, dann richte dich immer nach dem Territorium.»

4.1.3 Analysieren

Nachdem nun Funktionen und Eigenschaften des Zielsystems bekannt sind, müssen diese überprüft und analysiert werden. Es geht in diesem Schritt noch nicht darum, die Ziele abschliessend zu bestimmen. Vielmehr möchten wir uns aus der Menge der möglichen Teilziele eine Übersicht über den Zielraum verschaffen. Zudem muss dieser Zielraum aufgrund von allfälligen Zielkonflikten bzw. Kundenpräferenzen eingeschränkt werden.

In einem ersten Schritt werden aus den vorangehend erarbeiteten Eigenschaften potenzielle *Teilziele* gewonnen. Dazu tragen wir zu jeder Eigenschaft die möglichen Merkmalsausprägungen zusammen. Nehmen wir als Beispiel wiederum den Teekessel mit der Funktion «Wasser zum Kochen bringen» und den Eigenschaften «benutzerfreundlich» und «gut aussehend». Ausprägungen der Eigenschaft «benutzerfreundlich» könnten sein, dass der Teekessel einen integrierten Deckel hat, dass er direkt am Stromnetz angeschlossen werden kann oder dass wir gar mit einem flexiblen Heizstab das Wasser in einem beliebigen Krug erhitzen können. Die Eigenschaft «gut aussehend» könnte man dahingehend interpretieren, dass teure Materialien, ausgefallene Farben oder spezielle Formen verwendet werden.

Die einzelnen Ausprägungen von Eigenschaften können als Teilziele verstanden werden. Die Menge aller Kombinationen von Teilzielen spannt den *Zielraum*, d.h. den Raum aller potenziellen Gesamtziele, auf. Da dieser Zielraum mit zunehmender Zahl von Teilzielen rasch ins Unermessliche wächst, ist ein Überblick über alle möglichen Ziele kaum realistisch. Ein Herumspielen mit möglichen Kombinationen vermittelt aber eine Charakterisierung des Zielraumes und kann durchaus zu neuen Ideen bezüglich der beabsichtigten Lösung führen. Erst wenn wir uns ein umfassendes Bild bezüglich des gesamten Zielraumes gemacht haben, werden einzelne Ziele beurteilt.

Bei der *Beurteilung* von Zielen sind einerseits Fragen der Machbarkeit und andererseits Zielkonflikte zwischen den Teilzielen zu berücksichtigen. Die Beziehung zwischen zwei Zielen kann komplementär, konkurrenzierend oder indifferent sein. Eine Zielbeziehung nennt man komplementär oder unterstützend, wenn durch die Erreichung des einen Ziels der Erfüllungsgrad des andern Ziels gesteigert wird. Führt hingegen die Erfüllung des einen Ziels zu einer Minderung des Zielerfüllungsgrades des zweiten Ziels, so spricht man von einer konkurrenzierenden Zielbeziehung (vgl. Abb. 4.2). Beeinflussen sich zwei Ziele gegenseitig nicht, so liegt eine indifferente oder neutrale Zielbeziehung vor. Besteht zwischen zwei Zielen eine Konkurrenz, so wird eine Gewichtung der beiden Ziele notwendig.

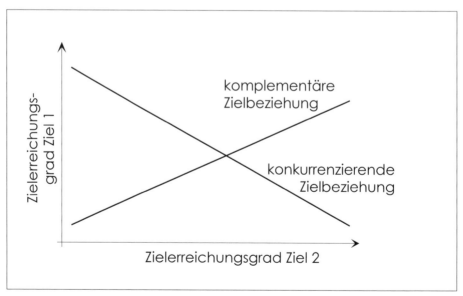

Abb. 4.2 *Komplementäre und konkurrenzierende Zielbeziehung*

4.1.4 Formulieren

Sobald Klarheit über die zu erreichenden Ziele herrscht, müssen diese möglichst klar und präzise formuliert und dokumentiert werden. Grundsätzlich ist die Zielformulierung so abzufassen, dass ein angestrebter Zustand oder eine Wirkung beschrieben wird, ohne die Art und Weise der Lösung zu präjudizieren. Umfangreichere Ziele werden sinnvollerweise hierarchisch geordnet. Sehr nützlich für die Zielabgrenzung ist auch eine Unterscheidung von Muss- und Sollzielen. Und schliesslich müssen die Ziele operationalisiert werden, damit am Ende eines Projektes der Grad der Zielerreichung bestimmt werden kann.

Sofern mehrere Ziele vorliegen, erweist sich der Aufbau einer *Zielhierarchie* als geeignetes Hilfsmittel (vgl. Abb. 4.3). Indem man zwischen Ober- und Unterzielen unterscheidet, schafft man Übersicht und deckt allfällige Doppelspurigkeiten auf. Gleichzeitig wird damit die Vorarbeit für eine allfällige spätere *Gewichtung* der Ziele geleistet. Die Aufteilung der Ziele in Unterziele hat auch grosse Bedeutung für die Projektführung. Erst durch die Bildung von Zielhierarchien können für einzelne Organisationseinheiten und Mitarbeiter konkrete Zielvorgaben erstellt werden.

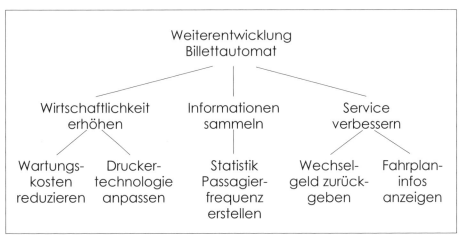

Abb. 4.3   Zielhierarchie für die Weiterentwicklung eines Billettautomaten

Bei der Zielformulierung kann meistens zwischen *Musszielen* (Mindestanforderungen) und *Sollzielen* (Zusatzanforderungen) unterschieden werden. Mussziele sind die minimalen an ein System oder eine Lösung gestellten Anforderungen. Sie spielen später bei der Beurteilung von Lösungsvarianten eine grosse Rolle. Varianten, welche diese Ziele nicht erfüllen, fallen von vornherein ausser Betracht. Sollziele sind zwar ebenso verbindlich wie Mussziele, lassen jedoch einen gewissen Interpretationsspielraum offen. Sie sollen innerhalb einer bestimmten Bandbreite möglichst gut erfüllt werden. Bei der Beurteilung von Lösungsvorschlägen werden jene Varianten bevorzugt, welche die Sollziele optimal erfüllen. So könnte es beispielsweise bei der Herstellung eines Produktes ein Mussziel sein, dass die Produktionskosten einen gewissen Betrag nicht überschreiten. Aus mehreren Lösungsvorschlägen ist aber jene Variante zu bevorzugen, welche z.B. folgende Sollziele optimal erfüllt: Die Abhängigkeit von den Lieferanten soll möglichst gering sein, und es soll ein hoher Anteil an rezyklierbarem Material verwendet werden.

Da später die Qualität der erarbeiteten Lösungen unter anderem an den ursprünglich formulierten Zielen gemessen wird, muss die Messbarkeit des Zielerreichungsgrades bereits zum Zeitpunkt der Zielformulierung sichergestellt werden. Dies geschieht durch die Definition von Messkriterien. Wenn Ziele durch Kriterien messbar gemacht werden, spricht man von einer *Operationalisierung* der Ziele. Ein Beispiel für eine schlechte Operationalisierung wäre folgende Aussage: «Die Software soll eine möglichst gute Benutzerschnittstelle aufweisen.» Hier wird weder gesagt, was man sich unter dem Begriff «Benutzerschnittstelle» vorzustellen hat, noch ist die Bewertung «gut» objektiv beurteilbar. Besser wäre hier zum Beispiel die Formulierung: «Die Benutzerdialoge sind nach dem Standard von Microsoft zu gestalten.» Wenn Ziele schlecht operationalisierbar sind, so heisst dies nicht notwendigerweise, dass es sich dabei um schlechte oder unwichtige Ziele handelt. Wie operationalisiert man beispielsweise das Ziel, dass ein Produkt dem ästhetischen Empfinden eines zukünftigen Kunden entsprechen soll? Hier wäre es fatal, dieses Ziel mangels Messkriterien fallen zu lassen, spielen doch Fragen der Ästhetik für den Erfolg vieler Produkte eine entscheidende Rolle.

Sorgfältig operationalisierte Ziele weisen mehrere *Dimensionen* auf:
- Der *Zielinhalt* bestimmt, was erreicht werden soll (qualitativer Aspekt).
- Das *Zielausmass* sagt aus, inwieweit der Zielinhalt zu erreichen ist (Ausmass der Veränderung, quantitativer Aspekt).
- Der *zeitliche Bezug* hält fest, wann oder bis wann eine Wirkung zu erreichen ist (Zeithorizont, zeitlicher Aspekt).
- Die *örtliche Dimension* präzisiert allenfalls noch, wo sich die Wirkung einer Lösung bemerkbar machen soll.

4.2 Lebensfähigkeit

Das Thema Lebensfähigkeit ist ein zentrales Anliegen der Systemik. Es wird hier nicht zufälligerweise direkt anschliessend an die Zielformulierung behandelt. In Kapitel 4.1 haben wir ausschliesslich über funktionale Ziele gesprochen, das heisst über Anforderungen bezüglich der Funktionalität des Zielsystems. Bei den meisten Problemstellungen können aber auch nicht funktionale Ziele definiert werden. Bei diesen handelt es sich um Ziele, welche oft fälschlicherweise gar nicht oder nur zum Teil explizit formuliert werden.

Beispielsweise ist es beim Bau eines Hauses selbstverständlich, dass die Pläne nach den gängigen Normen gezeichnet werden. Bei der Entwicklung von Software ist es oft eine implizite Anforderung, dass der Programmaufbau bestimmte Qualitätsmerkmale aufweist. Oder bei der Konstruktion eines neuen Maschinenbauteils ist es ein zweckmässiges, aber oft nicht ausdrücklich formuliertes Ziel, dass Fragen der Änderbarkeit oder Erweiterbarkeit bereits in den Entwicklungsprozess miteinbezogen werden. Alle drei Beispiele teilen nicht bloss die Tatsache, dass sie nicht funktionale Ziele beschreiben, sondern auch den Umstand, dass dabei Aspekte der Lebensfähigkeit eine zentrale Rolle spielen. Ohne eine saubere Dokumentation des Hausbaus wird es später schwierig sein, sich beispielsweise im Gewirr der Installationen zurechtzufinden. In einem schlecht strukturierten Programm ist eine Wartung bzw. Änderung sehr aufwändig. Oder ohne Berücksichtigung der Erweiterbarkeit des Maschinenbauteils entstehen später unnötige Kosten für eine grundsätzliche Neuentwicklung.

In den folgenden zwei Kapiteln sollen verschiedene Aspekte des Begriffs «Lebensfähigkeit» diskutiert werden. Zunächst möchten wir die Spannweite des Begriffs anhand von möglichen Massnahmen zur Verbesserung der Lebensfähigkeit von Systemen plausibel machen. Anschliessend werden diese Massnahmen anhand von Beispielen konkretisiert, und es wird gezeigt, dass die Zielformulierung sinnvollerweise durch Anforderungen bezüglich der Lebensfähigkeit des Systems ergänzt werden sollte.

4.2.1 Grundregeln zur Verbesserung der Lebensfähigkeit

Wenn man über die Lebensfähigkeit von Systemen spricht, so denkt man unweigerlich an natürliche, lebende Systeme. Wir möchten den Begriff hier jedoch ausdrücklich auf alle Systeme beziehen, welche im Rahmen einer Pro-

	Wartbarkeit und Flexibilität sichern: Das System soll so konzipiert werden, dass auftretende Schwierigkeiten einfach behoben werden können und dass die Anpassbarkeit an geänderte Rahmenbedingungen gewährleistet ist.
	Komponenten mehrfach nutzen: Funktionsfähige Teile der Problemlösung sollen derart beschaffen sein, dass sie sich wiederverwenden lassen bzw. dass sie in anderem Zusammenhang genutzt werden können.
	Produkte durch ihre Funktion definieren: Produkte sind vergänglich, die von ihnen zu erfüllende Funktion bleibt jedoch bestehen. Für die Lebenserwartung eines Produktes ist entscheidend, wie gut eine bestimmte Funktion erfüllt wird.
	Stabile Strukturen einbauen: Bei der Gestaltung von Systemen ist die Systemdynamik hinreichend zu berücksichtigen. Negative Rückkopplungen tragen zur Stabilisierung eines Systems bei.
	Qualitatives Wachstum fördern: Permanentes quantitatives Wachstum ist wegen der Beschränktheit der Ressourcen eine Illusion. Qualitative Veränderungen können dagegen zur Verbesserung der Lebensfähigkeit beitragen.
	Vorhandene Kräfte nutzen: Da Systemveränderungen Energie benötigen und diese nur in beschranktem Masse verfügbar ist, sollen nicht bloss eigene Mittel eingesetzt, sondern auch vorhandene Kräfte genutzt werden.
	Kreisläufe schliessen: Das in der Natur bewahrte Prinzip der geschlossenen Kreisläufe von Materie und Energie erhöht auch die Lebensfähigkeit in den von uns Menschen geschaffenen Systemen.
$1 + 2 = 4$	**Synergien nutzen:** Das gegenseitige Nutzen von verschiedenartigem Wissen und Infrastruktur führt zu qualitativ neuartigen Systemen und kann die Ressourcen schonen.
	Identität schaffen: Die Identität eines vom Menschen konzipierten Systems ist bestimmt durch dessen Sinn und Zweck. Das Erkennen und Kommunizieren der Identität stärkt die Existenzgrundlage des Systems.
	Selbstorganisation fördern: Optimal lebensfähig sind Systeme, welche sich an veränderte Umweltbedingungen autonom anpassen können. Im Idealfall ist das System lernfähig und verändert seine Struktur selbstständig.

Abb. 4.4 Zehn Schritte zur Verbesserung der Lebensfähigkeit

blemlösung für uns von Bedeutung sind. Trotzdem ist es offensichtlich, dass uns die Betrachtung natürlicher Systeme nützliche Hinweise für die Auseinandersetzung mit dem Begriff «Lebensfähigkeit» geben kann. Wie bewährt die natürlichen Organisationsformen sind, zeigt nicht nur die Lebensdauer der «Firma Natur», die immerhin ohne Bankrott gut drei Milliarden Jahre lang über die Runden gekommen ist, sondern auch die Art und Weise, wie beispielsweise die gewaltigen Mengen von jährlich mehreren hundert Milliarden Tonnen Kohlenstoff und Sauerstoff umgesetzt werden, die Tatsache, dass die Firma weder Energie- noch Abfallsorgen kennt, oder die Eigenart, dass weder Arbeitslose noch Schulden existieren. In den paar Milliarden Jahren seit ihrer Gründung hat die Firma ihre Organisationsprinzipien auf Lebensfähigkeit hin optimiert. Diese Optimierung ging jedoch nicht ganz ohne Verluste über die Bühne. Komponenten, welche die Grundregeln der Lebensfähigkeit nicht erfüllten, wurden schonungslos aus dem System eliminiert. Auf uns Menschen wartet zweifelsohne das gleiche Schicksal, sollten wir es nicht schaffen, unser Verhalten systemverträglich zu gestalten.

Die Lebensfähigkeit von Produkten, Dienstleistungen oder ganzen Firmen beinhaltet eine Vielzahl unterschiedlicher Aspekte. Diese sind vergleichbar mit den menschlichen Rahmenbedingungen für die Lebensfähigkeit. Ebenso wie Nahrung, Wasser oder Luft die Grundlage jeglichen Lebens darstellt, hat ein zu konzipierendes System gewisse Grundanforderungen zu erfüllen. Lebensfähigkeit bedeutet aber mehr als blosses Überleben. Der Begriff beinhaltet auch die Weiterentwicklung, Entfaltung und Evolution des Systems. Ein System ist nur dann lebensfähig, wenn es sowohl Eigenschaften der Stabilität wie auch der Veränderlichkeit in geeignetem Masse aufweist. Extrem unveränderliche wie auch extrem veränderliche Systeme sind längerfristig nicht lebensfähig. Die von uns konzipierten Systeme müssen also nicht bloss stabil, sondern auch flexibel sein, sie sollen sowohl wartbar wie auch änderbar sein, und Aspekte der Wiederverwendbarkeit sind ebenso wichtig wie Fragen der Erweiterbarkeit. Aus diesen Überlegungen heraus hat VESTER 1976 als Erster seine acht biokybernetischen Grundregeln aufgestellt. In Anlehnung daran finden sich in Abb. 4.4. zehn Schritte zur Verbesserung der Lebensfähigkeit. Sie werden im nächsten Kapitel anhand von Beispielen konkretisiert.

Wenn wir hier von Grundregeln sprechen, so muss betont werden, dass es sich dabei nicht um Rezepte handelt, welche die Lebensfähigkeit von Systemen auf unbeschränkte Zeit sicherstellen. Derartige Rezepte würden – in

Analogie zur Fabelwelt ausgedrückt – einem Jungbrunnen für Systeme entsprechen. Obwohl für uns weltliche Wesen das ewige Leben ein Traum bleiben muss, können wir unsere Lebenserwartung durch das Einhalten gewisser Verhaltensregeln immerhin verbessern. Die Formulierung von Grundregeln zur Verbesserung der Lebensfähigkeit von Systemen ist denn auch in Analogie zu solchen Verhaltensregeln zu verstehen.

4.2.2 Lebensfähigkeit als zusätzliche Zieldimension

In diesem Kapitel zeigen wir anhand von zwei Beispielen, dass sich je nach Problembereich unterschiedliche Zielsetzungen bezüglich der Lebensfähigkeit ergeben. Das erste Beispiel bezieht sich auf die Entwicklung eines lebensfähigen technischen Produktes, das zweite auf die Voraussetzungen für die Lebensfähigkeit eines Arbeitsteams. Aufgrund der Erkenntnisse aus den beiden Beispielen wird gefolgert, dass die Lebensfähigkeit eine zusätzliche Zieldimension darstellt.

Eine Firma, etwa aus dem Bereich der Unterhaltungselektronik, kann die Lebensfähigkeit ihrer Produkte – und damit auch ihre eigene Überlebenswahrscheinlichkeit – unter Berücksichtigung der oben erwähnten Grundregeln wesentlich verbessern. So ist beispielsweise die Wartbarkeit der Produkte ein entscheidender Aspekt. Jedes technische Gerät unterliegt der Alterung, was früher oder später zu einem Teil- oder Totalausfall führen kann. Auch Fehlfunktionen sind bei wachsender Kompliziertheit unvermeidlich. Ausfälle und Fehler verärgern jedoch die Kundschaft. Letztlich kommen diese Probleme der Firma teuer zu stehen, falls sie nicht rasch behoben werden können. Die Wartbarkeit muss deshalb von vornherein durch geeignete Massnahmen sichergestellt werden. Dies könnte etwa durch eine modulare Bauweise geschehen, welche ein einfaches und rasches Austauschen der defekten Komponenten ermöglicht. Eine modulare Bauweise steigert aber nicht nur die Wartbarkeit, sondern auch die Flexibilität eines Produktes. Kundenwünsche sind umgehend erfüllbar, falls bloss die betroffene Systemkomponente anzupassen ist.

Um den Entwicklungsaufwand eines neuen Gerätes zu minimieren, ist die Nutzung vorhandener Kräfte sinnvoll. Dies könnte etwa bedeuten, dass gewisse Geräteteile nicht neu entwickelt, sondern von Lieferanten zugekauft werden. Möglicherweise sind die notwendigen Teile aber bereits früher im eigenen Betrieb entwickelt worden. Sofern sie die nötige Flexibilität aufweisen, können sie problemlos an die neuen Ansprüche angepasst werden. Falls jedoch eine Neuentwicklung unabdingbar ist, hat die Firma darauf zu achten, dass eine Mehrfachnutzung der Komponenten möglich ist. Bezogen auf die Entwicklung eines CD-Spielers bedeutet dies etwa, dass Systemteile wie der Plattenantrieb, die Verstärkerschaltung oder die Stromversorgung so gestaltet werden, dass sie auch in anderen Geräten einsetzbar sind. Damit eine Mehrfachnutzung von Komponenten bereits in einem sehr frühen Stadium der Entwicklung sichergestellt werden kann, muss die Firma ihre Produkte durch deren Funktion definieren. Beispielsweise steht zunächst nicht die Entwicklung eines Netzteils im Vordergrund, sondern die Sicherstellung der Energieversorgung des Gerätes. Möglicherweise lassen sich in diesem Zusammenhang Synergien nutzen, wenn etwa nach raffinierten Lösungsansätzen in nicht direkt verwandten Bereichen gesucht wird. Synergien können sich aber auch ergeben, wenn aussen stehende Personen wie z.B. Kunden oder Lieferanten in den Entwicklungsprozess einbezogen werden.

Jede Firma, so auch unsere Elektronikfirma, ist Teil eines dynamischen Umfeldes. Ein technisch noch so gutes Produkt ist wenig wert, wenn dieses Umfeld nicht hinreichend berücksichtigt wird. Die dynamischen Prozesse lassen sich, wie wir gesehen haben, im Rahmen einer Wirkungsanalyse untersuchen. Um die Lebensfähigkeit sicherzustellen, sind etwa Veränderungen im Umfeld anhand von Indikatorgrössen im Auge zu behalten. Bei allfälligen Anpassungen an Veränderungen sind die Systemzusammenhänge hinreichend zu berücksichtigen. Unvorsichtige Anpassungen führen unter Umständen zu einer sehr instabilen Situation. Grundsätzlich ist ein harmonisches Gleichgewicht zwischen Bewahrung und Wandel anzustreben. Eine kontrollierte Entwicklung lässt sich möglicherweise durch eine gezielte Nutzung von negativen Rückkopplungen erreichen.

Ein wichtiger Aspekt im Umfeld eines Produktes ist der Markt. Ein Produkt wird vom Kunden nur dann gekauft, wenn sein Preis in einem guten Verhältnis zu seinem Nutzen steht. Bei der Entwicklung eines lebensfähigen Produktes sind deshalb die Produktionskosten zu berücksichtigen. Auch die Identität eines Produktes stellt einen entscheidenden Marktfaktor dar. Ein Produkt unterscheidet sich letztlich von seiner Konkurrenz nur durch seine Identität. Die Identität kann etwa durch das äussere Erscheinungsbild, durch die Materialwahl oder durch den Namen hervorgehoben werden.

Eine verantwortungsvolle Firma hat sich aber nicht bloss darüber Gedanken zu machen, wie sie ihr Produkt möglichst gewinnbringend vermarkten kann, sondern sie hat auch ökologische Aspekte in ihre Überlegungen miteinzubeziehen. Die Berücksichtigung von ökologischen Gesetzmässigkeiten führt zu umweltverträglicheren Produkten und bewirkt nicht zuletzt auch eine grössere Akzeptanz beim Kunden. So ist es beispielsweise sinnvoll, dass funktionstüchtige Komponenten aus defekten Geräten ausgebaut und in neue Produkte eingebaut werden. Ebenfalls denkbar ist die Aufbereitung von Abfallprodukten zu Rohstoffen, welche dann für die Herstellung neuer Teile verwendet werden können. Ein anderer umweltgerechter Ansatz besteht darin, nur Materialien zu verwenden, welche auf natürlichem Wege abbaubar sind.

Etwas anders liegen die Schwerpunkte, wenn es darum geht, die Lebensfähigkeit eines Arbeitsteams sicherzustellen. Ein wichtiger Aspekt für den Zusammenhalt in der Gruppe ist die Identifikation mit dem Sinn und Zweck der Teamarbeit. Ohne klare Zielvorgaben hat eine Arbeitsgruppe wenig Überlebenschancen. Erfolgreiche Teams wachsen an ihrer Aufgabe und verbessern dadurch zusehends die Gruppenidentität. Dieser Prozess wird durch eine bewusste Pflege der Arbeitskultur unterstützt, indem eine laufende Reflexion und Verbesserung der Gruppenarbeit erfolgt.

Eine erfolgreiche Reflexion der Teamarbeit bedingt die Fähigkeit zur Selbstorganisation. Diese kann durch die Förderung von Eigenverantwortung und Autonomie gestärkt werden. Falls ein Team über ein gesundes Mass an selbstregulatorischen Fähigkeiten verfügt, ergibt sich die «Wartung» und Weiterentwicklung des Teams auf natürliche Weise. Eine erfolgreiche Gruppe vermag ohne fremde Hilfe mit Konflikten umzugehen. Soziale Prozesse werden von den Mitgliedern wahrgenommen, Störungen werden erkannt, offen gelegt und diskutiert. Die Lösung von Konflikten geschieht nicht durch faule Kompromisse oder eine Einigung auf dem tiefsten gemeinsamen Nenner. Durch die konstruktive Auseinandersetzung unter den Teammitgliedern ergibt sich eine einheitliche Willensrichtung. Die im Konflikt freigesetzte «Reibungshitze» kann als Antriebskraft für die gezielte Entwicklung der Gruppe verstanden werden.

Wichtig für eine erfolgreiche Teamarbeit ist neben der Selbstreflexion bezüglich sozialer Prozesse auch eine kritische Überprüfung der Arbeitsmethodik. Sofern die Art und Weise der inhaltlichen Tätigkeiten fortlaufend überdacht wird, lassen sich nicht bloss Fehler beheben, sondern auch wiederkehrende

Verhaltensmuster verbessern. Ähnlich, wie sich bei technischen Anwendungen gewisse Grundkomponenten mehrfach nutzen lassen, können bewährte Grundmuster des Lösungsprozesses in einem anderen Zusammenhang wieder zum Einsatz gelangen. Eine systematische Aufarbeitung des Erkenntnisprozesses ist aufwändig und setzt Lernfähigkeit voraus. Letztlich führt die Wiederverwendung von methodischen Grundmustern jedoch zu einer Optimierung des Arbeitsprozesses im Hinblick auf Zeit und Qualität.

Erfolgreiche Arbeitsgruppen verstehen es, Synergien gewinnbringend zu nutzen. Die einzelnen Mitglieder sind sich bewusst, dass die Stärke des Teams im Zusammenwirken aller vorhandenen Fähigkeiten liegt. Die Verschiedenartigkeit der Mitglieder wird als Chance verstanden. Es wird kein Anspruch auf geistiges Eigentum erhoben, Informationen werden uneingeschränkt weitergegeben. Die Bereitschaft zur vorbehaltlosen Zusammenarbeit wird durch stabile Strukturen im Team gefördert. Stabilität wiederum ist abhängig von verschiedenen Faktoren der sozialen, ideellen und materiellen Bindung. Von Bedeutung sind diesbezüglich etwa Zugehörigkeitsgefühl, Anerkennung, Status, Selbstwertgefühl oder materielle Sicherheit.

Wie aus den beiden Beispielen ersichtlich wird, muss die Frage der Lebensfähigkeit von Fall zu Fall neu geprüft werden. Je nach Situation stehen unterschiedliche Aspekte im Vordergrund. Um die Lebensfähigkeit eines in Bearbeitung stehenden oder geplanten Systems sicherzustellen, müssen geeignete Massnahmen bereits zu einem frühen Zeitpunkt im Projektablauf diskutiert werden. Es erscheint zweckmässig, das Thema Lebensfähigkeit spätestens im Zusammenhang mit der Zielformulierung aufzugreifen. Sofern eine ähnlich gründliche Analyse und Definition wie bei der Zielformulierung erfolgt, ergeben sich daraus nicht bloss brauchbare Leitlinien für den nachfolgenden Lösungsentwurf, sondern auch geeignete Kriterien für die Beurteilung von Lösungsvarianten. So gesehen, kann die Formulierung von Anforderungen bezüglich der Lebensfähigkeit als zusätzliche Dimension der Zielformulierung verstanden werden.

4.3 Lösungsentwurf

Wie wir bereits früher erläutert haben, gilt es bei jeder Problemlösung, von einem gegebenen Ausgangszustand in einen gewünschten Zielzustand zu gelangen. Wenn wir uns bisher vorwiegend mit der Analyse der Ausgangssituation bzw. mit der Formulierung der Zielvorstellungen befasst haben, so steht nun der Brückenschlag zwischen diesen beiden Polen im Zentrum unserer Betrachtungen. Im Vorgehensmodell (Abb. 4.1) wird mit den gestrichelten, rückwärts gerichteten Pfeilen zwischen den Schritten Zielformulierung, Lösungsentwurf und Bewertung/Entscheidung verdeutlicht, dass es sich dabei in der Regel um einen zyklischen Prozess handelt, welcher uns in mehreren Durchgängen schrittweise einem Umsetzungsvorschlag näher bringt.

Für den Problemlösungsprozess existieren keine allgemein gültigen Vorgehensregeln. Es ist weitgehend unbekannt, wie die Brücke zwischen Ausgangs- und Zielsituation geschlagen werden muss. Man spricht etwa von der «Differenzierung der Gestaltungsidee» und meint damit, dass sich ein Lösungsansatz in mehreren Schritten sukzessive konkretisiert. Aber das ist bloss ein bescheidener Versuch, einen geheimnisvollen, schöpferischen Prozess in Worten zu umschreiben. Ganz sicher sind an diesem Prozess verschiedene Faktoren beteiligt. Sachverstand und Fachwissen sind eine Grundvoraussetzung, damit er überhaupt in Gang kommen kann. Die umfassende Situationsanalyse und die klare Zielformulierung spielen ebenfalls eine wichtige Rolle. Und schliesslich sind Intuition, Kreativität und visionäre Vorstellungskraft entscheidende Faktoren, um den Brückenschlag zu schaffen.

Obwohl wir hier die «Ars inveniendi», die seit alters gesuchte Kunst des Erfindens und Entdeckens, nicht präsentieren können, möchten wir im Folgenden über einige Aspekte im Zusammenhang mit dem Problemlösen sprechen. Zunächst befassen wir uns mit den wichtigsten Schritten im Lösungsprozess, dann diskutieren wir Rahmenbedingungen des schöpferischen Denkens, und schliesslich erläutern wir Methoden zur kreativen Unterstützung des Lösungsentwurfs.

4.3.1 Lösungsprozess

Die Fülle der täglichen Aufgaben und Probleme lässt sich schematisch in zwei Kategorien einteilen (vgl. Abb. 4.5). Zum einen haben wir es mit *wohl strukturierten Problemen* zu tun, für deren Lösung meist eine sichere, zwingend zum Ziel führende Vorgehensweise bekannt ist. Die fachspezifischen Methoden zur Behandlung derartiger Routineprobleme sollen hier nicht weiter behandelt werden. Zum andern sind wir häufig mit Problemen konfrontiert, bei welchen der Lösungsweg nicht auf der Hand liegt. Wir bezeichnen solche Aufgabenstellungen als *schlecht strukturierte Probleme*. Sie lassen sich mit

oskar Weiss zu: « kreative Phase »

	wohl strukturierte Probleme	schlecht strukturierte Probleme
Merk-male	• Völlige Kenntnis über alle Problemelemente • Problemelemente stehen in gesetzmässigen Zusammenhängen • Der Problemlösungszyklus ist sicher, zwingend, systematisch und logisch • In der Regel nur eine Lösung denkbar • Die Lösung kann als Optimum oder Maximum nachgewiesen werden	• Nicht alle Problemelemente sind bekannt • Wenig oder gar keine Gesetzmässigkeiten erkennbar • Die Suche nach Lösungen ist eher ungerichtet, intuitiv, zufällig • Viele alternative Lösungen sind möglich • Die optimale Lösung ist nicht eindeutig bestimmbar. Es lässt sich nur die relativ beste unter den gefundenen Lösungen ermitteln
Bei-spiele	• Berechnung des Wirkungsgrades einer Maschine • Ermittlung der Statik eines Gebäudes • Dimensionierung eines Überseekabels • Hochrechnung einer statistischen Erhebung	• Entwurf eines Kongresszentrums • Entwicklung neuer Verfahren zur Metallbeschichtung • Konzeption verkaufsfördernder Massnahmen • Entwurf einer benutzergerechten Software

Abb. 4.5   *Wohl strukturierte und schlecht strukturierte Probleme (nach SCHLICKSUPP)*

rein rationalen Mitteln kaum mehr bewältigen. Innovation und Kreativität sind hier gefragt. Dem Bearbeiter wird eine originäre, schöpferische Lösungsfähigkeit abverlangt. Optimale Lösungen existieren meist nicht. In einem Evaluationsverfahren lässt sich allenfalls die relativ beste unter verschiedenen Lösungsvarianten ermitteln.

Der Vorgang des Lösens von schlecht strukturierten Problemen kann unterschiedlich komplex sein. Er läuft jedoch stets in ähnlicher Weise ab. Nach einer intensiven Beschäftigung mit dem Problem folgt eine Phase der Entfernung vom Problem. Die Erkenntnis über die Art und Weise der Problemlösung taucht dann oft spontan auf. In einer letzten Phase wird diese sodann verifiziert und ausgearbeitet. Die einzelnen Schritte im Lösungsprozess sind in Abb. 4.6 dargestellt.

In der ersten Phase, der *Explorationsphase*, wird das Problem erkannt, identifiziert und vorläufig formuliert. In dieser Phase wird die Problemsituation unter verschiedenen Aspekten genauer analysiert. Es werden möglichst viele Informationen zusammengetragen, die sich auf das Problem beziehen. Der Problemlöser versucht, wesentliche Zusammenhänge des Problems transpa-

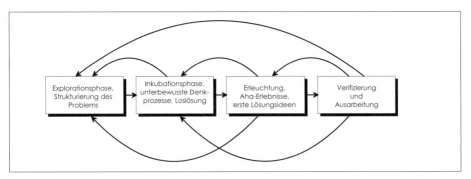

Abb. 4.6   Schritte im kreativen Lösungsprozess

rent zu machen und aktiviert sein problemrelevantes Wissen, um es später zu einer Lösung für das Problem zu verarbeiten.

Die *Inkubationsphase* bezeichnet die Zeit zwischen dem Aufstellen der ersten Hypothese und dem Finden der endgültigen Lösung. In dieser Phase spielen unterbewusste Denkprozesse eine entscheidende Rolle. Der Problemlöser entfernt sich vom Problem und beschäftigt sich mit Themen, die nichts oder scheinbar wenig mit der ursprünglichen Fragestellung zu tun haben. Die Inkubationszeit lässt sich also als unterbewusste Problemverarbeitung erklären, die auch dann stattfindet, wenn wir uns nicht direkt mit dem Problem beschäftigen.

Die Inkubationsphase endet häufig mit dem Erlebnis spontan auftauchender Lösungsmöglichkeiten, der *Erleuchtung*. Diese erscheint oft überraschend, zufällig oder von aussen kommend und wird vom Betroffenen als erleichternd, entspannend erlebt. Viele Problemlöser sehen im Glücksgefühl, welches durch das Aufdecken eines Lösungsweges hervorgerufen werden kann, gar die Hauptmotivation für ihre Tätigkeit.

In der Phase der *Verifizierung* werden die aufgetauchten Lösungsansätze nun dahingehend beurteilt, ob sie die gegebenen Anforderungen an die Problemsituation auch erfüllen. Zudem werden die Ideen präzisiert und in den Details ausgearbeitet. Der Lösungsprozess muss nicht immer ideal in der beschriebenen Reihenfolge ablaufen. Oft werden die einzelnen Phasen mehrmals durchlaufen, oder gewisse Phasen werden übersprungen.

Kompliziertere Problemstellungen können häufig nicht als Ganzes behandelt werden. In diesem Fall wenden wir oft intuitiv ein Prinzip an, welches sich bereits bei den römischen Herrschern zur Verwaltung der immensen, europaweiten Kaiserreiche bewährt hat. Das Organisationsprinzip *divide et impera* (teile und herrsche) ist so zu verstehen, dass ein Problem so lange in Teile zerlegt wird, bis die Teilprobleme überblickbar sind. Sobald für die Teilprobleme eine Lösung gefunden worden ist, erfolgt die Integration der Teillösungen zu einer Gesamtlösung. Diese Vorgehensweise hat, wie wir bereits früher gesehen haben, sehr viel mit Systemdenken zu tun (vgl. Abb. 2.18). Der Schritt der Zerlegung des Ganzen in einzelne Teile wird als *Top-down*-Vorgehensweise bezeichnet, die Integration von Teilen zu einem Ganzen umgekehrt als *Bottom-up*-Prinzip. Häufig treffen wir bei der Problemlösung auf Situationen, wo gewisse Teillösungen bereits bekannt sind und andere erst neu geschaffen werden müssen. In einer solchen Situation bezeichnen wir die Vorgehensweise etwa als *Middle out*.

Ein wesentlicher Aspekt eines umfassenden Lösungsentwurfs ist die Ausarbeitung verschiedener *Lösungsvarianten*. Es wird nicht die erstbeste Lösung, welche alle gesteckten Ziele erfüllt, zur Weiterverarbeitung vorgeschlagen, sondern zunächst ein Überblick über verschiedene Lösungsmöglichkeiten erarbeitet. Danach wird im Rahmen eines Variantenvergleichs die optimale Lösung ausgewählt. Durch diesen Vergleich gewinnen wir an Vertrauen und Sicherheit, dass wir eine brauchbare Lösung für unsere Aufgabenstellung gefunden haben. Damit die erarbeiteten Varianten als echte Alternativen miteinander verglichen werden können, müssen sie auf gleicher logischer Ebene stehen. Ansonsten ist eine vergleichende Analyse nicht sinnvoll.

Obwohl eine vorübergehende Variantenvielfalt bei der Lösungssuche erwünscht ist, muss die Zahl der Varianten aus Gründen der Einhaltung von Kosten und Zeit fortlaufend beschränkt werden. Es ist deshalb zweckmässig, Varianten, welche die Mussziele nicht erfüllen, umgehend ohne detailliertere Analyse zu eliminieren. Unter Umständen können bereits auch Varianten ausgeschieden werden, welche die Sollziele wesentlich schlechter erfüllen als andere. Die verbleibenden Varianten werden weiterbearbeitet und erst später, im Rahmen einer umfassenden Bewertung, einander gegenübergestellt.

4.3.2 Rahmenbedingungen schöpferischen Denkens

Es ist offensichtlich, dass für die Erarbeitung von neuartigen Lösungsvarianten kreative Fähigkeiten gefragt sind. *Kreativität* ist ein moderner, aber oftmals schillernder Begriff. Nach SCHLICKSUPP lässt sich Kreativität definieren als «die Fähigkeit von Menschen, Kompositionen, Produkte oder Ideen gleich welcher Art hervorzubringen, die in wesentlichen Merkmalen neu sind und dem Schöpfer vorher unbekannt waren. Sie kann in vorstellungshaftem Denken bestehen oder in der Zusammenfügung von Gedanken, wobei das Resultat mehr als eine reine Aufsummierung des bereits Bekannten darstellt. Kreativität kann das Bilden neuer Muster und Kombinationen aus Erfahrungswissen einschliessen. ... Das kreative Ergebnis muss nützlich und zielgerichtet sein und darf nicht in reiner Fantasie bestehen. ... Es kann jede Form des künstlerischen oder wissenschaftlichen Schaffens betreffen...»

	Förderungsmöglichkeiten	**Ergebnisse**
Sachwissen	• offene Informations- und Kommunikationsbeziehungen • Weiterbildung • Zugang zu relevanten Veröffentlichungen, Daten und Informationen	• Erweiterung des Problemlösungspotenzials
Methodenwissen	• Methoden zur Ideenfindung und Kreativitätsentwicklung • Analysemethoden • Entscheidungstechniken • Arbeitstechniken	• Erhöhung der unmittelbaren Problemlösungsfähigkeit • effizientes Problemlösen • richtiges Entscheiden
Motivation	• Delegation – Autonomie der Sachbearbeitung • Partizipation an der Zielbildung	• Problemsensitivität • Interesse und Engagement • Identifikation

Abb. 4.7 *Grundbedingungen für die kreative Tätigkeit (nach SCHLICKSUPP)*

Die Fähigkeit zu kreativem Verhalten beruht im Wesentlichen auf drei elementaren Komponenten: Sachwissen, Methodenwissen und Motivation (vgl. Abb. 4.7). Je umfangreicher das *Sachwissen* eines Menschen ist, umso besser ist er in der Lage, vielfältige und komplexe Probleme zu meistern. Durch Neuordnung der ihm bereits bekannten Wissenselemente ist er fähig, neue und originelle Denkverbindungen aufzubauen. Wesentlich ist in diesem Zusammenhang die Bereitstellung und Aufbereitung des für die kreativen Leistungen notwendigen Wissens.

Das *Methodenwissen* kann zu einer effizienteren Gestaltung des Lösungsprozesses beitragen. Unter anderem ist es wichtig, dass die Mechanismen der

Hemmung der Kreativität durch	
persönliche Einflussfaktoren	äussere Einflussfaktoren
• Suche nach dem absolut Richtigen • Neigung zu gewohnten Vorgehensweisen • zu schnelle Meinungsbildung • Neigung, andern nachzugeben • erlebte Enttäuschungen, Resignation • Hemmungen, sich zu äussern • Unsicherheit bezüglich möglichen Negativfolgen aus neuen Ideen • zu wenig Vertrauen in eigenes Wissen und eigene Fähigkeiten • Zufriedenheit mit dem Erreichten • Scheu vor der alleinigen Verantwortung	• zu viele Routinearbeit; zu wenig Zeit für Schöpferisches • zu viele Komitees und Gremien, Zerreden neuer Vorhaben • bürokratische Starrheit; viele Vorschriften; Anonymität • mangelnde Objektivität durch Interessenkonflikte • Entmutigung, Kritik und Anzweifelungen durch Dritte • mangelnde Anerkennung neuer Ideen und kreativen Verhaltens • zu geringer eigener Verantwortungsspielraum • Tabus, heilige Kühe, Traditionen • zu hoch vorgegebene Ziele und Anforderungen • wenig Anregungen aus zu einseitiger Tätigkeit

Abb. 4.8   Kreativitätshemmende Faktoren (nach SCHLICKSUPP)

Wissensverarbeitung und Problemlösung bekannt sind. Beispielsweise ist eine freie, unbelastete Arbeitsatmosphäre eine wichtige Rahmenbedingung für einen kreativen Lösungsprozess. Als Konsequenz aus dieser Tatsache hat der Problemlöser sein Verhalten darauf auszurichten, kreativitätshemmende Faktoren in seinem Arbeitsumfeld zu reduzieren (vgl. Abb. 4.8).

Die *Motivation* der beteiligten Personen ist die psychodynamische Triebfeder für den kreativen Prozess schlechthin. Ihre Wurzeln liegen in der kreativen Person selbst. Beteiligte Faktoren sind etwa Neugierverhalten, der Wunsch nach Selbstverwirklichung, Identifikationsbereitschaft oder individuelle Bedürfnisse. Diese Triebkräfte stehen aber in enger Wechselwirkung mit äusseren Einflüssen wie Rollenzuweisung, Anerkennung, Einbindung in die Verantwortung oder sozial wirksamen Repressionen. Kreativitätsfördernde Massnahmen, welche über diese psychologischen Mechanismen wirken, entfalten wohl langfristig gesehen die grösste Wirkung. Vorausgesetzt wird jedoch bei allen Beteiligten eine hohe Bereitschaft für soziale Lernprozesse. Anreize zur Entfaltung von Kreativität geben heisst auch, neue Arbeitsformen zu finden. Einzelkämpfertum hat ausgedient. Gefragt ist vielmehr Teamarbeit, mit Betonung der gegenseitigen Kooperation und Information (vgl. Abb. 4.9).

	Förderungsmöglichkeiten	Ergebnisse
Integration	• teamorientiertes Arbeiten • gruppendynamisches Verhaltens- und Teamtraining	• Abbau von Rivalitäten und Egoismen • synergetisches Problemlösen • positives Arbeitsklima • Reduktion von Desinteresse
Kooperation	• Methoden zur Ideenfindung und Kreativitätsentwicklung • Arbeits- und Präsentationstechniken	• effizienteres, synergetisches Problemlösen • Koordination der vorhandenen Energien
Information	• offene Kommunikationsstrukturen • optimieren der Informationssammlung und -verteilung	• Koordination • Akzeptanz • integrales Denken • Stimulanz

Abb. 4.9 Motivation durch Integration, Kooperation und Information (nach SCHLICKSUPP)

4.3.3 Kreativitätsmethoden

Um möglichst rasch zu kreativen Ergebnissen zu gelangen, werden oft Kreativitätsmethoden angewandt. Es handelt sich dabei um Verfahren, welche in geordneter Weise möglichst viele originelle Ideen hervorbringen sollen. Der Teamgedanke steht dabei im Vordergrund, Einzelinteressen sind zurückzustellen. Die meisten Methoden leben von der gegenseitigen Befruchtung. Bei der kreativen Teamarbeit kommt einmal mehr ein Hauptmerkmal von dynamischen Systemen zum Ausdruck, nämlich die Tatsache, dass das Gesamtsystem mehr ist als die Summe seiner Tcile. Beispielsweise wären viele unserer technischen Errungenschaften als Einzelleistungen nie möglich gewesen, sie sind vielmehr das Ergebnis einer kreativen und konstruktiven Zusammenarbeit im Team.

Unabhängig von der gewählten Methode sind bei einer Kreativsitzung vier Schritte zu durchlaufen:
- *Problem definieren:* Wie bereits früher gezeigt, kommt einer sauberen Definition des Problems im Problemlösungsprozess eine entscheidende Bedeutung zu. Zwei Hauptfehler bei der Problemformulierung sind: Das Problem ist nicht treffend formuliert (zu allgemein), oder die Fragestellung betrifft nicht den zentralen Aspekt des Problems. Bei der Formulierung gilt zu beachten, dass das Problem zwar abgegrenzt, der Rahmen dabei aber nicht zu eng gesteckt wird.

- *Spontanlösungen festhalten:* Vor der eigentlichen Phase der kreativen Lösungssuche werden bekannte Lösungen genannt und festgehalten. Der Sinn dieses Vorgehens besteht darin, sich gedanklich zu öffnen und eingefahrene Denkmuster zu durchbrechen. Erst wenn die Teilnehmer die gängigen Ansätze überwunden haben, ist der Weg frei für neue Ideen.
- *Lösungsideen erarbeiten:* Auf der Grundlage der Problemformulierung und der gesammelten Spontanlösungen werden neue Lösungsideen erarbeitet. Je nach Kreativitätsmethode ergeben sich hier spezifische Tätigkeiten. Eine Beurteilung und Bewertung erfolgt erst in einem weiteren Schritt. Vielfach sind wir allzu schnell geneigt, eine Idee, die uns als abwegig erscheint, zu verwerfen, ohne sie einer näheren Betrachtung zu unterziehen. Gerade solche Ideen können aber oft zu überraschenden Lösungen führen.
- *Lösungen bewerten:* Damit die gefundenen Lösungen den Boden der Realität nicht verlassen, ist ein Rückbezug auf die Wirklichkeit notwendig. Folgende Fragen haben sich als nützlich erwiesen:
  – Wird das Problem durch die gefundenen Ergebnisse gelöst?
  – Ist die Lösung politisch, institutionell, in der zur Verfügung stehenden Zeit, mit den gegebenen finanziellen Mitteln usw. realisierbar?
  – Wird die Verwirklichung der Lösung dadurch erleichtert, dass auf bereits vorhandene Ansätze zurückgegriffen werden kann?

Kreatives Arbeiten erfordert ein anregendes Arbeitsumfeld. Die meisten Kreativitätstechniken werden, wie bereits erwähnt, sinnvollerweise in einem Team umgesetzt. Damit sich brauchbare und verwertbare Resultate ergeben, müssen gewisse Spielregeln (s. Abb. 4.10) eingehalten werden.

Kreativitätstechniken können nach verschiedenen Gesichtspunkten geordnet werden. Gängig ist eine Unterteilung in intuitive und systematische Methoden. Die intuitiven Methoden bezwecken eher, neue Ideen durch kreative Unordnung herbeizuführen, während systematische Methoden eher das Aufsuchen und Umorganisieren von Ordnungsmustern beinhalten. In vielen Kreativitätsmethoden finden wir eines oder mehrere der folgenden Prinzipien:
- *Assoziationen suchen:* Hier geht es darum, über die freie Verknüpfung von Vorstellungen und Gedanken möglichst viele mit dem Problem zusammenhängende Aspekte zu finden. Wir suchen also nach den im System beteiligten Komponenten.
- *Analogien bilden:* Gesucht sind hier Bilder, Prinzipien oder Mechanismen, welche einem andern Problembereich entstammen als das Zielsystem, diesem aber sehr ähnlich sind. Hier suchen wir also nach ähnlichen Strukturen.

> **Quantität vor Qualität:**
> Bei allen Kreativitätsmethoden geht es zunächst darum, möglichst viele unterschiedliche Ideen zu produzieren. Die Qualität spielt erst in der Phase der Beurteilung eine Rolle.
>
> **Alles ist erlaubt:**
> Bei der Suche nach Lösungsansätzen soll man sich nicht unnötig beschränken. Alle Ideen, seien sie noch so ausgefallen, unklar oder scheinbar falsch, sollten genannt werden.
>
> **Geistiges Eigentum existiert nicht:**
> Ideen anderer können eigene Ideen provozieren. Kreativitätssitzungen leben von der gegenseitigen Befruchtung. Wenn alle Ideen ungehindert ausgetauscht werden, kann die Gruppe gemeinsam neue und originelle Lösungen erarbeiten.
>
> **Voreilige Kritik ist verboten:**
> Unmittelbare Kritik durch so genannte Killerphrasen hemmt und führt zu Denkblockaden. Werden in der Folge nur noch «vernünftige» Ideen produziert, fallen neue und erfolgversprechende Ansätze unter den Tisch.
>
> **Ideen nicht breit austreten:**
> Durch zu ausführliche Formulierung von Ideen wird der Gedankenfluss gehemmt. Die Ideen sind kurz und knapp zu beschreiben. Nicht durcheinander reden und genügend Zeit für das Aufschreiben lassen.

Abb. 4.10   Verhaltensregeln bei Kreativsitzungen

- *Zufallsanregung:* Dabei geht man bei der Lösungssuche von zufällig gefundenen oder kombinierten Wörtern oder Begriffen aus. Aus deren Beschreibung werden Anregungen für die Lösungsidee gewonnen.
- *Systematische Bedingungsvariation:* Hierbei wird ein grundlegender Bereich des bisherigen Lösungsansatzes systematisch und konsequent verändert. Beispielsweise können die bisherigen Ansätze auf das in ihnen vorherrschende Prinzip untersucht und dieses durch ein anderes ersetzt werden.

Nach der knappen Übersicht über den Einsatz von Kreativitätsmethoden sollen im Folgenden zwei häufig angewandte Vertreter näher vorgestellt werden. Aus der grossen Zahl von Methoden haben wir eine intuitive und eine systematische ausgewählt, nämlich das Brainstorming und den morphologischen Kasten.

Brainstorming

Brainstorming ist das bekannteste Verfahren zur Förderung des intuitiven Arbeitens in einer Gruppe. Die Methode dient dazu, Lösungsvorschläge für gegebene Probleme oder Antworten auf gestellte Fragen zu finden. In der ersten Phase sollen möglichst viele Lösungsvorschläge gesammelt und ein möglichst breites Spektrum an Antworten aufgespannt werden. Die Beiträge der einzelnen Mitglieder werden durch den Moderator in knapper Form und für alle gut sichtbar aufgeschrieben. In dieser Phase muss der Fantasie und Spontaneität freier Lauf gelassen werden. Der Effekt der gegenseitigen Stimulierung von Ideen und Assoziationen soll voll zum Tragen kommen. Kritik und Bewertung von Vorschlägen und lange Monologe einzelner Mitglieder sind unerwünscht. Erst in der anschliessenden Phase der Strukturierung und Bewertung ist wieder ein rationales Vorgehen gefragt. Dabei werden Ideen, welche zuvor nur skizziert wurden, im Detail erläutert, ähnliche Vorschläge werden zusammengefasst und doppelt genannte Ideen gestrichen. Schliesslich werden die verbleibenden Ansätze in eine Prioritätenfolge gebracht und bewertet.

Idealerweise läuft eine Sitzung in folgenden Schritten ab:

- Der Moderator vergewissert sich, dass alle Teilnehmer eine einheitliche Auffassung des Problems haben.
- Das Problem wird allenfalls geklärt und neu formuliert.
- Die Regeln des Brainstormings werden nochmals erläutert. Die Teilnehmer versuchen dann, möglichst viele Ideen zu finden. Die vorgebrachten Ideen werden stichwortartig und für alle Teilnehmer sichtbar auf Flip-Charts o. ä. festgehalten. Die Sitzungsdauer soll sich nicht nur nach der Zeit (15 bis 20 Minuten), sondern auch nach dem Ideenfluss richten. Der Ideenfluss soll nicht zu früh unterbrochen werden.
- Nach Beendigung der kritiklosen Phase werden die genannten Ideen geordnet und bewertet. Dies erfolgt im Anschluss an die Brainstormingsitzung gemeinsam mit allen Teilnehmern oder später durch eine andere Gruppe.

oskar Weiss zu: « Brainstorming »

Morphologischer Kasten

Unter *Morphologie* verstehen wir im Zusammenhang mit dem Problemlösungsprozess ein ordnendes und gestaltendes Schematisieren des Problems. Das Prinzip des morphologischen Kastens besteht darin, dass das vorliegende Problem in Komponenten gegliedert wird und dass für jede einzelne Komponente verschiedene Lösungsalternativen gesucht werden. Dabei ist man bestrebt, zunächst für alle Komponenten die möglichen Lösungsansätze vollständig zu erfassen und diese dann systematisch miteinander zu kombinieren. Dieses Vorgehen veranschaulicht das Beispiel in Abb. 4.11. Die erste Spalte links enthält die Komponenten der Lösung, während der rechte Teil des Schemas die verschiedenen möglichen Ausprägungen beinhaltet. Wird nun je Komponente eine Ausprägung ausgewählt, so ergibt deren Kombination eine spezifische Lösung des Problems. Jede denkbare Kombination der Ausprägungen führt also zu einer potenziellen Lösungsvariante.

Komponenten	Ausprägungen				
Bewohner	Einzelperson	Partnerschaft	Kleinfamilie	Grossfamilie	
Haustyp	freistehendes Haus	Reihenhaus	Eigentumswohnung		
Standort	ländliche Gegend	Vorort	Stadt		
Umfeld	ruhige Atmosphäre	kinderreiches Quartier	Alternativszene	Alterssiedlung	
Kosten	< 500 000.–	< 800 000.–	< 1 200 000.–	> 1 200 000.–	
Baustil	Bauernhaus, Chalet	Wohnblock	Landhaus	0815-Haus	Designerhaus
Heizsystem	Solar	Wärmepumpe	Gas	Öl	Holz
Zimmerzahl	4½	5	5½	6	> 6
Materialien	Holz	Backstein	Beton	Stahl, Glas	gemischt
Dachform	Flachdach	Satteldach	Pultdach	Walmdach	

Abb. 4.11 Beispiel für einen morphologischen Kasten

Festzuhalten ist, dass die Aufstellung der Komponenten und Ausprägungen die wichtigste und zugleich schwierigste Aufgabe des Verfahrens ist. Dabei kann von herkömmlichen Lösungsansätzen ausgegangen werden, oder es können intuitive Techniken wie das Brainstorming zur Ideenfindung herangezogen werden. Bei der Anwendung des Verfahrens ist insbesondere darauf zu achten, dass:

- die Komponenten möglichst grosse Unabhängigkeit besitzen
- die Anzahl der Komponenten möglichst klein ist
- die Komponenten die charakteristischen Merkmale des Systems beschreiben und
- die Ausprägungen wichtige Unterschiede deutlich machen.

4.4 Bewertung und Entscheidung

Nachdem beim Lösungsentwurf verschiedene Varianten ausgearbeitet worden sind, müssen wir uns für die detailliertere Ausgestaltung der Lösung auf eine einzige Variante beschränken. Dies bedeutet, dass wir die Lösungsalternativen unter Berücksichtigung verschiedener Kriterien bewerten müssen. In diesem Kapitel befassen wir uns zunächst mit diesen Bewertungskriterien, anschliessend erläutern wir verschiedene Verfahren zur systematischen Entscheidungsfindung, und zum Schluss diskutieren wir eine Methodik zur Beurteilung möglicher zukünftiger Entwicklungen.

4.4.1 Kriterien der Bewertung

In erster Linie geht es bei der Bewertung von Lösungsalternativen um die Beurteilung des Zielerfüllungsgrades. Gemäss Systemdenken müssen von einem Lösungsvorschlag aber auch dessen Funktionsfähigkeit und Eignung zur Integration in das übergeordnete System überprüft werden. Im Weiteren ist die Lebensfähigkeit der vorgeschlagenen Lösung zu überdenken. Und schliesslich ist nach den Voraussetzungen und Konsequenzen einer möglichen Realisierung zu fragen. Diese Aspekte sollen im Folgenden etwas detaillierter diskutiert werden.

Wenn wir den *Zielerfüllungsgrad* beurteilen wollen, so nehmen wir sinnvollerweise die früher im Problemlösungsprozess formulierten Ziele zur Hand. Die Mussziele dienen bekanntlich der Vorauswahl. Jede Alternative, die die Mussziele nicht erfüllt, ist ohne weitere Analyse auszuscheiden. Da die Sollziele mehr Interpretationsspielraum offen lassen, haben wir diesbezüglich zu beurteilen, welche Variante die Sollziele optimal erfüllt. Bei dieser Beurteilung spielt die Operationalisierung der Ziele eine wesentliche Rolle. Wenn die Ziele ungenügend operationalisiert worden sind, wird eine objektive Beurteilung sehr schwierig.

Um die *Funktionsfähigkeit* des geplanten Zielsystems sicherzustellen, untersuchen wir sinnvollerweise die dynamischen Abläufe der einzelnen Lösungsvarianten. Wir richten also den Blick nach innen, auf die Komponenten und Beziehungen des Systems. Zur Überprüfung der Funktionsabläufe ist es zweckmässig, den Informations-, Material- oder Energiefluss zwischen den einzelnen Komponenten zu verfolgen.

Gemäss Systemdenken ist der Blick auch nach aussen zu wenden und das Mass der *Integrationsfähigkeit* der einzelnen Lösungsvorschläge zu überprüfen. Zum Zeitpunkt der Beurteilung dieses Aspektes sollte das Umfeld des Zielsystems aufgrund der vorherigen Situationsanalyse ausreichend bekannt sein. Es stellt sich folglich die Frage, wie gut sich die verschiedenen Vorschläge in dieses Umfeld integrieren lassen. Fragen nach den Beziehungen zwischen System und Umwelt bzw. nach der Schnittstelle zwischen innen und aussen stehen hier im Zentrum der Überlegungen.

Als wichtiger nicht funktionaler Aspekt ist die *Lebensfähigkeit* der einzelnen Lösungsvorschläge zu beurteilen. Wenn wir im Zusammenhang mit der Zielformulierung bereits Kriterien für die Beurteilung der Lebensfähigkeit unseres Zielsystems definiert haben, so gilt es nun, diese Definition mit den Lösungsvorschlägen zu vergleichen. Unter anderem ist etwa zu prüfen, bei welchen Komponenten Probleme auftauchen könnten, wie diese allenfalls zu beheben wären, ob Teile der Lösung für spätere Zwecke wiederverwendbar sind, inwiefern Synergien genutzt werden oder ob die zukünftige Weiterentwicklung des Zielsystems sichergestellt ist.

Schliesslich gilt es im Zusammenhang mit der Lebensfähigkeit auch zu beurteilen, ob die *Voraussetzungen* für die Realisierung einer Lösung gegeben sind bzw. welche *Konsequenzen* ein Lösungsvorschlag allenfalls mit sich bringt. Hierbei geht es um Aspekte, welche oft nicht explizit in den Zielen formuliert worden sind, welche aber als Randbedingungen für den Problemlösungsprozess eine grosse Bedeutung haben. Es handelt sich etwa um Fragen bezüglich Wissensstand, Infrastruktur, Kosten, Zeit oder Personal.

4.4.2 Systematisch entscheiden

Eine Entscheidung kann ad hoc oder aufgrund einer systematischen Entscheidungsanalyse getroffen werden. In einfachen Situationen sind intuitive Entscheide sicher zweckmässig, oft sind jedoch methodisch unterstützte Entscheide von Vorteil. Die Treffsicherheit bei der Wahl der richtigen Alternative steigt, der Entscheid wird objektiver, die Beurteilung nachvollziehbar und der Entscheidungsprozess transparenter.

Es ist zweckmässig, eine Entscheidungssituation schrittweise anzugehen. Zunächst stellt sich die Frage, was mit dem Entscheid bezweckt wird. Danach muss beurteilt werden, ob eine Ad-hoc-Entscheidung oder ein systematisches Vorgehen sinnvoll ist. Eventuell muss als Entscheidungsgrundlage zusätzliche Information beschafft werden. Und schliesslich ist das gewählte Verfahren auszuführen. Im Folgenden sollen drei gängige Entscheidungsverfahren erläutert werden: Argumentenbilanz, Nutzwertanalyse und Risikoanalyse.

Argumentenbilanz

Die Grundidee dieses einfachen Verfahrens besteht darin, die Vor- und Nachteile einzelner Lösungsvarianten einander in tabellarischer Form gegenüberzustellen. In Abb. 4.12 findet sich als Beispiel einer Argumentenbilanz die Beurteilung eines transportablen Notebook-Computers im Vergleich zu einem Tischgerät. Obwohl die Argumentenbilanz eine sehr einfache Methode ist, ermöglicht sie durch die Ordnung der Argumente eine gewisse Objektivierung der Situation. Es ist jedoch zu beachten, dass das Gewicht der Argumente vernachlässigt wird und dass unklar bleibt, welche Argumente als Vor- und Nachteile einander direkt gegenüberstehen. Das Verfahren eignet sich lediglich für sehr einfache Situationen.

Varianten	Notebook-Computer	Tischcomputer
Vorteile	– überall einsetzbar – geringer Platzbedarf	– höhere Leistungsfähigkeit – verschiedene Laufwerke gleichzeitig verfügbar
Nachteile	– Ergonomie des Tastaturlayouts – beschränkte Ausbaufähigkeit – grösseres Sicherheitsrisiko	– grosses Gehäuse – lauter Ventilator – Kabelsalat

Abb. 4.12 Beispiel einer Argumentenbilanz

Nutzwertanalyse

Die Nutzwertanalyse können wir als Erweiterung der Argumentenbilanz verstehen. Es werden ebenfalls Argumente aufgeführt; die Methode zwingt aber dazu, die Bedeutung der Argumente zu gewichten. Die Argumente werden sinnvollerweise aus den im vorangehenden Kapitel erläuterten Bewertungskriterien abgeleitet. Meist haben nicht alle Kriterien dasselbe Gewicht. Es ist deshalb eine Gewichtung vorzunehmen. Gewichten bedeutet, dass die Kriterien in eine Rangfolge gebracht werden und dass ihre relative Bedeutung zueinander festgelegt wird.

Ein wesentlicher Aspekt der Methode liegt darin, dass der Zielerreichungsgrad einer Lösungsvariante pro Kriterium benotet wird. Für die Benotung eignet sich beispielsweise die folgende Notenskala:
 5 = sehr gute Erfüllung des Kriteriums
 4 = gute Erfüllung
 3 = normale, durchschnittliche Erfüllung
 2 = schlechte Erfüllung
 1 = sehr schlechte Erfüllung

Aus der Multiplikation des Notenwertes mit dem Gewicht des entsprechenden Kriteriums errechnet sich der Nutzwert je Kriterium. Die Summe ergibt das Mass der Gesamtzielerfüllung, d.h. den Gesamtnutzwert je Variante. Diejenige Entscheidungsalternative, die die höchste Nutzwertzahl erreicht, ist die bestmögliche Lösung zur Erreichung der gesteckten Ziele. Es empfiehlt sich, im Rahmen einer Sensitivitätsanalyse zu untersuchen, ob sich die Rangfolge der Varianten bei einer anderen Gewichtung der Ziele oder einer anderen Benotung ändert. Dies hilft, die Entscheidungssituation transparenter zu machen, und verhindert blinde Methodengläubigkeit.

In Abb. 4.13 ist eine Nutzwertanalyse für das vorherige Beispiel einer Computerevaluation dargestellt. Hierbei entsprechen die Kriterien den Sollzielen der Evaluation. Varianten, welche die Mussziele nicht erfüllen, sind von

Kriterien	Gewicht	Varianten			
		Notebook-Computer		Tisch-Computer	
		Note	Note x Gewicht	Note	Note x Gewicht
Benutzerfreundlichkeit	50	3	150	4	200
Ausbaubarkeit	20	2	40	5	100
Verhältnis Preis/Leistung	20	2	40	4	80
Platzbedarf	10	5	50	2	20
Nutzwert	100		**280**		**400**

Abb. 4.13   Beispiel einer Nutzwertanalyse

vornherein gar nicht in die Überlegungen einbezogen worden. Auch Wunschziele, wie etwa die Transportfähigkeit, sind nicht in den Kriterienkatalog aufgenommen worden. Aufgrund der berechneten Nutzwerte müssten wir uns in diesem Beispiel für die Variante Tisch-Computer entscheiden.

Risikoanalyse

Falls bei den verschiedenen Lösungsvarianten mit Risiken oder Folgeproblemen zu rechnen ist, empfiehlt sich eine zusätzliche Risikoanalyse. Es sind dann etwa die folgenden Fragen zu analysieren und zu beurteilen: Was könnte eintreten, was könnte schief gehen, oder was wären allfällige Folgen? Man kann auch hier ein Verfahren in Form einer Bewertungsmatrix verwenden. Die Kriterien, die wir je Variante zu beurteilen haben, sind die möglichen Risiken bzw. die potenziellen Probleme. Bewertet wird je Variante und Risiko die Wahrscheinlichkeit des Eintretens eines Problemfalls bzw. im Falle eines Eintretens die Tragweite des Problems.

Eine Risikoanalyse umfasst somit die folgenden Schritte:
- Ermitteln der möglichen Probleme oder Risiken
- Bestimmen der Wahrscheinlichkeit W des Eintretens (W liegt zwischen 0 und 1)
- Abschätzen der Tragweite T im Falle eines Eintretens (T z. B. zwischen 0 und 10)
- Berechnen des Risikowertes R = W x T
- Bestimmen des Gesamtrisikos aus der Summe der Risikowerte
- Interpretieren der Ergebnisse

In Abb. 4.14 ist die Risikoanalyse für die Beschaffungsfrage des vorangehenden Beispiels dargestellt. Der späte Liefertermin des Tisch-Computers stellt hier im Vergleich zur sofortigen Lieferbarkeit des Notebook-Computers ein

Probleme Risiken	Varianten					
	Notebook-Computer			Tisch-Computer		
	W	T	WxT	W	T	WxT
Liefertermin	0	0	0	0.5	3	1.5
Störungen	0.4	5	2.0	0.2	5	1.0
	0.6	7	4.2	0.4	7	2.8
Gesamtrisiko			**6.2**			**5.3**

Abb. 4.14 Beispiel einer Risikoanalyse

Problem dar. Dieser ist umgekehrt aufgrund von Testberichten als etwas störungsanfälliger einzustufen. Ersatzteile sind wiederum für das Tischgerät einfacher zu erhalten. Insgesamt ergibt sich somit in der Beurteilung ein etwas höheres Gesamtrisiko für den Notebook-Computer.

Zum Schluss dieses Kapitels über Entscheidungsverfahren stellt sich grundsätzlich die Frage nach der Objektivität der einzelnen Methoden. Es ist kein Geheimnis, dass diese bei allen hier präsentierten Ansätzen recht gering ist. Auch wenn bei den letzten beiden Verfahren durch die Quantifizierung des Entscheids eine scheinbare Genauigkeit vorgetäuscht wird, bleibt die Auswahl der Kriterien, Gewichte, Noten oder Wahrscheinlichkeiten stets subjektiv. Trotzdem sprechen gute Gründe für den Einsatz der genannten Entscheidungsverfahren. Sie zwingen einen nämlich dazu, eine Entscheidungssituation durch Strukturierung transparenter zu machen und generell über die einem Entscheid zugrunde liegenden Wertvorstellungen nachzudenken. Damit werden rein intuitive oder willkürliche Entscheidungen verhindert. Die Begründung eines Entscheids wird noch deutlicher offen gelegt, wenn die Überlegungen in umgangssprachlicher Form dokumentiert werden. So ist es beispielsweise sinnvoll, die einzelnen Kriterien, Gewichte oder Noten parallel zur Matrixdarstellung in Worte zu fassen. Meistens sind es ja ausformulierte Argumente und weniger die nackten Zahlen, welche für die verschiedenen in den Entscheid involvierten Instanzen von Interesse sind. Zudem ist es für den Fall von späteren Unklarheiten bei der Umsetzung nützlich, wenn der Gang der Entscheidungen möglichst lückenlos nachvollzogen werden kann.

4.4.3 Zukünftige Entwicklungen beurteilen

Ein wesentlicher Aspekt bei der Bewertung eines Lösungsvorschlages ist die Beurteilung zukünftiger Entwicklungen. Das Motto «Agieren statt Reagieren» ist ja ein wichtiger Grundsatz der Systemik, und für eine aktive Gestaltung der Zukunft ist eine Vorbereitung auf mögliche Entwicklungen unabdingbar. Wenn wir im Folgenden eine Methode zur Beurteilung zukünftiger Entwicklungen präsentieren, so machen wir dies mit allen bereits angebrachten Vorbehalten gegenüber der Voraussagbarkeit von komplexen Systemen.

Viele Prognostiker basieren ihre Voraussagen auf der Vergangenheit, bekanntlich oft mit mässigem Erfolg. Im Sinne einer aktiven Systemgestaltung scheint es uns dagegen sinnvoll, den Spiess umzudrehen. Eine intensive Auseinandersetzung mit der Zukunft stellt sicher, dass man auf mögliche Überraschungen vorbereitet ist. Wir schlagen deshalb vor, dass anstelle von Prognosen verschiedene Szenarien durchzuspielen sind. Ein *Szenario* ist die Beschreibung eines möglichen Weges in die Zukunft, d.h. eine hypothetische Abfolge von zukünftigen Systemzuständen. Szenarien ermöglichen gegenüber üblichen Prognosen die gleichzeitige Berücksichtigung unterschiedlicher Aspekte eines sich alternativ entwickelnden Problemfeldes. Zudem erlauben sie die kreative Auseinandersetzung mit zukünftigen Situationen.

Zur Erarbeitung von Szenarien sind grundsätzlich zwei Vorgehensweisen denkbar: Entweder beschreiben wir, ausgehend von der gegenwärtigen Situation, die verschiedenen Szenarien als «Baum der möglichen Entwicklungen». Oder wir wählen als Ausgangspunkt einen zukünftigen Systemzustand und versuchen, rückwärts eine Kette von Konsequenzen für die Erreichung dieses Ziels zu erarbeiten (vgl. Abb. 4.15). Die Schwierigkeiten mit dem ersten Ansatz liegen auf der Hand. Falls eine zu beurteilende Situation eine grosse Zahl von Alternativen aufweist, verzweigt sich der Entscheidungsbaum bald ins Unermessliche. Unter Umständen kommen dabei auch neue Varianten ins Spiel, welche für die Problemlösung gar keine Relevanz haben. Dagegen minimiert der zweite Ansatz nicht bloss die Zahl der zu berücksichtigenden Entwicklungsäste, sondern bezieht ausschliesslich die bereits erarbeiteten Lösungsvarianten in die Überlegungen mit ein.

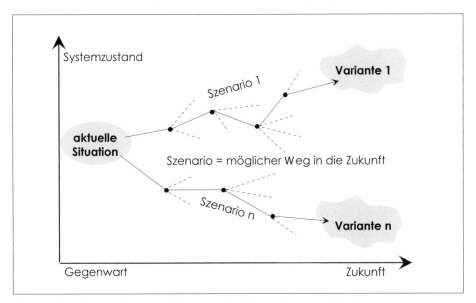

Abb. 4.15   Szenarien als Abfolge zukünftiger Systemzustände

Das folgende Vorgehen scheint folglich zur Erarbeitung von Szenarien zweckmässig: In einem ersten Schritt haben wir uns die verschiedenen *Varianten* nochmals in allen Details vor Augen zu führen. Dabei kann es durchaus sinnvoll sein, dass wir unsere Vorstellungskraft mit verschiedenen Hilfsmitteln anregen. Modelle oder Rollenspiele sind diesbezüglich besonders geeignet. Eine realitätsnahe Beschreibung der möglichen zukünftigen Systemzustände erlaubt zudem nochmals eine intuitive Überprüfung der verschiedenen Lösungsalternativen.

In einem weiteren Schritt sind die einzelnen *Szenarien* im Detail zu erarbeiten. Ausgehend von einer bestimmten Lösungsvariante, haben wir uns durch Rückwärtsverfolgung der Entwicklungsäste zu überlegen, welche Rahmenbedingungen und Entscheidungen letztlich zur Erreichung des Ziels notwendig sind. Grundsätzlich ist es zweckmässig, möglichst viele der in den Problemlösungsprozess involvierten Personen an diesem Arbeitsschritt zu beteiligen. Ein Konstruktionsingenieur, ein Designer, ein Verkäufer oder ein Betriebsleiter sehen unter Umständen ganz unterschiedliche Hürden auf dem Weg zur Lösung eines Problems.

Nachdem die verschiedenen Szenarien erarbeitetet worden sind, muss schliesslich eine *Beurteilung* erfolgen. Zunächst ist zu überprüfen, ob die einzelnen Szenarien überhaupt relevant sind. Es stellt sich dabei die Frage, ob die für die Entwicklung notwendigen Entscheidungen in der eigenen Hand liegen und ob ungeeignete Rahmenbedingungen allenfalls in gewünschter Weise beeinflussbar sind. Unter den relevanten Szenarien ist im Weiteren die bevorzugte Variante zu eruieren. Hierbei ist zu beurteilen, welche Variante sich aufgrund der gegebenen Bedingungen am besten realisieren lässt. Bei der Beurteilung sind auch Überlegungen bezüglich der Lebensfähigkeit der einzelnen Varianten anzustellen. Falls die Varianten gemäss ihrer Beurteilung in eine Rangfolge gebracht werden, so finden wir am einen Ende der Skala schliesslich das Best-Case- und am anderen Ende das Worst-Case-Szenario.

Die *Vorteile* der Szenariotechnik lassen sich wie folgt zusammenfassen: Dank dem informellen Charakter der Methode kann eine relativ grosse Zahl von Mitarbeitern in den Prozess eingebunden werden. Insbesondere bei einer interdisziplinären Zusammensetzung des Teams kann aus der Arbeit mit Szenarien ein breites Verständnis für die verschiedenen Varianten resultieren. Sofern als Folge des Variantenentscheids Veränderungen einzuleiten sind, finden diese letztlich eine grössere Akzeptanz unter den Mitarbeitern. Die

Szenariotechnik ist auch für die Beurteilung der Lebensfähigkeit prädestiniert. Fragen bezüglich Wartbarkeit, Erweiterbarkeit, Qualität oder Entwicklungsfähigkeit werden idealerweise im Zusammenhang mit zukunftsorientierten Überlegungen behandelt. Zugleich können die Voraussetzungen und Konsequenzen eines Lösungsvorschlages überprüft werden. Hier stellen sich Fragen bezüglich Infrastruktur, Kosten, Zeit oder Personal. Und schliesslich ermöglicht die Auseinandersetzung mit einer Reihe von unterschiedlichen Szenarien eine bessere Vorbereitung auf unvorhergesehene Entwicklungen. Im Falle einer überraschenden Veränderung der Rahmenbedingungen kann aufgrund der gedanklichen Vorarbeit sofort reagiert und auf eine alternative Variante umgestellt werden.

Kontrollfragen

1. Im Rahmen des Problemlösungszyklus folgt die Zielformulierung auf die Situationsanalyse und Problemformulierung. Welche Aufgabe kommt der Zielformulierung im Gegensatz zu den beiden vorangehenden Schritten zu?

2. Was versteht man unter einem funktionalen, was unter einem nicht funktionalen Ziel? Erläutern Sie die Begriffe anhand eines geeigneten Beispiels.

3. Bei der Erarbeitung von Zielen ist es zweckmässig, zwischen Funktionen und Eigenschaften des Zielsystems zu unterscheiden. Erläutern Sie Bedeutung und Unterschied der beiden Begriffe anhand eines Beispiels.

4. Nehmen Sie Stellung zur Aussage von M.:
«Gegenläufige Ziele im Sinne einer Zielkonkurrenz sind unter allen Umständen zu vermeiden.»

5. Welche Zieldimensionen kann eine Zielformulierung aufweisen? Ist diesbezüglich das folgende Ziel klar formuliert: «Die neue Software muss einen hohen Benützungskomfort aufweisen»?

6. Eine Unternehmung verfolgt folgende Ziele:
   – Reduktion der Kosten
   – Erhöhung des Gewinns
   – Elimination aller umweltbelastenden Stoffe in der Produktion
   – Förderung der Weiterbildung der Mitarbeiterinnen und Mitarbeiter
   Welche Beziehungen bestehen zwischen diesen Zielen?

7. Erläutern Sie den Begriff *Zielhierarchie* anhand eines selber gewählten Beispiels.

8. Was verstehen Sie unter der Lebensfähigkeit eines Systems? An welchen Stellen im Vorgehensmodell haben Sie dem Thema «Lebensfähigkeit» besondere Beachtung zu schenken?

9. Beschreiben Sie kurz ein System aus Ihrem Erfahrungsbereich, und erläutern Sie verschiedene Massnahmen zur Verbesserung von dessen Lebensfähigkeit.

10. Erläutern Sie die charakteristischen Merkmale eines wohl strukturierten und eines schlecht strukturierten Problems anhand eines Beispiels aus Ihrem Erfahrungsbereich.

11. In welchem Zusammenhang steht das Organisationsprinzip «teile und herrsche» mit dem Systemdenken?

12. Welche Vorteile sehen Sie darin, bei der Entwicklung einer Problemlösung verschiedene Lösungsvarianten einander gegenüberzustellen?

13. Kreativität kann durch verschiedene persönliche und äussere Einflussfaktoren gehemmt werden. Nennen Sie je vier kreativitätshemmende Faktoren.

14. Nennen Sie vier wichtige Phasen bei der Durchführung von Kreativsitzungen, und beschreiben Sie kurz deren Inhalt.

15. Erläutern Sie vier Verhaltensregeln für Kreativsitzungen.

16. Erläutern Sie an einem selber gewählten Beispiel das Prinzip des morphologischen Kastens.

17. Nach welchen Kriterien haben wir eine erarbeitete Lösungsvariante zu beurteilen?

18. Konstruieren Sie eine Entscheidungssituation, bestehend aus zwei Lösungsvarianten. Vergleichen Sie die Varianten in einer Nutzwertanalyse anhand von vier bis fünf Kriterien.

19. Welchen Beitrag kann der Einsatz von Entscheidungsmethoden für die Entscheidungsfindung leisten?

20. Erläutern Sie kurz den Begriff *Szenario*. Die Entwicklung von Szenarien kann vorwärts oder rückwärts geschehen. Vergleichen Sie die beiden Ansätze miteinander.

21. Worin sehen Sie die Vorteile der Szenariotechnik?

5 Umsetzung

Während der Phase der Problemlösung sind unsere vier Kollegen von der Firma CASH-PROTECT ganz schön ins Schwitzen geraten. Es sind Ziele definiert, Aspekte der Lebensfähigkeit diskutiert und verschiedene Varianten evaluiert worden. Unter anderem sind folgende Ideen zur Diskussion gekommen:

- *Videokamera mit automatischer Bildverfolgung: Das vorhandene Wissen könnte gut eingebracht werden, nachteilig ist jedoch der hohe Personalbedarf für die Überwachung.*
- *Architektonische Massnahmen (Farbgebung, Beleuchtung, Einbau eines Kiosks usw.): Bei dieser Idee kann das eigene Know-how zu wenig vermarktet werden.*
- *Parkieren im Stapelsystem (Paternoster): Dieser Vorschlag würde die Gefahrenquelle ganz ausschalten. Das Übel wäre somit bei der Wurzel gepackt. Solche Systeme sind aber bloss bei neuen Anlagen realisierbar und zudem sehr teuer.*
- *Chauffeur bringt Auto auf Parkplatz: Die Lösung besticht durch ihre Einfachheit, bringt aber keinen Gewinn für CASH-PROTECT, und die Stadt ist auch nicht an einer Finanzierung dieser Dienstleistung interessiert.*

Während der Auseinandersetzung mit den verschiedenen Lösungsvarianten ist das Team zum Schluss gekommen, dass das Ziel umfassender formuliert werden muss. Personen mit einem Sicherheitsbedürfnis gibt es nicht bloss in Tiefgaragen, sondern auf dem ganzen Stadtgebiet. Anlässlich eines Kreativitätsseminars sind sie schliesslich auf den Lösungsvorschlag gestossen, welcher bei der abschliessenden Bewertung obsiegte: die persönliche Alarmzentrale im Taschenformat. Ein Tastendruck aktiviert nicht bloss einen charakteristischen Alarmton, das Gerät ortet auch via GPS (Global Positioning System) den aktuellen Standort und alarmiert die nächste Polizeipatrouille. Dank einem modularen Konzept wären spätere Erweiterungen möglich, etwa hinsichtlich der Übermittlung von allgemeinen Informationen (aktuelle Veranstaltungen, freie Parkplätze, Verkehrsstaus usw.). Als Übergangslösung für das Sicherheitsproblem finanziert CASH-PROTECT Chauffeure, welche in verschiedenen Tiefgaragen auf Wunsch gratis die Autos parkieren. Dies gibt der Firma neben der Publizität auch gleich die Möglichkeit, mit potenziellen Kunden ins Gespräch zu kommen und das neue Produkt vorzustellen.

Der Tatendrang ist riesig, das Team möchte sofort mit der Umsetzung beginnen. Rolf – beeindruckt von den positiven Erfahrungen mit dem systemischen Ansatz – warnt dagegen vor überstürztem Handeln:

Rolf: «Mit unserer Superidee sind wir noch überhaupt nicht am Ziel. Jetzt geht es darum, ein kostengünstiges und qualitativ hoch stehendes Produkt zu entwickeln.»

Carole: «Ja, wie sieht es eigentlich mit unseren finanziellen Möglichkeiten aus?»

Luki: «Und wie steht es mit unserem Know-how bezüglich GPS? Müssten wir hier nicht Synergien nutzen und einen geeigneten Partner suchen?»

Matz: «Mit der Polizei müssten wir natürlich auch baldmöglichst Kontakt aufnehmen!»

Rolf: «Hört – im Zusammenhang mit unserem weiteren Vorgehen habe ich mir Folgendes überlegt: Eigentlich haben wir nicht bloss unser Produkt systemisch zu entwickeln. Auch unser ganzes Projekt kann als System verstanden werden!»

Matz: «Das musst du mir genauer erklären!»

Carole: (nachdenklich) «Ja doch – ich glaube, er hat Recht. Müssen wir bei der Umsetzung nicht eine Vielzahl vernetzter Aspekte bezüglich Qualität, Kosten oder Zeit unter Kontrolle halten?»

Rolf: «Richtig! – Und die guten Erfahrungen in den ersten Projektphasen sprechen dafür, dass wir mit dem systemischen Ansatz weiterfahren sollten. – Vielleicht ist es sogar zweckmässig, den Zyklus in unserem Vorgehensmodell ein zweites Mal zu durchlaufen!?»

In zahlreichen Bereichen des Produktions- und Dienstleistungssektors ist seit einigen Jahren die folgende Entwicklung im Gange: Steigende Kosten und grösserer Preisdruck wirken sich negativ auf das Leistungsangebot aus. Durch den zunehmenden Leistungsabbau werden Billiganbieter vermehrt konkurrenzfähig, und der Wettbewerbsdruck erhöht sich. Aus dieser Situation resultiert wiederum ein grösserer Druck auf die Kosten und ein verstärkter Zwang zum Abbau der Leistungen. Gleichzeitig nimmt aber das Qualitätsbewusstsein der Kunden zu. Produkte oder Dienstleistungen werden vermehrt bezüglich ihres Preis-Leistungs-Verhältnisses verglichen. Aspekte wie Wartung oder Kundenbetreuung gewinnen an Bedeutung. Die Nachfrage nach umweltverträglicheren Produkten wächst. Insgesamt trifft der Kunde aus dem bestehenden Angebot vermehrt eine selektive, bedürfnisgerechte Wahl.

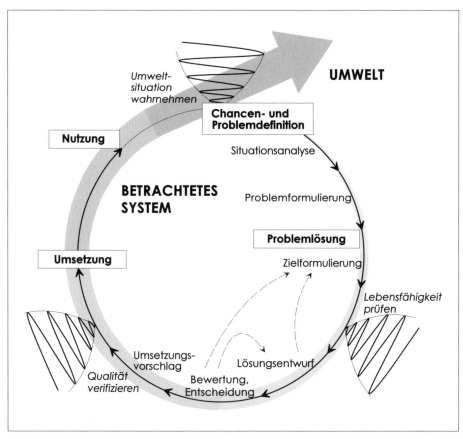

Abb. 5.1 Qualität ist während des gesamten Projektablaufs ein Thema; im Zusammenhang mit Fragen der Lebensfähigkeit und Weiterentwicklung bleibt deren Bedeutung auch über den Projektrahmen hinaus aktuell

Im aufgezeigten Spannungsfeld zwischen Kosten und Qualität gilt es für den systemischen Problemlöser sicherzustellen, dass das Zielsystem nicht bloss umfassend geplant wird, sondern dass dessen Lebensfähigkeit und Qualität auch während der Umsetzung und Nutzung gewährleistet bleibt. Im Folgenden setzen wir uns deshalb zunächst mit dem Qualitätsbegriff auseinander und zeigen auf, mit welchen Massnahmen Qualität erzielt werden kann. Anschliessend diskutieren wir Aspekte einer systemischen Projektführung. Themen sind die Definition der Projektziele, die Analyse und Beeinflussung der Projektdynamik, die Organisation des Lösungsprozesses und die Gestaltung des Vorgehensmodells.

In Abb. 5.1 sind zwei wesentliche Kernaussagen des folgenden Kapitels mit einem grauen Pfeil untermalt. Einerseits wird mit dem Pfeil angedeutet, dass Qualität nicht erst am Ende des Projektzyklus ein Thema ist. Andererseits wird hervorgehoben, dass der Zyklus mit der Nutzung nicht abgeschlossen ist. Das realisierte Produkt lebt weiter und muss – ganz im Sinne der Lebensfähigkeit – auch gewartet und weiterentwickelt werden.

5.1 Qualität

Wie oben dargelegt, hat die Erfüllung von Kundenanforderungen in gleichem Masse an Bedeutung gewonnen, wie der wirtschaftliche Wettbewerb härter geworden ist. Eine verstärkte Kundenorientierung der Unternehmen hat dazu geführt, dass die Zahl der Vereinbarungen zur Sicherstellung der verlangten Qualität in den letzten Jahren stetig angestiegen ist. Qualitätssicherung bedeutet aber nicht bloss die Einhaltung von technischen Normen. In zunehmendem Masse enthalten Qualitätsvereinbarungen auch die Forderung, ein umfassendes Qualitätsmanagementsystem aufzubauen und umzusetzen. Wird ein solches System zudem von einer neutralen Stelle überprüft und zertifiziert, so schafft dies für das Unternehmen eine zusätzliche Vertrauensbasis sowohl gegenüber den Kunden wie auch gegenüber Banken, Versicherungen oder Behörden. Von Bedeutung ist neben solch formalen Aspekten des Qualitätsbegriffs aber immer mehr auch ein ganzheitliches Qualitätsverständnis, welches in der Belegschaft als selbstverständlicher Teil der Unternehmenskultur zu verankern ist. Bevor wir uns nun aber mit Fragen des Qualitätsmanagements näher auseinandersetzen, soll der Begriff «Qualität» etwas genauer beleuchtet werden.

5.1.1 Was ist Qualität?

Der Qualitätsbegriff, wie er heute im betrieblichen Bereich verwendet wird, ist eng mit der International Organization of Standardization (ISO) verbunden. Aufgrund des allgemeinen Bedürfnisses zur Standardisierung von Qualitätsvorstellungen wurden Mitte der 80er-Jahre die Qualitätsnormen der ISO-9000er-Reihe erarbeitet. Heute sind diese Normen in den meisten Ländern übernommen worden, und unzählige Firmen aller Branchen und Grössen haben weltweit ihre Organisation auf die Normanforderungen ausgerichtet.

Nach ISO lässt sich *Qualität* wie folgt definieren: «Qualität ist die Gesamtheit von Eigenschaften und Merkmalen eines Produkts oder einer Dienstleistung, die sich auf deren Eignung zur Erfüllung festgelegter oder vorausgesetzter Bedürfnisse beziehen.» Wenn wir unter einem Produkt jede Art von Waren, Geräten, Rohstoffen, aber auch von Konzepten, Dienstleistungen, Arbeitsabläufen usw. verstehen, so können wir etwas vereinfacht sagen: Qualität ist die Gesamtheit aller Eigenschaften eines Produktes, welche zur Erfüllung der Bedürfnisse beitragen. Oder noch einfacher formuliert: Qualität ist das, was die Kundenbedürfnisse erfüllt. Alle drei Varianten der Begriffsdefinition werfen dieselben Fragen auf: Wer hat Bedürfnisse? Welches sind diese Bedürfnisse? Mit welchen Mitteln ist deren Erfüllung sicherzustellen? Und schliesslich, wie beurteilen wir den Erfüllungsgrad von Bedürfnissen?

In allen drei Definitionen kommt zum Ausdruck, dass gewisse Bedürfnisse zu erfüllen sind, ohne dass dabei etwas über den *Träger der Bedürfnisse* ausgesagt wird. Wenn Bedürfnisse vorhanden sind, so muss irgendjemand diese kundtun, sei es eine Person, eine Institution oder ein Vertreter der Allgemeinheit. Qualität zu erzeugen, ohne dass dafür ein nachweisbares Bedürfnis besteht, ist sinnlos. Je nach Standpunkt können die qualitätsrelevanten Bedürfnisse dabei aber recht unterschiedlich ausfallen. Zur Veranschaulichung dieses Umstandes sind in Abb. 5.2 mögliche Bedürfnisse für drei verschiedene Interessenträger aufgezeigt.

Verbraucher	Hersteller	Allgemeinheit
Gebrauchstauglichkeit und Zuverlässigkeit des Produkts	Marktakzeptanz des Produkts	Gefahrenbegrenzung für Dritte
Termintreue der Lieferung	Fehlerfreiheit der Produktionsprozesse (Produktivität)	Umweltverträglichkeit
technischer Service	Begrenzung des Risikos aus Garantie und Produkthaftpflicht	Schonung der natürlichen Ressourcen
Preiswürdigkeit	auskömmlicher Gewinn	soziale Aspekte

Abb. 5.2   Qualitätsrelevante Bedürfnisse verschiedener Interessengruppen (nach MASING)

Wenn die Bedürfnisträger bekannt sind, stellt sich als nächstes die Frage nach der *Erfassung von Bedürfnissen*. In der ISO-Definition des Qualitätsbegriffs ist in diesem Zusammenhang von «festgelegten oder vorausgesetzten» Bedürfnissen die Rede. Sofern ein Problemlösungsprozess gemäss unserem Vorgehensmodell abgewickelt wird, werden die Bedürfnisse soweit als möglich im Rahmen der Anforderungsanalyse untersucht und in der Zielformulierung festgehalten. Dabei sollten insbesondere auch versteckte Bedürfnisse aufgedeckt werden. Wie wir im Kapitel «Lebensfähigkeit» erläutert haben, wird bei der Zielformulierung häufig eine Reihe von nicht funktionalen Anforderungen vernachlässigt. Wir sind der Meinung, dass die Qualität eines Produktes oft gerade durch die eben da genannten Aspekte entscheidend geprägt wird.

Qualität kommt nun aber offenbar nicht bloss dadurch zustande, dass die Bedürfnisse aller Betroffenen festgehalten werden. *Qualität muss geschaffen werden!* Diese Thematik wird im nächsten Kapitel eingehender behandelt. Hier seien vorerst bloss einige Überlegungen im Zusammenhang mit der Definition des Qualitätsbegriffs gemacht. Gemäss Definition ist Qualität die Gesamtheit von Eigenschaften und Merkmalen eines Produkts. Mit dieser Formulierung wird zum Ausdruck gebracht, dass mehrere Aspekte zur Qualität eines Produkts beitragen. Entscheidend ist etwa die Auswahl von Werkzeugen, Methoden oder Konzepten. Von Bedeutung sind aber auch organisatorische Massnahmen wie die Definition von Schnittstellen, die Organisation von Produktionsabläufen oder der Einsatz von Testverfahren. Weitere qualitätsrelevante Aspekte sind etwa Sicherheit, Verfügbarkeit, Zuverlässigkeit, Wartbarkeit, Wirtschaftlichkeit oder Umweltverträglichkeit. Wie aus dieser unvollständigen Aufzählung ersichtlich wird, genügt es also nicht, ein technisch einwandfreies Produkt auf den Markt zu bringen. Der Preis, der Zeitpunkt der Markteinführung, die Verträglichkeit mit der Natur usw. sind weitere Merkmale, die erfüllt sein müssen.

Wie messen wir nun aber den *Erfüllungsgrad von Bedürfnissen?* Gemäss den vorangehenden Überlegungen lässt sich die Qualität eines Produkts nur dann abschliessend beurteilen, wenn eine vollständige und eindeutig operationalisierte Anforderungsspezifikation vorliegt. Wie wir gesehen haben, lassen sich aber Anforderungen nicht immer eindeutig operationalisieren. Aspekte wie etwa Ästhetik, Schönheit, Behaglichkeit oder Annehmlichkeit sind schlecht quantifizierbar. Zudem sind diesbezügliche Wertvorstellungen sehr individuell. Und schliesslich fällt ein Kunde sein Urteil über die Qualität eines Produktes letztlich subjektiv aufgrund des individuellen Nutzens.

Bildlich gesprochen lässt sich der Kundennutzen für ein Merkmal etwa gemäss Abb. 5.3 darstellen. Ein Nutzen von 100% entspricht gemäss MASING der subjektiven Vorstellung des Anwenders, dass das Produkt seinen Ansprüchen genüge. Wenn seine Anforderungen nicht erfüllt werden (Untererfüllung), kauft der Kunde das Produkt nicht oder nur zu einem erheblich niedrigeren Preis. Entsprechend sinkt die Nutzenfunktion rasch ab. Andererseits bedeutet aber eine Übererfüllung für den Kunden keinen entsprechenden Wertezuwachs. Er wird kaum bereit sein, den Mehraufwand des Herstellers zu berappen.

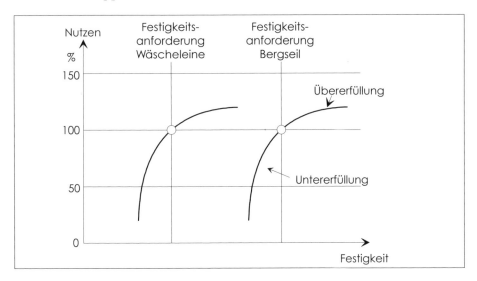

Abb. 5.3 Relativer Nutzen eines Produkts am Beispiel eines Seils (nach MASING)

In diesem Zusammenhang gilt es, die *Relativität des Qualitätsbegriffs* hervorzuheben. Mit Qualitätsvorstellungen wird oft fälschlicherweise ein Absolutheitsanspruch verbunden. Als qualitativ hoch stehend wird etwas beurteilt, das keine Fehler hat. Gemäss unserer Definition ist Qualität jedoch nicht absolut zu verstehen. Der Kunde möchte mit einem Produkt «bloss» seine individuellen Bedürfnisse decken. Wenn er beispielsweise Wäsche aufhängen möchte, benötigt er nicht die Festigkeit eines Bergseils, und umgekehrt erfüllt eine Wäscheleine nicht die Qualitätsanforderungen eines Bergsteigers (vgl. Abb. 5.3). Qualität kann also nicht absolut, sondern bloss relativ zu den Kundenwünschen definiert werden.

Zusammen mit dieser Relativierung des Qualitätsbegriffs sei abschliessend nochmals auf die Bedeutung und Problematik der Kundenorientierung hingewiesen. Am Beispiel der Kundschaft eines Seilproduzenten wird offensichtlich, dass jeder Kunde seine Bedürfnisse optimal befriedigt haben möchte. Für den Produzenten ergibt sich dadurch das Problem der unterschiedlichen Anforderungen. Er kann dieses Problem etwa durch Segmentierung des Angebots lösen. Wenn er sich beispielsweise für die Produktion von zwei Seilkategorien entscheidet, kann er sowohl in der Kategorie Wäscheseile als auch bei den Bergseilen Qualität anbieten. Es handelt sich aber eben nicht um absolute Qualität, sondern um eine Qualität, welche relativ zu den unterschiedlichen Erwartungen und Ansprüchen der jeweiligen Kundschaft definiert ist.

5.1.2 Wie wird Qualität geschaffen?

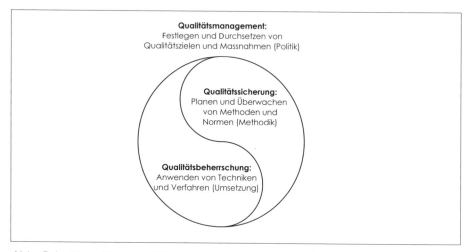

Abb. 5.4   Verschiedene Tätigkeitsbereiche bei der Schaffung von Qualität (in Anlehnung an ISO)

Ein häufiges Missverständnis im Zusammenhang mit dem Qualitätsbegriff liegt in der Annahme, dass Qualität durch geeignete Prüfverfahren zu bewerkstelligen sei. Qualitätssicherung darf sich jedoch nicht auf das Prüfen der Qualität am Ende eines Prozesses beschränken. Vielmehr müssen vorbeugende Massnahmen getroffen werden, damit Qualität am Ort der Entstehung von Produkten oder Dienstleistungen geschaffen wird. Qualitätsmanagement betrifft folglich alle Schritte eines Projektablaufs, von der Situations- und Anforderungsanalyse über die Entwicklung von Lösungsvarianten, bis hin zur Umsetzung und Nutzung. Im Sinne eines derart umfassenden Qualitätsverständnisses müssen also nicht bloss Qualitätsziele definiert und geprüft werden, notwendig ist auch die Planung und Anwendung von Methoden und Techniken zu deren Erreichung.

Das Qualitätswesen einer Organisation wird somit bestimmt durch die Qualitätsziele sowie durch die spezifischen Konzepte und Verfahrensweisen zur Schaffung eines qualitativ hoch stehenden Produktes. Nach ISO lässt sich deshalb ein umfassendes Qualitätssystem einteilen in die Bereiche Qualitätsmanagement, Qualitätssicherung und Qualitätsbeherrschung (vgl. Abb. 5.4). Im Rahmen des Qualitätsmanagements werden übergeordnete Qualitätsziele festgelegt und Massnahmen zu deren Erreichung durchgesetzt. Die Qualitätssicherung ist für die methodischen Überlegungen bezüglich der Schaffung und Prüfung von Qualität zuständig. Der Bereich Qualitätsbeherrschung umfasst die operationellen Techniken und Tätigkeiten zur Erfüllung der Qualitätsanforderungen.

Das *Qualitätsmanagement* hat die Aufgabe, die Qualitätspolitik des Unternehmens festzulegen und dafür zu sorgen, dass diesen Zielsetzungen nachgelebt wird. Hierbei ist dem Gedanken der stetigen Verbesserung nachzuleben. Ein Qualitätsmanagementsystem lässt sich nicht nur einmal festlegen und aufbauen, sondern muss stetig den neuen Gegebenheiten angepasst werden. Dies bedeutet, alle Prozesse innerhalb eines Unternehmens periodisch anhand von Kriterien zu überprüfen und gegebenenfalls Verbesserungsmassnahmen einzuleiten. Ganzheitliches Qualitätsmanagement geht weiter davon aus, dass jeder Mitarbeiter eines Unternehmens für die Qualität der Erzeugnisse oder Dienstleistungen seinen Beitrag leistet. In diesem Sinne wird etwa auch von Total Quality Management (TQM) gesprochen. Um einen maximalen Wirkungsgrad zu erreichen, sind folglich alle Beteiligten mit den Qualitätsgrundsätzen bekannt zu machen.

Unter *Qualitätssicherung* versteht man alle Aktivitäten zur Planung, Lenkung und Prüfung der Qualität. So müssen vor Beginn eines Projektes Qualitätsmerkmale definiert und Massnahmen zur Erfüllung dieser Merkmale festgelegt werden. Die Massnahmen müssen dann während des Projekts über-

- Festlegen von Qualitätsmerkmalen
- Erarbeiten von Normen und Methoden
- Ausbilden der aktiv am Prozess beteiligten Personen
- Überwachen der Qualitätsvereinbarungen
- Durchführen unabhängiger Reviews und Tests
- Aufdecken der Gründe für Qualitätsmängel
- Sicherstellen der Dokumentation
- Überprüfen und Anpassen der Normen und Methoden

Abb. 5.5 Einige Aktivitäten aus dem Bereich der Qualitätssicherung

wacht und auf ihre Wirksamkeit hin überprüft werden. Allenfalls ist auf den Entwicklungsprozess lenkend einzuwirken. Und schliesslich sind die Ergebnisse hinsichtlich ihrer Qualität zu prüfen. Die Qualitätssicherung befasst sich also bloss indirekt mit der Schaffung von Qualität, indem sie Verfahren, Methoden oder Standards definiert und deren Einhaltung überwacht. Oft werden diese Aktivitäten von einer unabhängigen Qualitätsgruppe ausgeführt. Diese ist weniger Kontrollorgan als vielmehr Fachstelle für methodische Fragen bei der Entwicklung und Umsetzung. In Abb. 5.5 sind einige exemplarische Aktivitäten aufgeführt, welche typischerweise von einer Qualitätsgruppe ausgeübt werden.

Der Begriff *Qualitätsbeherrschung* soll zum Ausdruck bringen, dass man Qualität nicht allein durch die Erarbeitung von methodischen Konzepten, sondern erst durch deren Umsetzung in den Griff bekommt. Die Konzepte geben zwar Leitlinien und helfen bei der Strukturierung des Entwicklungsprozesses. Effektiv geschaffen wird Qualität aber letztlich an der Basis, dort, wo ein Produkt entsteht oder wo eine Dienstleistung zum Tragen kommt.

Bei der Aufteilung in die Bereiche Qualitätssicherung und Qualitätsbeherrschung haben wir die eher planerischen von den mehr operativen Tätigkeiten unterschieden. Eine andere nützliche Einteilung ergibt sich durch Unterscheidung von Massnahmen, welche den Entwicklungsprozess betreffen, und Massnahmen, welche der Beurteilung des Ergebnisses dienen. Erstere werden etwa als konstruktive, Letztere als analytische Massnahmen bezeichnet. Diese Unterscheidung betont nochmals die Erkenntnis, dass Qualität nicht allein durch eine Qualitätsprüfung am Ende eines Projektes sichergestellt werden kann, sondern dass Qualität insbesondere vor und während des Projekts geschaffen werden muss.

Als *konstruktive Massnahmen* bezeichnen wir all jene Verfahren, welche die einzelnen Entwicklungsaktivitäten in geregelte Bahnen lenken sollen. Bei derartigen Qualitätsmassnahmen geht es in erster Linie um die Auswahl von Konzepten, Methoden, Modellen oder Werkzeugen. Die Massnahmen werden vor Beginn des Entwicklungsprozesses festgelegt, um die Planungs- und Ausführungsqualität für alle Phasen eines Projektes sicherzustellen. Notwendig ist eine saubere Dokumentation, zum Beispiel im Rahmen des Pflichtenheftes. Die Dokumentation schreibt nicht bloss die Rahmenbedingungen für die Erreichung qualitativ hoch stehender Resultate fest, sondern dient auch als Qualitätsbeleg nach aussen.

Während konstruktive Massnahmen klar vor Projektbeginn festzulegen sind, kommen *analytische Massnahmen* während der Entwicklung oder nach der Fertigstellung zum Einsatz. Sie dienen der Überprüfung der Qualität und haben in der Regel die Form von Reviews oder Tests. Beim Review wird ein Arbeitsergebnis von Sachverständigen hinsichtlich der Erfüllung von Vorgaben geprüft. Beim Test handelt es sich um eine systematische Beurteilung der Funktionsfähigkeit des Produkts.

Wir haben hier aus Gründen der Verständlichkeit versucht, eine klare Abgrenzung zu machen zwischen Qualitätssicherung und Qualitätsbeherrschung bzw. zwischen analytischen und konstruktiven Massnahmen. Diese Unterscheidung nach verschiedenen Gesichtspunkten darf aber nicht darüber hinwegtäuschen, dass die einzelnen Bereiche eng aneinander gekoppelt sind. Obwohl der Bereich Qualitätssicherung eher für die Planung, Lenkung und Prüfung zuständig ist, müssen sich die entsprechenden Aktivitäten klar an den praktischen Gegebenheiten orientieren. Umgekehrt ist eine Qualitätsbeherrschung ohne die Auseinandersetzung mit methodischen und konzeptionellen Aspekten kaum denkbar. Und beide Bereiche haben sich mit der Planung und Durchführung sowohl von konstruktiven als auch von analytischen Massnahmen zu befassen.

5.2 Systemische Projektführung

Qualität alleine ist nicht entscheidend für den Erfolg eines Produktes. Ein Produkt, das zu spät oder zu teuer auf den Markt kommt, wird auch dann scheitern, wenn seine Qualität ausgezeichnet ist. So gesehen stellt hohe Qualität also kein absolutes Ziel dar. Vielmehr muss ein optimales Verhältnis zwischen Mitteln, Terminen und Qualität angestrebt werden. Aufgabe der Projektführung ist es deshalb, das Projekt mit den vorgesehenen Mitteln (Personal, Kosten, Ressourcen) innerhalb der vorgegebenen Termine und mit einem Resultat im Rahmen der geforderten Qualität zu einem erfolgreichen Abschluss zu führen.

Projektführung in diesem Sinne bedingt offenbar, dass laufend Fortschritte erfasst, Abweichungen beurteilt und allfällige Korrekturmassnahmen eingeleitet werden. Dabei werden leider oft elementare Grundlagen der Systemik vernachlässigt. So werden etwa Krisensituationen mangels Frühwarnindikatoren zu spät erkannt. Es werden Symptome bekämpft, statt Ursachen angegangen. Oder übermässige Eingriffe werden am falschen Ort getätigt. Die Missachtung der gegebenen Wechselwirkungen kann im Extremfall gar dazu führen, dass ein Projekt ganz aus dem Gleichgewicht gerät.

Aufgrund dieser Ausführungen wird klar, dass es für den Projektverantwortlichen zweckmässig ist, das gesamte Projekt als System zu verstehen. Eine systemische Projektführung hat den Vorteil, dass alle bisher erarbeiteten Grundlagen anwendbar sind. So wissen wir bereits, dass es wenig Sinn macht, bei jenen Grössen anzusetzen, welche im System kaum etwas bewirken. Auch ist uns klar, dass Systemveränderungen nur im Gleichklang mit den vorherrschenden Wirkungsbeziehungen zu erreichen sind.

Im Folgenden soll auf einige Aspekte einer systemischen Projektführung eingegangen werden. In einem ersten Kapitel erläutern wir wichtige Zielgrössen von Projekten. Anschliessend befassen wir uns mit dynamischen Aspekten der Projektführung. Dann zeigen wir, dass bei der Projektarbeit je nach Anforderungsgrad und Komplexität unterschiedliche Verhaltensmuster sinnvoll sind. Und schliesslich diskutieren wir verschiedene Gestaltungsformen des Vorgehensmodells.

5.2.1 Projektziele definieren

Für eine sinnvolle Projektführung ist die Festlegung von Projektzielen unabdingbar. Analog zur Definition von Sachzielen sind die übergeordneten Ziele eines Projektes zu umschreiben. Während Sachziele die Anforderungen an das zu entwickelnde Produkt oder an die geplante Dienstleistung umfassen, beinhalten die Projektziele alle Anforderungen an das Projekt. In der Fachliteratur werden als zentrale Projektziele die drei Zielgrössen Qualität, Kosten und Zeit genannt. Gemäss den Ausführungen im vorangehenden Kapitel ist klar, dass mit Qualität im Wesentlichen die Einhaltung der Sachziele gemeint ist. So gesehen können die Sachziele als integraler Bestandteil der Projektziele verstanden werden.

Die drei Zielgrössen Qualität, Kosten und Zeit stehen offensichtlich in einem Konkurrenzverhältnis zueinander. Sie können nicht beliebig maximiert bzw. minimiert, sondern bestenfalls optimiert werden. Aufgrund der Konkurrenzsituation werden diese drei Grössen in der einschlägigen Literatur gerne in einem Dreieck dargestellt. In Abb. 5.6 haben wir den Bereich Qualität durch zwei weitere Aspekte bezüglich Lebensfähigkeit ergänzt. Mit dieser Darstellung wird nochmals betont, dass für den Erfolg eines Produktes neben der Einhaltung von funktionalen Sachzielen auch nicht funktionale Ziele von Bedeutung sind.

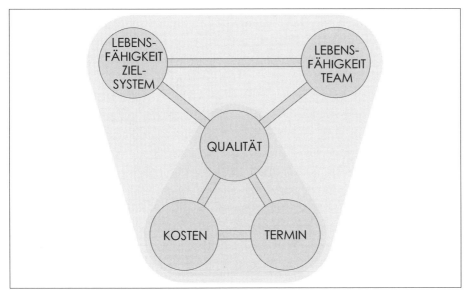

Abb. 5.6   Zielgrössen eines Projektes

Die Themen *Qualität und Lebensfähigkeit* sind in den vorangehenden Kapiteln bereits eingehend diskutiert worden. Da diese Bereiche im Unterschied zu den Kosten oder der Zeit quantitativ weniger gut erfassbar sind, werden sie bei der Führung von Projekten gerne als sekundär erachtet. Ihre Vernachlässigung zahlt sich aber längerfristig nicht aus. Für das Überleben der Firma muss es ein wichtiges Ziel sein, die Voraussetzungen für die weitere Tätigkeit zu verbessern, sei es durch einen positiven Eindruck auf den Kunden, durch die Aneignung von neuen Kenntnissen, durch die Entwicklung von wiederverwendbaren Teilen oder durch die Wahrung und Verbesserung des Arbeitsklimas.

Die *Kosten* sind heute in vielen Projekten zusehends zur bestimmenden Grösse geworden. Die Gesamtkosten werden einerseits bestimmt durch die *Produktionskosten,* also die Kosten zur Herstellung des Produktes bzw. Bereitstellung der Dienstleistung. Ein zweiter wichtiger Faktor sind die *Fehlerkosten,* das heisst die Kosten zur Vermeidung, Entdeckung oder Behebung von Fehlern. Die Fehlerkosten lassen sich somit in drei Gruppen einteilen: *Verhütungskosten* resultieren aus den Aufwendungen zur Vermeidung von Fehlern;

Prüfkosten fallen beim Aufspüren von Fehlern an; *Ausfallkosten* entstehen dann, wenn zu spät erkannte Fehler behoben werden müssen. Der qualitative Verlauf der Fehlerkosten in Abhängigkeit vom Vollkommenheitsgrad eines Produktes geht aus Abb. 5.7 hervor. Die Darstellung zeigt, dass es, wirtschaftlich gesehen, sinnlos ist, absolut vollkommene Produkte zu entwickeln. Der Vollkommenheitsgrad ist so zu wählen, dass die gesamten Fehlerkosten minimal sind. Dieser Wert ist nicht einfach zu bestimmen und benötigt viele Fachkenntnisse.

Die Kosten sind natürlich eng mit der Zielgrösse *Zeit* gekoppelt. In der Regel nehmen wir an, dass sich die Kosten für eine Tätigkeit proportional zur aufgewendeten Zeit verhalten. Diese einfache Annahme ist bloss dann richtig, wenn sich unsere Kosten vorwiegend aus Personalkosten zusammensetzen. In der Regel haben wir aber auch andere Kosten zu berücksichtigen, wie etwa Material- und Gerätekosten, Spesen usw. Bei der Optimierung der Zeit ist immer auch in Betracht zu ziehen, dass gewisse Produkte oder Dienstleistungen möglicherweise günstig eingekauft werden können. Unter der Zielgrösse Zeit subsumieren wir aber auch die Einhaltung von Terminen. Für die Planung und Überwachung von Terminen gibt es heute viele praktische Techniken und Werkzeuge.

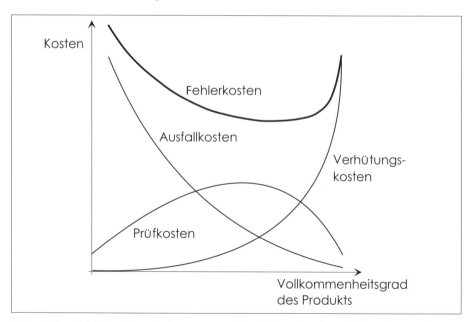

Abb. 5.7   Fehlerkosten als Summe von Verhütungskosten, Prüfkosten und Ausfallkosten

5.2.2 Projektdynamik berücksichtigen

Häufig sind Projektleiter der Auffassung, dass für den Erfolg ihrer Projekte einzig eine gute Planung ausschlaggebend sei. Sie sind dann erstaunt, wenn Entscheide Nebenwirkungen zeigen oder wenn sich gut gemeinte Massnahmen gar kontraproduktiv auswirken. Offensichtlich haben diese Projektleiter vergessen, dass es sich bei ihren Projekten um komplexe, dynamische Systeme handelt. Bekanntlich lässt sich das Verhalten solcher Systeme nie definitiv in den Griff bekommen. Bestenfalls können geeignete Massnahmen zur Beeinflussung der Systemdynamik getroffen werden. Im Folgenden soll anhand von drei Beispielen erläutert werden, inwiefern die dynamischen Gegebenheiten eines Projekts zu berücksichtigen sind.

In Abb. 5.8 sind einige Wirkungszusammenhänge bezüglich des Zeitmanagements von Projekten dargestellt. Wenn der Termin knapp ist, neigt man gerne dazu, Abstriche bei der Qualität zu machen. Damit steigt die Fehlerhäufigkeit, und der Erfüllungsgrad der Anforderungen sinkt. Fehlfunktionen führen zu einer Steigerung von Notfallsituationen, und unzufriedene Kunden machen Druck auf die Projektverantwortlichen. Das Ergebnis dieser Dynamik ist eine Verschlechterung des Arbeitsumfeldes, indem sich der Zeitdruck weiter erhöht und der Entwicklungsprozess für laufende Arbeiten unterbrochen wird. Die neuen Projekte werden folglich auch fehlerbehaftet sein und dem Terminplan hinterherhinken.

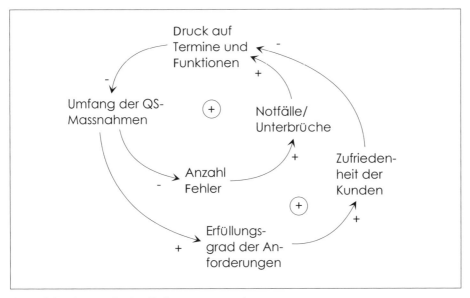

Abb. 5.8 Dynamik des Zeitmanagements

Wenn wir die soeben beschriebene Dynamik als Naturgesetz auffassen, so bleibt uns letztlich nichts anderes als die Kapitulation, sobald wir einmal auf der Negativspirale drehen. Der systemische Manager wird sich nun aber fragen, wie er durch gezielte Massnahmen das Blatt zu seinen Gunsten wenden könnte. Will er nicht bloss Symptome bekämpfen, so muss er nach den Ursachen des Übels suchen. Wie wir wissen, ist aber die Frage nach der Ursache bei einem rückgekoppelten Prozess nicht ganz einfach. Der Teufelskreis kann irgendwo angestossen worden sein. Möglicherweise wurden die Kundenwünsche schon zu Beginn des Projektes unseriös erfasst. Vielleicht hat sich der Zeitdruck erhöht, weil der Kunde während des Projekts zusätzliche Wünsche eingebracht hat. Eventuell liegt dem Projekt eine zu optimistische Zeitplanung zugrunde. Möglicherweise wurde das Qualitätsmanagement generell vernachlässigt. Oder vielleicht liegt die Ursache auch im Zusammenspiel von verschiedenen derartigen Teilaspekten.

Die Suche nach den Ursachen einer negativen Entwicklung ist wohl ein nützlicher Lernprozess für spätere Vorhaben. Wenn ein Projekt jedoch voll in der negativen Entwicklung drinsteckt, sind Sofortmassnahmen gefragt. Um den Entwicklungstrend zu brechen, ist aktiv auf bestimmte Grössen im System einzuwirken, was nicht immer ganz einfach ist. In unserem Beispiel müsste etwa versucht werden, den Druck auf die Termine zu reduzieren. Dazu wäre wohl dem Kunden klar zu machen, dass sein Produkt weniger Fehler aufweisen wird, falls er zu einer Fristerstreckung bereit ist. Eine andere Möglichkeit wäre es, Abstriche beim versprochenen Funktionsumfang zu machen. Auch dazu müsste man Vereinbarungen mit dem Kunden treffen. Oder nahe liegend ist die Idee, für das Projekt zusätzliche Personen einzusetzen, um die Termine einhalten zu können. Diese gut gemeinte Massnahme könnte für das Projekt aber durchaus negative Folgen haben, wie wir gleich sehen werden.

Bezüglich der Einhaltung von Terminen wird etwa von der Annahme ausgegangen, dass man das Projekt mit einer doppelten Anzahl von Personen in der halben Zeit fertig stellen kann. Die Annahme eines linearen Zusammenhangs zwischen Arbeitskraft und Leistung entspringt wahrscheinlich den wohl bekannten Rechenbeispielen aus den Schulbüchern. Sie ist genau dann richtig, wenn die Personen unabhängig voneinander arbeiten. Sobald aber Zeit für die Kommunikation und Koordination benötigt wird, kommen nicht lineare Faktoren ins Spiel. Erhöhen wir nun die Mitarbeiterzahl, so vergrössert sich zunächst wegen Koordinations- und Kommunikationsproblemen

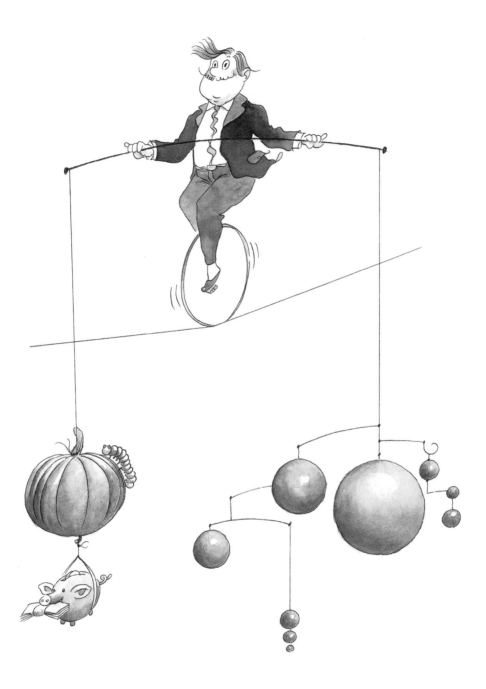

oskar Weiss zu: « System im Gleichgewicht »

der Arbeitsaufwand. Gleichzeitig reduziert sich die verfügbare Zeit der erfahrenen Mitarbeiter, weil diese die neu hinzugekommenen Personen einarbeiten müssen.

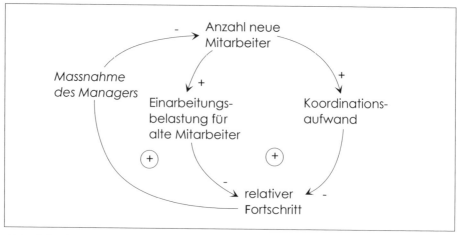

Abb. 5.9 Dynamik des Personenmanagements

In Abb. 5.9 kommen die möglichen Folgen eines unvorsichtigen Personenmanagements zum Ausdruck. Nehmen wir an, das laufende Projekt ist zeitlich in Verzug geraten. Der Manager reagiert auf diese Situation, indem er die Zahl der Mitarbeiter für das Projekt erhöht. Dies hat zur Folge, dass ein Teil der Arbeitsleistung der bisherigen Mitarbeiter durch die Einarbeitung von neuen Mitarbeitern absorbiert wird. Im Extremfall kommt das Projekt jetzt sogar weniger rasch voran als vor der Intervention. Durch die Erhöhung der Mitarbeiterzahl steigt auch der Koordinationsaufwand, was sich ebenfalls negativ auf den relativen Fortschritt auswirkt. Als Reaktion auf die andauernden Verzögerungen erhöht der Manager möglicherweise die Zahl der Mitarbeiter weiter. Statt die Situation zu verbessern, verschlechtert er sie mit seinen Massnahmen zusehends.

Erkennt der Manager nun die beschriebenen Systemzusammenhänge, und geht er von der Annahme aus, dass er gegen die Gesetze der Systemdynamik machtlos ist, bleibt ihm nur die Resignation. Versteht er die Gegebenheiten hingegen nicht als Naturgesetze, wird er sich überlegen, wie die neuen Mitarbeiter einzusetzen sind, damit sich die negativen Konsequenzen im Rahmen halten. Um die Einarbeitungsbelastung der alten Mitarbeiter zu minimieren, könnte er etwa versuchen, Teilarbeiten so abzugrenzen, dass sie mit wenig Einarbeitungszeit zu erledigen sind. Zugleich müsste er eine Optimierung des Koordinationsaufwandes anstreben, etwa dadurch, dass er in seinem Team kleinere Untergruppen bildet, welche gewisse Teilaufgaben mehr oder weniger autonom lösen können.

Der Einbau von neuen Mitarbeitern in ein Team kann aber auch noch auf einer anderen Ebene Probleme mit sich bringen. Nehmen wir an, die neuen Mitarbeiter sind motiviert und bringen neue Ideen ins Projekt. Dies kann sich in einer frühen Projektphase zwar durchaus positiv auswirken. Steckt das Projekt jedoch bereits in einer Krise, werden die bisherigen Mitarbeiter wenig gewillt sein, sich neben ihren eigenen Problemen auch noch mit den neuen Ideen auseinander zu setzen. Das Konfliktpotenzial im Team wird durch die Massnahme somit vergrössert. Latente Konflikte wirken sich aber negativ auf die Motivation aus, die Arbeitsleistung des Teams wird gehemmt, und das Interesse am Projekt sinkt.

Die in Abb. 5.10 dargestellte Dynamik der Mitarbeitermotivation finden wir in sehr vielen Projekten. Neue, interessante Projekte haben am Anfang meist eine selbstverstärkende Wirkung auf die Motivation der Mitarbeiter. Häufig verlangsamt sich dieser Prozess, gelegentlich kommt er ganz zum Stillstand oder kehrt sich – aus scheinbar unerfindlichen Gründen – gar um. Bei genauerer Betrachtung der Wirkungszusammenhänge stellen wir fest, dass der Bremseffekt durch einen sich neu bildenden negativen Regelkreis verursacht wird. Engagierte Mitarbeiter entwickeln unweigerlich neue, oft eigenwillige Ideen, welche zu latenten Konflikten führen können. Werden die Konflikte nicht erkannt, so führt dies – möglicherweise mit einer zeitlichen Verzögerung – zur besagten Bremswirkung. Denn je grösser das Konfliktpotenzial ist, desto weniger motiviert sind die Mitarbeiter.

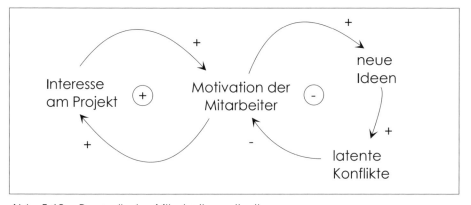

Abb. 5.10   Dynamik der Mitarbeitermotivation

Als Reaktion auf Motivationsprobleme ist der Projektleiter gerne versucht, seine Mitarbeiter durch motivationsfördernde Massnahmen anzutreiben. Wie aus Abb. 5.10 ersichtlich wird, macht er in der gegebenen Situation gerade das Verkehrte. Indem er einen Wachstumsprozess ankurbelt, verstärkt er zugleich die hemmenden Faktoren. Eine systemische Massnahme wäre es in diesem Fall, statt Symptome zu bekämpfen, die Ursache des Bremseffektes zu beseitigen, das heisst, das Konfliktpotenzial abzubauen.

Wie die Beispiele zeigen, reichen Einsatz und guter Wille des Projektleiters alleine nicht aus, um ein Projekt erfolgreich zu führen. In vielen Projekten ist es an der Tagesordnung, dass der Projektleiter vermeintlich etwas Positives tut und mit seinen Massnahmen gerade das Gegenteil erreicht. Ein systemisch denkender Projektleiter muss sich deshalb Gedanken über die Wirkungszusammenhänge machen. Insbesondere hat er positive Rückkopplungen im Auge zu behalten. Wenn er diese instabilen Teile des Systems nicht auf irgendeine Weise stabilisiert, sind alle anderen Managementmassnahmen bestenfalls kosmetischer Natur.

5.2.3 Lösungsprozess organisieren

Viele Projektverantwortliche wünschen sich fixe Standardverfahren zur Lösung ihrer Probleme. Anbieter von irgendwelchen raffinierten Computertools zur Planung und Problemlösung haben denn auch Hochkonjunktur. Standardisierte Verfahren sind zwar ganz nützlich, wenn das zu lösende Problem wenig komplex ist oder wenn die gestellten Anforderungen repetitiver

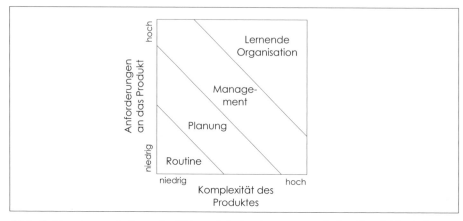

Abb. 5.11 Je nach Komplexität und Anforderungsgrad des Produkts stehen unterschiedliche Aspekte des Lösungsprozesses im Zentrum

Art sind. Sobald wir es aber mit komplexen, dynamischen Systemen zu tun haben oder wenn eher hohe Anforderungen an die Lösung gestellt werden, kommen wir mit einfachen Rezepten nicht mehr weiter. Hier ist eine Projektführung gefragt, welche fortlaufend analysiert, beurteilt und gegebenenfalls ins Projektgeschehen eingreift.

Offensichtlich muss je nach Komplexität und Anforderungsgrad der Problemstellung ein unterschiedliches Vorgehen gewählt werden. In Abb. 5.11 werden vier verschiedene Stufen des Lösungsprozesses unterschieden. Wenn das Anforderungsprofil einfach und das Zielsystem wenig komplex ist, kann das Problem *routinemässig* gelöst werden. Ausgehend von einer gegebenen Aufgabenstellung, wird das gewünschte Produkt «gemacht». Eine eingehende Anforderungsanalyse erübrigt sich. Die Problemlösung erfolgt nach Standardmethoden. Diese einfachste Form des Lösungsprozesses ist in Abb. 5.12 dargestellt.

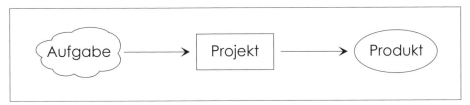

Abb. 5.12   Routine: Problemlösung erfolgt nach einem Standardverfahren

Wenn das Problem anforderungsreicher oder das zugrunde liegende System komplexer ist, so muss der Lösungsprozess etwas differenzierter ausfallen. Aufgrund einer eingehenden Analyse der Anforderungen sind geeignete Methoden auszuwählen. Eine derartige *Planung* des Lösungsprozesses kann mit einer Steuerung im Sinne der Regelungstechnik verglichen werden. Das heisst, dass auf den Prozess zwar gezielt Einfluss genommen wird, dass sich

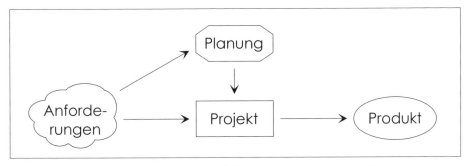

Abb. 5.13   Planung: Festlegen der Methoden gemäss den Anforderungen

die Entscheidungen aber einzig auf die Ausgangssituation stützen (vgl. Abb. 5.13). Aufgrund der Anforderungen werden Entscheide getroffen, und das Problem wird nach routinemässigen Regeln gelöst.

Sobald eine Aufgabenstellung komplexer wird oder falls die Anforderungen an die Problemlösung steigen, ist ein gesteuerter Lösungsprozess nicht mehr geeignet. Zu gross sind dann die dynamischen Veränderungen während des Projektverlaufs. Gefragt ist hier eine laufende Überwachung der Projektergebnisse sowie des Umfeldes. Allfällige Probleme können so rechtzeitig entdeckt und korrigiert werden, damit letztlich die gesetzten Projektziele bezüglich Qualität, Kosten und Zeit eingehalten werden. Dazu muss der Prozess mittels einer Rückkopplungsschleife geregelt werden (vgl. Abb. 5.14). *Management* in diesem Sinne bedeutet demzufolge: Planen des Vorgehens, Beobachten der Geschehnisse, Vergleich mit den Sollvorstellungen, Entscheid bezüglich der Massnahmen, welche zu ergreifen sind, um den Ist-Zustand näher an den Soll-Zustand heranzuführen. Es versteht sich, dass bei der Beurteilung der Situation und bei der Wahl der Massnahmen die Gegebenheiten der Systemdynamik angemessen berücksichtigt werden müssen.

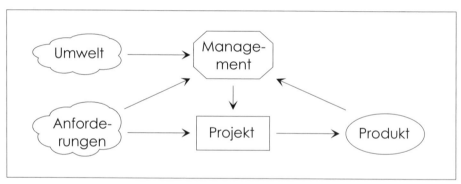

Abb. 5.14 *Management: Variation der Methodik in Abhängigkeit vom Projektverlauf*

Einige Bereiche der Wirtschaft und Technik sind heute so stark im Wandel begriffen, dass sich Umfeld und Problemanforderungen laufend verändern. Problemstellungen auf dieser Stufe können nicht mehr mit fixen Verfahren bewältigt werden. Hier ist ein anhaltender Lernprozess zur Optimierung der Methodik notwendig (vgl. Abb. 5.15). Eine *lernende Organisation* in diesem Sinne ist aber auch dann gefragt, wenn die Voraussetzungen für weitere Projekte verbessert werden sollen. Die Aneignung von neuen Kenntnissen, die Entwicklung von wiederverwendbaren Methoden oder generell die Verbesserung des Arbeitsprozesses sind dann mögliche Aufgabenbereiche. Diese Aspekte wurden bereits im Zusammenhang mit dem Begriff *Lebensfähigkeit* diskutiert.

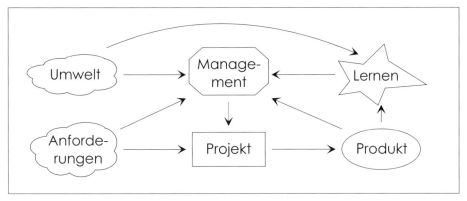

Abb. 5.15   Lernende Organisation: Optimierung der Methodik aufgrund von Erfahrungen

5.2.4 Vorgehensmodell gestalten

Zusammen mit den verschiedenen Organisationsformen des Lösungsprozesses ist nun auch das früher präsentierte Vorgehensmodell etwas differenzierter zu betrachten. Analog zur Klassierung im vorangehenden Kapitel wird der Aufbau des Vorgehensmodells geprägt durch die Komplexität und den Anforderungsgrad der Problemstellung. Wenn wir hier den Begriff «Gestaltung» verwenden, so betonen wir damit, dass je nach Anwendungsbereich und Problemstellung ein unterschiedliches Vorgehen zu wählen ist. Eine zentrale Aufgabe der Projektführung ist es denn auch, das Vorgehen entsprechend den jeweiligen Gegebenheiten festzulegen. Zur Veranschaulichung seien im Folgenden einige mögliche Varianten diskutiert.

Bei einfacheren Problemen wird sich das Vorgehen darauf beschränken, die Aufgabenstellung zu klären, Lösungsvarianten zu vergleichen und die bestmögliche Lösung umzusetzen. Sofern die Umweltsituation hinreichend bekannt ist und falls bewährte Methoden die Qualität gewährleisten, erübrigt sich eine umfangreiche Situationsanalyse. Das Vorgehensmodell reduziert sich dann auf einen einfachen Problemlösungszyklus mit den Schritten Zielformulierung, Lösungsentwurf, Bewertung, Entscheidung und Umsetzung. Überlegungen zur Lebensfähigkeit sind unseres Erachtens, unabhängig von der Komplexität der Problemstellung, in jedem Fall angebracht.

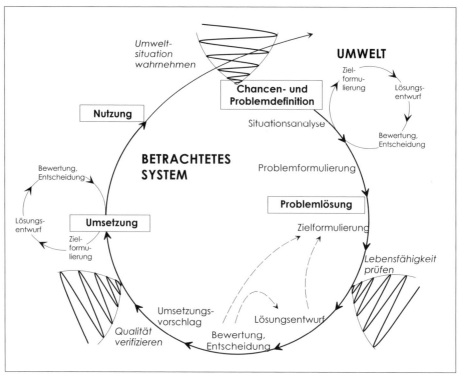

Abb. 5.16 Mögliche Modifikationen des Vorgehensmodells

Haben wir es mit anforderungsreicheren Problemstellungen bzw. komplexeren Systemen zu tun, so wird das Vorgehensmodell in der früher vorgestellten Form vollumfänglich durchlaufen. Insbesondere ist in diesem Fall eine umfassende Situationsanalyse unumgänglich. Oft kann es durchaus zweckmässig sein, das Vorgehensmodell in einem rekursiven Sinne zu erweitern. Wie aus Abb. 5.16 ersichtlich ist, können zusätzliche Problemlösungszyklen – allenfalls in verkürzter Form – in das Vorgehensmodell eingebaut werden. Um beispielsweise Zielvorstellungen in einem frühen Stadium einzugrenzen oder um in der Umsetzungsphase verschiedene Methoden miteinander zu vergleichen, können gewisse Abklärungen und Entscheidungen in einem separaten Zyklus getroffen werden.

Bei komplexeren Problemstellungen kann es durchaus sinnvoll sein, das Vorgehensmodell mehrmals zu durchlaufen. Diese Option ist in Abb. 5.16 mit einem Pfeil dargestellt, welcher über die Nutzungsphase hinausführt. Grundsätzlich sind verschiedene Varianten denkbar. Häufig wird zunächst in einem Vorprojekt untersucht, ob überhaupt eine realistische Chance besteht, das System bauen zu können. Dabei werden etwa Fragen bezüglich der Integrierbarkeit beantwortet, es werden Umsetzungstechniken untersucht oder Marktchancen abgeklärt. In diesem ersten Durchgang entfällt dann offensichtlich die Umsetzungs- und Nutzungsphase. Gelegentlich wird im Rahmen eines Vorprojektes auch ein Prototyp erstellt. Dabei wird eine rasche, meist unvollständige Lösung umgesetzt, welche mit dem Benutzer diskutiert werden kann. Dieses Vorgehen bezweckt in erster Linie die Vorabklärung kritischer Punkte, welche für das Gelingen des Projekts entscheidend sind. Von Interesse ist aber auch die Verbesserung der Anforderungsspezifikation. Häufig wird einem Benutzer nämlich erst bei der Inbetriebnahme eines Produktes klar, was er eigentlich gewünscht hätte. Anhand eines Prototyps können jedoch weitere offene Fragen bezüglich des geplanten Systems geklärt werden.

Die Idee, den Problemlösungszyklus mehrfach zu durchlaufen, wird beim so genannten Versionenkonzept konsequent umgesetzt. Im Gegensatz zum Prototyping-Ansatz wird hier kein «Wegwerfprodukt», sondern eine sich evolutionär entwickelnde Lösung erstellt. Gewisse rudimentäre Funktionen werden bereits nach kurzer Zeit ausgeliefert, andere folgen in einer späteren Version. Das Vorgehen ermöglicht eine rasche Markteinführung, der Kunde hat schon früh einen Nutzen, und Änderungswünsche können bereits in der nächsten Version berücksichtigt werden. Auf diese Weise wird eine stetige Anpassung an die sich ändernden Marktbedürfnisse möglich, was sich wiederum positiv auf die Lebensfähigkeit des Produktes auswirkt. Als Nachteil des Ansatzes wird etwa der höhere Aufwand bezüglich der Projektführung genannt. Insbesondere ist mehr Zeit für das Konfigurationsmanagement einzuplanen. Es ist zu betonen, dass sich das Vorgehen nur dann anwenden lässt, wenn ein stufenweiser Ausbau der geforderten Funktionalität möglich ist. Ein Haus zum Beispiel lässt sich schwer in Versionen erstellen. Dagegen sind alle modular konzipierbaren Lösungen zur schrittweisen Erweiterung prädestiniert. So sind beispielsweise viele Computer darauf ausgelegt, dass ihr Funktionsumfang mit Steckkarten ausgebaut werden kann. In einer Zeit des knappen Geldes könnte der Ansatz noch an Attraktivität gewinnen. Man kann zwar bei jedem Schritt nur ein Teilsystem ausliefern, aber dies ist immerhin etwas, das man dem Geldgeber vorweisen kann.

Mit der Diskussion verschiedener Varianten des Vorgehensmodells beschliessen wir die Ausführungen über die systemische Projektführung. Der aufmerksame Leser hat natürlich gemerkt, dass auch in den früheren Kapiteln bereits recht viele Aspekte der Projektführung angeschnitten worden sind, wie etwa Wahrnehmung, Kommunikation, Motivation, Kreativität, Teamfähigkeit usw. In Abb. 5.17 sind nochmals die wichtigsten Aufgaben der Projektführung zusammengestellt.

- Wahrnehmen der Situation
- Festlegen der Projektziele
- Gestalten des Vorgehensmodells
- Sicherstellen geeigneter Rahmenbedingungen
- Motivieren der Mitarbeiter
- Fördern der Kommunikation
- Organisieren der Prozesse
- Analysieren und Beeinflussen der Projektdynamik
- Kontrollieren des Projektstandes (Zielerfüllung, Kosten, Termine)
- Sicherstellen der Qualität
- Beurteilen und Fördern der Lebensfähigkeit

Abb. 5.17 Wichtigste Aufgaben der Projektführung

Abschliessend sei noch einmal auf die Tatsache verwiesen, dass es für den Umgang mit komplexen Systemen keine Rezepte gibt. Wohl haben wir hier ein Instrumentarium erarbeitet, welches die Handhabung derartiger Systeme erleichtert, und wir haben mit dem Vorgehensmodell ein Raster vorgelegt, welches Anhaltspunkte für die Gestaltung des Problemlösungsprozesses liefert. Es ist nun Ihre Aufgabe als Leser, selber aktiv zu werden. Sie müssen die neuen Erkenntnisse mit Ihren eigenen Denkmustern verknüpfen; Sie müssen Ihre Umwelt von einer systemischen Seite her entdecken; und Sie müssen – abhängig von der jeweils gegebenen Problemstellung – Ihre spezifischen Vorgehensmodelle konstruieren. Wir hoffen, dass es Ihnen nach der Lektüre dieses Buches nun besser gelingen wird, Chancen und Probleme in ihrer Komplexität zu erfassen, die zahlreichen, oft einander entgegengesetzten Kräfte des Zielsystems zu analysieren, zu gegebenem Zeitpunkt systemgerechte Massnahmen zu treffen – und letztlich Ihre Problemlösungen lebensfähiger zu gestalten.

Kontrollfragen

1. Definieren Sie den Begriff *Qualität* in eigenen Worten. Inwiefern ist der Qualitätsbegriff relativ?

2. Erläutern Sie die drei Bereiche eines umfassenden Qualitätssystems nach ISO.

3. Was versteht man unter konstruktiven, was unter analytischen Massnahmen der Qualitätssicherung?

4. Erläutern Sie den qualitativen Verlauf der Fehlerkosten in Abhängigkeit von der Produktevollkommenheit, und ziehen Sie Schlüsse für die Praxis.

5. Zeigen Sie an einem Beispiel, inwiefern die Wirkungsanalyse im Rahmen der Projektführung sinnvoll eingesetzt werden kann.

6. Zeichnen Sie ein Wirkungsdiagramm für das Verhältnis zwischen der Altersstruktur eines Entwicklerteams und dessen Leistung bei Projekten.

7. Sie sind sicher schon mehrfach der Arbeitsüberlastungsdynamik zum Opfer gefallen. Was haben Sie getan, um sich aus der Situation zu befreien? Was würden Sie das nächste Mal tun, um die Situation von vornherein zu verhindern?

8. Je nach Komplexität und Anforderungsgrad der Problemstellung ist der Lösungsprozess unterschiedlich zu gestalten. Charakterisieren Sie drei unterschiedliche Vorgehensweisen.

9. Erläutern Sie einen Fehlschlag, an dem Sie beteiligt waren. Was haben Sie gelernt? Was hätten Sie tun können, um den Lerneffekt zu steigern?

10. Für welche Zwecke erachten Sie es als sinnvoll, einem Projekt ein separates Vorprojekt voranzustellen?

11. Was versteht man unter dem so genannten Versionenkonzept? Wo sehen Sie Vor- und Nachteile?

12. Nennen Sie die wichtigsten Aufgaben der Projektführung.

6 Anwendung

Im Folgenden sollen verschiedene Aspekte aus den vorangehenden Kapiteln anhand von sechs praktischen Beispielen veranschaulicht werden. Wer hier nun rezepthafte Fallstudien im klassischen Sinne erwartet, wird enttäuscht sein. Wie wir schon früher klar gemacht haben, kann eine Methodik zur Gestaltung von komplexen Systemen grundsätzlich nicht deterministisch sein. Ihre Lebensfähigkeit würde in dem Masse reduziert, wie wir die Methodik deterministisch machen. Das heisst, bezogen auf die folgenden Praxisbeispiele, dass bei einem streng rezepthaften Vorgehen die Möglichkeit verloren ginge, auf unbekannte Situationen und unvorhergesehene Ereignisse zu reagieren. Der Einsatz einer deterministischen Methodik käme aber auch einer Geringschätzung der menschlichen Fähigkeiten gleich. Im Unterschied etwa zu einer Maschine gelingt es uns Menschen nämlich geradezu in idealer Weise, die Eigenheit einer neuartigen Situation zu erfassen, und in adäquater Weise darauf zu reagieren. In diesem Sinne sind die folgenden Anwendungsbeispiele der schlagende Beweis für die Lebensfähigkeit und Flexibilität des systemischen Ansatzes.

6.1 Sensibilisierung für die Informatiksicherheit

Rolf Kraus-Ruppert, OneConsult GmbH

Das Thema Informatiksicherheit gewinnt in den letzten Jahren zunehmend an Bedeutung. Dies unter anderem wegen der steigenden Komplexität sowie der zunehmenden Vernetzung der Systeme. Wenn man die Gefährdung der Systeme einerseits und die angebotenen Lösungen andererseits betrachtet, ergeben sich die in Abbildung 6.1 dargestellten Verhältnisse:

Offensichtlich besteht ein Missverhältnis zwischen den angebotenen Lösungen und den realen Gefahren. Zudem muss angenommen werden, dass von den durch den Menschen verursachten, die Informatiksicherheit betreffenden, Vorfällen etwa 80% (Pareto-Regel) intern generiert werden. Bedingt durch dieses Wissen wurde ein Projekt zur Sensibilisierung der Benutzer in Angriff genommen. Im Verlauf der Vorstudien des Projektes hat sich gezeigt, dass – wegen der Betonung der weichen Faktoren und der Technik im Hintergrund – das Problem als komplex einzustufen ist. Dies hat das Projektteam veranlasst, das Problem systemisch anzugehen.

Bereich	geschätztes Mass der Gefährdung	geschätzte Menge der Lösungen
Organisation	15%	10%
Mensch	70%	5%
Technik	10%	75%
Natur / Umwelt	5%	10%

Abb. 6.1   Situation Informatiksicherheit

Zuallererst musste das Team in die Problematik der Informatiksicherheit eingeführt und ein gemeinsamer Sprachwortschatz sowie ein gemeinsames Verständnis der Informatiksicherheit gefunden werden. Dabei haben vorhandene Dokumente und das Wissen der Projektmitarbeiter sehr geholfen. Die Tatsache, dass bisher Mittel und Methoden zur Sensibilisierung gefehlt hatten, wurde als Chance erkannt, im Sinne, dass das Team mehr oder weniger unvoreingenommen das Problem anpacken konnte. Auch der Umstand, dass einer der Projektmitarbeiter zu dieser Zeit das Fach Systemik in einem Teilpensum lehrte, war Anstoss und Herausforderung zugleich. Dank parallel durchgeführten studentischen Gruppenarbeiten konnten Teilergebnisse unabhängig voneinander gefunden und verglichen werden.

Situationsanalyse

Bei der eingehenden Situationsanalyse ergaben sich folgende Resultate: Die Mitarbeitenden wurden bisher durch Vorschriften und Weisungen veranlasst, die Sicherheitsbestimmungen einzuhalten. Eine eigentliche Ausbildung erfolgte nicht. Informationen wurden fallweise durch E-Mails und Beratung am Telefon sowie bei persönlichen Einzelgesprächen weitergegeben. Somit fehlte ein umfassender Lösungsansatz, welcher eine Hauptstossrichtung mit flankierenden Massnahmen unterstützt hätte. Bei der IST-Aufnahme wurde des Weiteren festgestellt, dass Wissen über das effektive Verhalten der Benutzer fehlte. Die bisherige Diskussion lief eigentlich im Rahmen von Vermutungen und eigenen Beobachtungen des Teams über das Verhalten der Benutzer ab.

Somit drehte sich die Diskussion um die Frage, was man eigentlich wissen müsse. Grobes Ziel war es ja, die Mitarbeiter für das Thema zu sensibilisieren. Das ging aber nur, wenn man ihr Interesse wecken konnte, um negative Filtereffekte zu vermeiden. Das Interesse konnte aber nur geweckt werden, wenn man das Gefühl, genauer gesagt das Sicherheitsgefühl der Mitarbeiter, ansprach (intrinsische Motivation). An diesem Punkt angelangt, wurde klar, dass die Themen in den Dimensionen «Denken», «Handeln» und «Fühlen» abgehandelt werden mussten. Es nützt ja nichts, wenn ein Mitarbeiter weiss, dass er Passwörter einsetzen muss, wenn er sich – aus irgendeinem Grund – nicht an die Regel hält. Er wird Sicherheitsmassnahmen, also eine Einschränkung seiner Arbeit, nicht akzeptieren, wenn er seine Sicherheit nicht bedroht fühlt. Diese drei Dimensionen, die rationale, die emotionale und das Handeln, müssen also gleichermassen angesprochen werden. Ausserdem war zu diesem Zeitpunkt noch unklar, ob in den einzelnen Organisationseinheiten des Unternehmens Kulturunterschiede auftreten. Um an die fehlenden Informationen zu gelangen, war es also nötig, die gleichen Fragen für die einzelnen Dimensionen zu stellen. So konnte eine Frage lauten: «Was ist ein Virus und was macht es?», wie auch: «Fühlen Sie sich durch Viren bedroht?» Oder: «Was machen Sie, wenn sie ein Virus auf dem PC haben?» Parallel zu der Initialisierung der Befragung durch ein Meinungsforschungsinstitut wurde eine Wirkungsanalyse durch das Projektteam erstellt.

Wirkungsanalyse

Die Wirkungsanalyse wurde in Zusammenarbeit mit Studierenden der Berner Fachhochschule erstellt. Das Vorgehen war Folgendes: Das Projektteam erarbeitete mit etwa zwei Wochen Vorsprung die Analyse. Die Studenten erhielten die Aufgaben etwas redimensioniert innerhalb des Unterrichts und erarbeiteten ihre Lösung. Diese wurde kritisch mit der Lösung des Projektteams verglichen. Dadurch wurde die eigene Lösung hinterfragt, und neue Impulse konnten einfliessen, was wiederum einen Reflektionsprozess innerhalb des Projektteams auslöste. Die gewählte Lösung der Wirkungsanalyse ist somit ein Mix aus verschiedenen Blickwinkeln. Sie ist ganz klar nicht der Weisheit letzter Schluss, stellt aber ein gutes Instrument dar, um die beeinflussbaren Komponenten und die Indikatorgrössen zu erkennen.

Als Komponenten wurden sowohl messbare Parameter wie «Budget», «Informatik-Infrastruktur», «Lohnrelevante Beurteilungsgespräche (LOBE)» wie auch weniger fassbare wie «Teamgeist» und «Halo» (eigentlich das Fremdbild als Reflektion der eigenen Ausstrahlung) gewählt. Insbesondere die Techniker und die Studenten hatten Mühe, die nicht greifbaren Komponenten als solche zu akzeptieren. Genauso waren sie später geneigt, technische oder linear einfache Lösungsansätze mit direkter Wirkung zu wählen.

Anhand der Wirkungsmatrix wurde das Aktivitäts-Vernetzungsdiagramm erstellt (vgl. Abb. 6.2). Aus diesem wurden die Komponenten «Information», «Budget» und «Schulung» als Hebel, die Komponenten «Motivation», «Teamgeist», «Leistung» und «Erfolg» als Indikatorgrössen identifiziert.

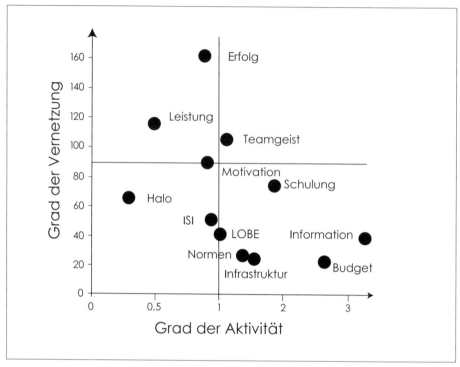

Abb. 6.2: *Aktivitäts-Vernetzungs-Diagramm «Informatiksicherheit»*

Aufgrund dieser Erkenntnisse wurde zusammen mit dem besagten Meinungsforschungsinstitut eine Benutzerbefragung zusammengestellt. Der Fragenkatalog sollte Informationen über folgende Gebiete, wiederum aus den Bereichen Wissen, Fühlen und Handeln, beantworten:

- Sicherheitsorganisation
- Informationen betreffend Sicherheitsvorfälle
- Gefahren und Verhalten im Netzwerk, insbesondere das Internet
- Sicherheitskultur in den einzelnen Organisationseinheiten
- Gefahren betreffend Mail
- Gefahren und Wirkung von Softwareanomalien
- Einhaltung von Richtlinien und Weisungen betreffend Informatiksicherheit

Erkenntnisse aus der Befragung

Die Befragung wurde von den Befragten ernst genommen und bewirkte schon Reaktionen an sich. So kam es vor, dass – trotz vorheriger Information der Befragten – die übergeordnete Sicherheitsorganisation selber in Anspruch genommen wurde, um abzuklären, was vor sich gehe. Die Ergebnisse deckten sich bei generellen Punkten grösstenteils mit Erfahrungen, welche schon bei anderen Betrieben und Unternehmen gemacht wurden. Die Befragung zeigte auf, dass die Informatiksicherheit als etwas Lästiges, aber auch als notwendig angesehen wird. Das war ein angenehmes Resultat, insbesondere was die Akzeptanz der Informatiksicherheit betraf. Somit war keine grundsätzliche Ablehnung auszumachen und es konnte also damit gerechnet werden, dass weitere Massnahmen im Bereich Sensibilisierung Chancen haben würden, etwas zu bewirken.

Der Verantwortliche für Informatiksicherheit war den meisten Usern namentlich bekannt, die übergeordnete Sicherheitsorganisation als Ganzes, deren Aufgaben, Aufbau und Organisation aber nicht. Unklarheit herrschte auch bezüglich dem Aufbau der Informatikorganisation, welche vor einem Jahr reorganisiert und teilweise ausgelagert worden war (internes Outsourcing mehrerer Teilbetriebe). Ein anderer Punkt, welcher noch genauer zu betrachten ist, ist die «Gutgläubigkeit» und das «Vertrauen». So fühlten sich die Befragten von Angriffen selber nicht bedroht, da sie sich hinter einer Firewall sicher wähnten. Somit sahen sie sich auch nicht veranlasst, sich besonders vorsichtig im Netz zu bewegen. Dies ist aber eine Scheinsicherheit, da eine Firewall nur einen bedingten Schutz gegenüber von Angriffen aus dem Netz darstellt. Ebenso vertrauten sie beim Mailverkehr darauf, dass allfällige Softwareanomalien abgefangen würden. Attachements wurden bedenkenlos geöffnet, wenn sie von bekannten Mailadressen kamen. Das bedeutet aber, dass ein einmal eingeschleuster Virus oder Wurm sich schnell verbreiten kann. Auch ist es dadurch möglich, einen Tunnel nach aussen durch eine Firewall zu legen und somit die Firewall zu umgehen.

Zielformulierung

Als Ziel wurde schliesslich definiert, dass mit mehreren flankierenden Massnahmen das Bewusstsein für die Informatiksicherheit gesteigert werden soll. Generelles Ziel des Projektes ist die Sensibilisierung und somit eine *Verhaltensänderung* der Benutzer. Diese sollen sich der *Gefahren bewusst* sein, wissen, wie sie bei Vorkommnissen betreffend die Informatiksicherheit zu *reagieren* haben, die Massnahmen zur Steigerung der Informatiksicherheit beachten und *freiwillig* einhalten.

Die Lösungen sollen:
- in die Arbeitsprozesse des Informatiksicherheitsbeauftragten und der Mitarbeiter einfliessen
- eine anhaltende Bewusstseinsänderung und einen positiven Loop-back hervorrufen
- selbsterkennend einen wiederholten oder neuen, optimierten Handlungsbedarf aufzeigen.

Der geplante Massnahmenkatalog wird eine Kampagne beinhalten, bei der jeder Mitarbeitende direkt angesprochen wird. Wie bei der Werbung für ein Produkt soll die Sicherheit intern «verkauft» und bei den Benutzern mit positiven Gefühlen oder Eigenschaften verknüpft werden. Events sind geplant, um das Bild des Unternehmens mit der Informatiksicherheit zu verknüpfen. Auch soll beim Management, als Träger der Informatiksicherheit, gezielt der Hebel angesetzt werden, um das Verständnis zu wecken. Es ist ganz klar, dass die Sicherheitskultur, ähnlich wie eine Unternehmenskultur, Zeit braucht, um sich zu entwickeln – wir rechnen mit fünf bis sechs Jahren.

6.2 Systemische Erarbeitung von Projektzielen

Jürg-Rolf Lehner, CoRiMa AG

Als Ergebnis eines Audits der IT-Anwendungen im Logistikbereich der Firma Stesalit AG (Mitglied der Gurit-Heberlein-Gruppe), wurde die Umsetzung der sich aufdrängenden Massnahmen in vier parallelen Projekten empfohlen:

>ATEMADI: Auftragsterminierung und Materialdisposition
>LOGE: Lager-Organisation, -Gebäude und -Einrichtungen
>CREW: Controlling Reports über Ertrag und Wirtschaftlichkeit
>INITIBA: Integration der IT in die betrieblichen Abläufe

Die Zielsetzungen dieser vier Projekte wurden mit einer Wirkungsanalyse auf Ebene der gesamten Firma ausgearbeitet. Das damit beauftragte Team bestand aus den vier designierten Projektleitern und dem externen Berater, welcher unter anderem die methodische Führung (Coaching) übernahm. Die

Anwendung solcher systematischer Ansätze führt aber in der Praxis öfter zu Schwierigkeiten, die auf den weiten und komplexen Umfang der Situation, auf die Zusammenarbeit mit Beteiligten, die nicht in der Methode geschult sind, und auf die erwartete lange Gültigkeitsdauer der zu erarbeitenden Ergebnisse zurückzuführen sind. Das Beispiel zeigt, wie trotz solchen erschwerenden Randbedingungen erfolgreich vorgegangen werden kann.

Wahl der Systemvariablen

Die Systemvariablen, welche der Wirkungsanalyse zugrunde liegen, sind für Ungeübte zu Beginn sehr abstrakt, sodass aus einem Brainstorming in der Gruppe nur ein zufälliges Ergebnis entsteht. Die gesuchten Variablen sollen aber das gesamte System mit einem homogenen Detaillierungsgrad wiedergeben, ohne Überschneidungen, Redundanzen oder Inklusionen. Um die Variablen für die Zielformulierung verwenden zu können, müssen sie zudem einfach, verständlich und messbar sein.

Als Ausgangspunkt zur Definition der Systemvariablen diente ein Flussdiagramm der Firma, welche darin als «Blackbox» in der Beziehung zu ihren externen Agenten dargestellt wurde (vgl. Abb. 6.3). Das Rohmaterial wird bei den Lieferanten beschafft, die fabrizierten Fertigfabrikate werden den

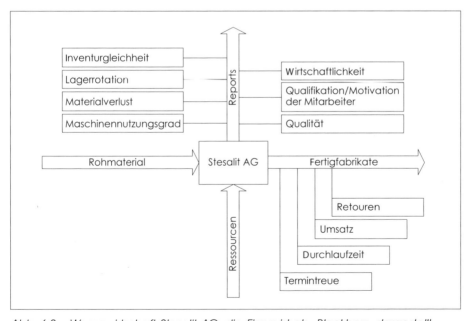

Abb. 6.3 Warenwirtschaft Stesalit AG, die Firma ist als «Blackbox» dargestellt

Kunden ausgeliefert, die benötigten Ressourcen (Arbeit, Infrastruktur und Finanzen) stehen zur Verfügung, und die gewünschten Steuerinformationen an die Geschäftsleitung werden aus dem Fabrikationsprozess abgeleitet. Elf relevante Kennzahlen charakterisieren die Firma: Inventurgleichheit (zwischen physischem und rechnerischem Bestand), Lagerrotation, Materialverlust, Maschinennutzungsgrad, Wirtschaftlichkeit, Qualifikation und Motivation der Mitarbeiter, Qualität, Retouren, Umsatz, Durchlaufzeit und Termintreue. Diese Kennzahlen bilden die gesuchten Variablen des Systems «Warenwirtschaft».

Die folgenden Beispiele zeigen, in welchem Detaillierungsgrad die Kennzahlen definiert wurden:
- *Termintreue:* Grad der Einhaltung des aufgrund der Planung von Fertigungszeiten und Material bestätigten Liefertermins. Wird als Verhältnis der termingerecht gelieferten Aufträge in % ausgedrückt. Als termingerecht gelten Lieferungen, die zwischen 0 und 6 Tagen vor dem Liefertermin versandt werden.
- *Lagerrotation:* Verhältnis zwischen der Summe aller Materialbezüge und dem durchschnittlichen Lagerwert während einer Periode (1 Jahr).
- *Durchlaufzeit:* Anzahl Tage für eine Auftragsabwicklung vom definitiven Bestelleingang bis zur Auslieferung an den Kunden.

Für jede Variable wurde auch festgelegt, ob ein möglichst hoher Wert oder ein möglichst tiefer Wert im Sinne des Gesamtsystems anzustreben sei. Während die Termintreue typischerweise maximal sein sollte, ist die Durchlaufzeit zu minimieren. Deshalb wurden die Variablen mit einem Adjektiv gleichgerichtet: «mehr Termintreue» bzw. «weniger Durchlaufzeit». Daraus folgt, dass beim Ausfüllen der Wirkungsmatrix ein Einfluss, der aus mehr Termintreue weniger Durchlaufzeit bewirkt, als fördernd, und nicht als hemmend zu bewerten ist.

Zur Beschreibung der Ausgangslage wurde der aktuelle Wert jeder Variablen anhand der verfügbaren Vergangenheitsdaten ermittelt. So lag beispielsweise die in der Warenwirtschaftsapplikation berechnete Termintreue bei sehr unbefriedigenden 70%. Die Analyse der Hintergründe zeigte, dass Verschiebungen von Terminen (mehrheitlich auf Kundenwunsch) stattfinden, aber in der Warenwirtschaft nicht nachgeführt werden. Diese nicht aktuellen Dispositionsgrundlagen verursachen Planungsfehler, auch wenn aus Kundensicht die Lieferungen mit dem zuletzt vereinbarten Termin übereinstimmen.

Ausfüllen der Wirkungsmatrix

Die Bewertung des gegenseitigen Einflusses von elf Systemvariablen ergibt 110 Fragen «Welche Wirkung hat A auf B?», wobei hier zusätzlich unterschieden worden ist zwischen hemmenden und fördernden Wirkungen.

In einem ersten Workshop wurde die ganze Wirkungsmatrix vorerst qualitativ beantwortet. Abbildung 6.4 zeigt einen Ausschnitt des Ergebnisses. Die einzelnen Einflüsse wurden verbal beschrieben, zum Beispiel: «Eine kürzere Durchlaufzeit lässt weniger zeitlichen Spielraum, sodass Ausnahmesituationen wie Maschinenbruch, Wiederholung von schlechter Produktion oder Verspätungen bei der Lieferung von Rohmaterialien sich direkter und schneller hemmend auf die Termintreue auswirken.» Zu Beginn wurden nur die drei ersten Variablen untersucht und dabei die Arbeitsweise der Gruppe eingespielt. Anschliessend wurde der Einfluss der vierten Variablen auf die bisherigen und umgekehrt untersucht. Dann wurde die fünfte mit einbezogen, die sechste usw. Bei jedem Iterationsschritt wurden zuerst spontan Einflüsse genannt, anschliessend wurde systematisch nach Einflüssen von bzw. auf alle bisherigen Variablen gesucht. Zum Abschluss wurde die gesamte Matrix zweimal überprüft, zuerst zeilenweise, dann spaltenweise.

von (↓) auf (→)	mehr Termintreue	mehr Inventurgleichheit	mehr Maschinennutzungsgrad	weniger Durchlaufzeit	mehr Auslastung
mehr Termintreue		Arbeit nach Plan = weniger Ausnahmen	Arbeit nach Plan = weniger Ausnahmen / Kein Spielraum bei Planung	weniger Puffer nötig	Auftragseingang: zufriedene Kunden
mehr Inventurgleichheit	Dispo zuverlässig		weniger fehlendes Material	weniger fehlendes Material	
mehr Maschinennutzungsgrad	kein Spielraum bei Ausnahmen			kein Spielraum bei Planung	höhere Kapazität Produktion
weniger Durchlaufzeit	kein Spielraum bei Ausnahmen		kein Spielraum bei Planung		Auftragseingang: kurze Lieferfristen
mehr Auslastung	kein Spielraum bei Ausnahmen	mehr Bewegungen (Fehlquelle)	kein Spielraum bei Planung (mehr Rüsten)	Auftragseingang: kurze Lieferfristen / kein Spielraum bei Planung (Wartezeiten)	

Abb. 6.4   Ausschnitt aus der Wirkungsmatrix   ☐ Förderer   ▨ Hemmer

Erst in einem zweiten Workshop wurde die Matrix quantitativ bewertet. Die Arbeitsweise war die gleiche, mit den drei ersten Variablen beginnend, dann iterativ bis zur elften und abschliessend die beiden Prüfungen. Bei jedem aus dem ersten Workshop beschriebenen Einfluss wurde die Häufigkeit bzw. das Ausmass des Einflusses betrachtet und entsprechend die Bewertung 0.5 für selten/schwach, 1.0 für häufig/mittel und 2.0 für andauernd/stark zugewiesen. Am Beispiel der Aussage «kürzere Durchlaufzeit hemmt die Termintreue» wurde der Maschinenbruch nur bei ausgelastetem Vierschichtbetrieb (kommt nur bei einer Produktionsanlage und nur zeitweise vor) insgesamt als selten/schwach bewertet. Die Wiederholung von Produktion in Folge von Qualitätsproblemen wurde ebenfalls als selten/schwach quantifiziert. Die verspätete Lieferung von Rohmaterialien wurde als häufig eingestuft, ihr Einfluss auf die Termintreue reduziert sich aber meistens auf einen einzelnen Auftrag. Insgesamt wurde dafür 0.5 zugewiesen.

Durch den qualitativen, deskriptiven Teil der Wirkungsmatrix wurde das Ergebnis auch für Aussenstehende verständlich, die weder die Methode der Wirkungsanalyse kannten, noch am Aufbau selbst beteiligt waren. Der quantitative, bewertende Teil war besser nachvollziehbar. Dadurch konnte die Wirkungsmatrix nicht nur als Entscheidungsgrundlage der Geschäftsleitung dienen, sondern auch den Projekten als Metrik zur Bewertung der Wirkung der eingeleiteten Veränderungen.

Interpretation der Matrix

Die Systemvariablen können für die Festlegung von Projektzielsetzungen verwendet werden, indem ein zu erreichender Sollwert vorgegeben wird. Ein Beispiel: Die Durchlaufzeit für die Herstellung eines bestimmten Produktes darf maximal 18 Arbeitstage betragen. Da jede der elf Systemvariablen in einem mehr oder weniger komplexen Beziehungsfeld zu den anderen steht, darf eine solche Zielformulierung nicht isoliert betrachtet werden, sondern nur im Zusammenhang mit den anderen Variablen des Systems.

Im Aktivitäts-Vernetzungs-Diagramm hat im Beispiel die Variable Durchlaufzeit eine leicht aktive und stark vernetzte hemmende Eigenschaft (vgl. Abb. 6.5). In der entsprechenden Zeile der Wirkungsmatrix sind diese hemmenden Wirkungen beschrieben: Eine Verkürzung der Durchlaufzeit hemmt die Termintreue (weniger Spielraum bei Ausnahmesituationen), die Lagerrotation (höherer Bestand notwendig), den Maschinennutzungsgrad (weniger

Spielraum bei der Planung, um ähnliche Aufträge zeitlich zu gruppieren), die Qualität (erhöhter Zeitdruck) und die Wirtschaftlichkeit (weniger Optimierungsspielraum). In der entsprechenden Spalte sind die hemmenden Wirkungen der anderen Variablen auf die Durchlaufzeit aufgeführt: die Erhöhung der Lagerrotation (kann zu fehlendem Material führen), die Erhöhung des Maschinennutzungsgrads (kann zu Wartezeiten führen), die Erhöhung der Auslastung (kann zu überbelegten Maschinen führen) und die Erhöhung der Qualität (setzt Zeit für Kontrollen und Reservezeit für allfällige Wiederholungen in der Produktion voraus). In der Folge wirkt sich also die gewünschte Verkürzung der Durchlaufzeit kontraproduktiv im Gesamtsystem aus.

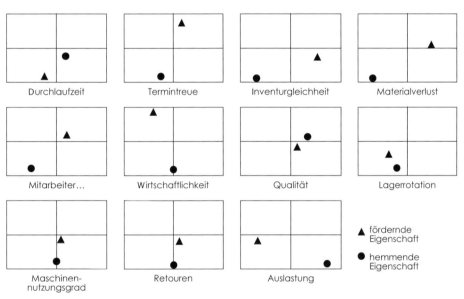

Abb. 6.5 Lage der Variablen im Aktivitäts-Vernetzungs-Diagramm

Die fördernde Eigenschaft der Variablen Durchlaufzeit ist deutlich weniger vernetzt und passiv: Eine Verkürzung der Durchlaufzeit fördert die Auslastung (längerfristig grösserer Auftragseingang dank kurzer Lieferzeiten). Sie selbst wird von folgenden Variablen gefördert: eine hohe Termintreue (benötigt weniger Pufferzeiten), eine hohe Inventurgleichheit (richtige Bestände reduzieren die Gefahr von fehlendem Material), ein tiefer Materialverlust (reduziert ebenfalls die Gefahr von fehlendem Material), eine hohe Mitarbeiter-Qualifikation und -Motivation (führt zu besseren Leistungen). Es geht hervor, dass Verbesserungen anderer Variablen indirekt helfen, die Durchlaufzeit zu verkürzen.

Daraus folgt, dass die Verkürzung der Durchlaufzeit eine ungünstige Zielvorgabe wäre, weil dies zu einer Verschlechterung des Gesamtsystems führen würde. Auch wenn sie durch die Verbesserung anderer Variablen gefördert wird, sollte wegen ihrer hemmender Wirkungen nicht versucht werden, die Durchlaufzeit der Aufträge zu verkürzen. Im Gegenteil würde eine Erhöhung die hemmende Wirkung auf andere Variablen schwächen und somit zu einer Verbesserung des Gesamtsystems führen. Dies ist aber aus Kundensicht grundsätzlich unerwünscht und ist auch der Grund, weshalb die Variable auf Minimalwerte gerichtet wurde: Der Kunde erwartet eine möglichst kurze Lieferfrist.

Ableiten der Projektziele

Ob sich eine Systemvariable für die Formulierung einer Zielsetzung eignet, hängt im Wesentlichen von ihren Interaktionen mit den übrigen Variablen im gesamten System ab. Die Wirkungsmatrix beschreibt die Art dieser Wirkungen. Für die elf Systemvariablen können folgende Aussagen abgeleitet werden (vgl. Abb. 6.5):

Termintreue, Inventurgleichheit, Materialverlust, Mitarbeiter-Qualifikation und -motivation
Die fördernde Eigenschaft ist vernetzt aktiv. Wenn es gelingt, durch direktes Eingreifen die Variable zu verbessern, wird eine positive Wirkung auf das gesamte System folgen, je aktiver die Eigenschaft, desto stärker die Wirkung. Die Gefahr von Destabilisierung durch negative Rückkopplungen, welche zu unkontrollierbarem Aufschaukeln oder gar zum Umkippen des Systems führen könnten, ist gering, weil die hemmende Eigenschaft deutlich weniger vernetzt und vor allem passiv ist. In einer Projektzielsetzung kann für eine solche Variable ein hoher Sollwert vorgegeben werden. Auf diese Erkenntnis gestützt wurde für das Projekt ATEMADI das Ziel definiert, in einer Frist von zwölf Monaten die Termintreue von 70% auf 95% zu erhöhen, und für das Projekt LOGE, die Inventurgleichheit so zu verbessern, dass bei jeder Quartalsinventur maximal 5% der Positionen jeweils maximal 5% Abweichungen ausweisen dürfen.

Wirtschaftlichkeit
Diese Variable ist fördernd, stark vernetzt und passiv. Somit bewirkt eine Verbesserung bei fast jeder Systemvariablen eine Erhöhung der Wirtschaftlichkeit. Das war zu erwarten und bestärkt die Annahme, dass die Systemvaria-

blen (in einem wirtschaftlich geprägten Umfeld) kohärent gewählt und richtig gerichtet worden sind. Demgegenüber steht die viel weniger vernetzte und neutrale hemmende Eigenschaft, welche typischerweise auf die zu optimierenden Variablen hinweist: Mehraufwand für hohe Inventurgleichheit, für Qualität und für Mitarbeiter-Motivation und -Qualifikation. Die Wirtschaftlichkeit ist zwar ein guter Indikator für das Gesamtsystem, aber wegen dem sehr starken Vernetzungsgrad eher ungeeignet als Projektzielsetzung.

Qualität
Die Qualität ist, bezogen auf ihren hemmenden Anteil, vernetzt aktiv, bezogen auf den fördernden Teil etwas weniger vernetzt und leicht schwächer aktiv. Das widerspiegelt eine ambivalente Wirkung: Ein Teil des Systems wird gefördert, während der andere (grössere) Teil in etwas höherem Mass gehemmt wird. Allgemeine Aussagen wie «Qualität kostet» oder «des Guten zu viel» werden hier bestätigt. Bei solchen Variablen ist Vorsicht am Platz, damit das heikle Gleichgewicht gefunden werden kann. Sie eignen sich deshalb auch wenig als Projektziele.

Lagerrotation
Die Lagerrotation ist insgesamt passiv, fördernd etwas stärker vernetzt als hemmend. Sie wird also stark fremdbestimmt. Weil die hemmenden und fördernden Eigenschaften nahe beieinander liegen, ist die Wirkung des Systems zwiespältig und kann zu einer Erhöhung oder auch zu einer Senkung der Lagerrotation führen. Dadurch ist diese Variable weder als Indikator für den Systemzustand, noch als Projektziel geeignet.

Maschinennutzungsgrad und Retouren
Diese Variablen sind bezüglich der gegenseitigen Lage der fördernden und der hemmenden Eigenschaften ähnlich wie die Lagerrotation. Der Maschinennutzungsgrad ist aber neutral statt passiv, und die Retouren sind sogar leicht aktiv. Da auch hier die Interaktionen mit dem System zweideutig sind, ist es nicht sinnvoll, von vornherein Sollwerte vorzugeben. Die Optimierung des Gesamtsystems wird diese untergeordneten Variablen bestimmen. Aus Kundensicht sollte jedoch eine akzeptable Grenze gesetzt werden.

Durchlaufzeit
Die hemmend vernetzte, schwach aktive und die fördernd weniger vernetzte, passive Eigenschaft dieser Variable lassen, wie weiter oben eingehend dargestellt, ein zum Gesamtsystem widersprüchliches Verhalten ableiten.

Auslastung

Die Auslastung ist in beiden Belangen sehr schwach vernetzt, fördernd stark passiv und hemmend stark aktiv. Eine Verbesserung des Systems führt zwar zur Erhöhung der Auslastung, was auf den ersten Blick positiv erscheint, aber die Erhöhung der Auslastung hat intensive negative Rückkopplungen: Der Spielraum wird enger, der Druck wird erhöht, die Gefahr von Fehlern und ausserordentlichen Situationen nimmt zu, die Kontrolle über das Gesamtsystem wird schwieriger. Die extremen Positionen bezüglich Aktivitätsgrad führen zu einer destabilisierenden Wirkung. Die Zielsetzung, die daraus abgeleitet werden kann, ist eine Begrenzung der Auslastung, sodass der vitale Spielraum erhalten bleibt.

Fazit

Die gemeinsame Analyse hat bei allen Beteiligten zu einem besseren Verständnis ihres Arbeitsumfeldes geführt. Der verbale Beschrieb der Einflüsse hat diesen Prozess stark unterstützt und stabile und nachvollziehbare Entscheidungsgrundlagen ermöglicht.

Für die Wirkungsanalyse ist die richtige Wahl der Systemvariablen entscheidend. Voraussagen über mögliche Veränderungen des Gesamtsystems aufgrund der Veränderung einzelner Variablen ist, dank der Differenzierung zwischen fördernden und hemmenden Wirkungen, möglich, setzt aber voraus, dass alle Variablen im System gleichgerichtet sind. Die unerwarteten Resultate im Beispiel der Durchlaufzeit (die nicht gekürzt werden sollte) oder der Auslastung (die nicht erhöht werden sollte) zeigen, dass dabei ein fundiertes Vorgehen intuitiv falsche Erwartungen widerlegen kann.
Die Wirkungsanalyse erlaubt das Ableiten der richtigen Projektzielsetzungen. Dadurch können Projekte im Interesse der Unternehmung (als Gesamtsystem) gelenkt und die damit verbundenen Investitionen wirtschaftlich eingesetzt werden.

6.3 Organisationsentwicklung im Spital

Bernhard Leu, Universitätsspital Insel, Bern

Die Direktion Betrieb am Universitätsspital Bern hat als Dienstleister für die medizinischen Kernprozesse sehr heterogene Aufgaben zu bewältigen. Von den total 5 500 Mitarbeitenden am Inselspital arbeiten in der Direktion Betrieb rund 900 Personen aus 50 Nationen mit unterschiedlichsten Kulturen und Aufgaben. Das Umfeld der Insel verändert sich hoch dynamisch: Neue Gebäude mit neuen Materialien erfordern vernetztes Fachwissen, neue technische und medizinische Verfahren müssen eingeführt und bewirtschaftet werden, Innovationen und Kundenanfragen stellen das Management vor völlig neue Aufgaben, die Projekte werden tendenziell komplexer, die administrativen Arbeiten für Qualitätssicherung werden anspruchsvoller. Die Vielfalt und Dynamik der Aufgaben provoziert unumgänglich Meinungsverschiedenheiten, Konflikte und auch Fehler. Die notwendigen Fähigkeiten, um mit solchen Herausforderungen konstruktiv umgehen zu können, entwickeln sich nicht automatisch im Alltag. Sie müssen gezielt geschult und gefördert werden. Eine Kultur der «lernenden Organisation» mit hoher Selbstverantwortung sowie Entscheidungs- und Konfliktfähigkeit erscheint der Führung der Direktion Betrieb deshalb als erstrebenswertes Ziel. Mit vernetztem Denken soll die Chance genutzt werden, einen verbesserten Umgang mit den genannten Herausforderungen zu finden. Deshalb wurde für eine umfassende Analyse der systemische Ansatz gewählt.

Workshop zum Einstieg – ganzheitliche Schwerpunktbildung

In einer Kick-off-Veranstaltung wurde ein interdisziplinäres Team leitender Mitarbeiterinnen und Mitarbeiter dazu aufgefordert, auf einem Zettel festzuhalten, «was für die Direktion Betrieb im Jahre 2002 wichtig sei». Um das Brainstorming ganzheitlich zu gestalten, wurden die gesammelten und vorgelesenen Ziele den systemischen Lebensbereichen aus dem Ganzheitlichkeitstest zugeordnet. Die schwach dokumentierten Bereiche wurden entsprechend ergänzt. Die so entwickelten Themenkreise wurden von den Teilnehmenden hinsichtlich der Wichtigkeit mit Punkten bewertet. Damit lag eine vom Führungsteam entwickelte Situationsanalyse vor, welche ganzheitlich die wichtigsten Aufgabenbereiche widerspiegelte.

In einem zweiten Schritt wurden die Leute aufgefordert, jene Bereiche anzugeben, in denen sie Aktivitäten für die Verbesserung der Situation entwickeln würden. Damit wurden die intuitiven Lösungsvorstellungen transparent gemacht. Diese wurden dann nach der Vernetzung den tatsächlich aus der Systemdynamik erkennbaren Hebeln für Veränderungen gegenübergestellt. Es ging der Direktion hierbei vor allem darum, aufzuzeigen, dass die aktuellen Lösungsmuster nicht immer die echten Treiber, sondern manchmal eher Symptombekämpfungen sind.

Wirkungsanalyse – Interpretation der Dynamik

Die Intensität der Wechselwirkungen zwischen den Schwerpunkten wurde mit der Wirkungsmatrix erfasst. Dabei wurde differenziert zwischen gleichgerichteten (+) und gegengerichteten (-) Beziehungen, um im Interpretationsnetz vorhandene Schlüsselgrössen und deren Zielkonflikte aufzudecken. Von den vernetzten 23 Schlüsselgrössen erhielten deren 15 spezifische Rollen. Die fördernden oder gleichgerichteten Vernetzungsqualitäten erscheinen in Abbildung 6.6 als Punkte, die hemmenden oder gegengerichteten als Dreiecke.

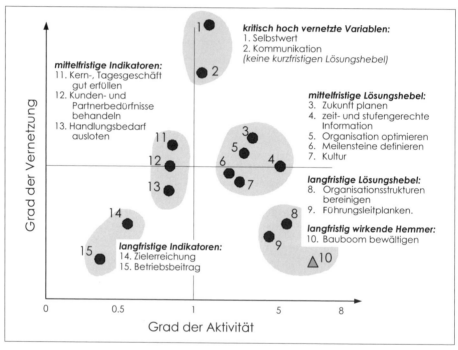

Abb. 6.6   Aktivitäts-Vernetzungs-Diagramm

Die Systemstruktur deutete auf ein gut differenziertes, dynamisch veränderbares System hin. Es hat deutlich unterschiedliche Vernetzungsgrade und sowohl aktive wie auch passive Grössen. Ein differenzierter Vernetzungsgrad bedeutet, dass im System nicht alle Komponenten ähnlich starke Veränderungsprozesse auslösen und dass kurzfristig dringliche und langfristig wichtige Bereiche zu erkennen sind. Die zudem gute Differenzierung in aktive und passive Bereiche bedeutet, dass durch gezielte Investitionen in aktive Bereiche überproportionale Aktivitäten ausgelöst werden und dass die passiven Grössen geeignete Controllingbereiche darstellen. Den stärksten Zielkonflikt löst die hemmend aktive Schlüsselgrösse «Bauboom bewältigen» aus. Das bedeutet, je mehr Energien in die Bewältigung der Tagesgeschäfte fliessen, desto weniger können die anderen Ziele erfüllt werden. Es sei hier nochmals unterstrichen, dass alle von den Betroffenen genannten Schlüsselgrössen wichtige Teilziele sind! Durch die Vernetzung – ebenfalls von den Betroffenen durchgeführt – wird nun aber erkennbar, dass vorhandene Ressourcen nicht im Giesskannenprinzip verteilt werden sollten. Diese strukturellen Erkenntnisse sind entscheidend, um in Projekten nicht durch gut gemeinte Aktionen plötzlich das Gegenteil des Gewünschten auszulösen.

Die zwei kritisch hoch vernetzten Schwerpunkte «Selbstwert» und «Kommunikation» wurden als Schlüsselgrössen für den Veränderungsprozess aufgegriffen. Diese galt es gut zu beobachten, und sie mussten sehr sorgfältig gesteuert werden. Durch ihren hohen Vernetzungsgrad drohen eigendynamische Prozesse in Gang zu kommen, die unkontrollierbar werden könnten! Die Direktion Betrieb beschloss, die Themen «Selbstwert» und «Kommunikation» trotz der erkannten Risiken als Schwerpunkte in die Organisationsentwicklung aufzunehmen, da diese einen überaus dringlichen Bereich darstellten. Ein grosses, alle Führungskräfte erfassendes Projekt sollte ein aktives Konfliktmanagement in der Direktion Betrieb fördern und damit die mittel- und langfristigen Hebel aktiv in Angriff nehmen: «Zukunft planen», «zeit- und stufengerechte Information», «Organisation optimieren», «Meilensteine definieren» und «Kultur» waren die Schwerpunkte, wo nach mittelfristigen Lösungen gesucht wurde. In den Bereichen «Organisationsstrukturen bereinigen», «Führungsleitplanken» mit spezieller Berücksichtigung von «Bauboom bewältigen» kam man zur Einsicht, dass entwickelte Lösungen erst längerfristig ihre Wirkungen zeigen werden. Dieses Verständnis für zeitverzögertes Verhalten ist wichtig, um überhöhte Erwartungen zu relativieren und dadurch Frustpotenzial zu entschärfen.

Bezüglich dem aktiven Bremser im System «Bauboom bewältigen» wurde erkannt, dass, wenn die Belastungen in diesem Bereich zu gross werden, längerfristig die Erfolge in den anderen Schwerpunkten sabotiert werden könnten. Es wurden deshalb flankierende Massnahmen diskutiert, mit dem Ziel, die Führungskräfte im Tagesgeschäft zu stützen.

Die Vernetzung zeigte weiter auf, dass keine kurzfristigen Erfolgsindikatoren für das Monitoring zur Verfügung stehen. Die «Zielerreichung» und eine

Verbesserung des «Betriebsbeitrages» werden sich erst mittel- bis langfristig zeigen. Das Projekt Konfliktmanagement wird also erst längerfristig Resultate zeigen und benötigt deshalb den Durchhaltewillen aller Beteiligten.

Diskussion der Ergebnisse – Commitment für Organisationsentwicklung

In einem zweiten Workshop wurden die erwähnten Analysen und Ergebnisse vorgestellt und diskutiert. Mit einer Radardarstellung (vgl. Abb. 6.7) wurden die im ersten Workshop entwickelten Lösungsvorstellungen den Resultaten der Wirkungsanalyse gegenübergestellt: Die graue Linie bildet die intuitiv bestimmten Lösungsbereiche ab und die schwarze jene, die aus der Wirkungsanalyse hervorgegangen sind. Mit dieser Gegenüberstellung kann eindrücklich gezeigt werden, dass die intuitive Einschätzung der Rollen oft stark abweicht von den Resultaten, welche dieselben Leute durch die Wirkungsanalyse erhalten. Wenn die Energien aber vorwiegend in passive Bereiche investiert werden, dann können auch beste Vorsätze und hohe Motivation nur wenig bewegen: Der drückende Bauboom sollte damit also nicht durch «Reparaturdienstverhalten und Feuerwehrübungen» bewältigt werden, sondern durch Zukunftsplanung und Optimierung der Abläufe.

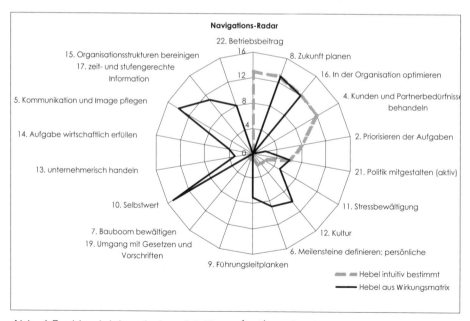

Abb. 6.7 *Vergleich zwischen intuitiven (hell) und systemisch erarbeiteten Systemrollen (dunkel)*

In den Bereichen «Zukunft planen» und «Organisation optimieren» bestand Konsens. Dass direkte Aktivitäten hinsichtlich «Betriebsbeitrag» einer Symptombekämpfung gleichkommen würde, machte die Diskussion klar: Mehr Betriebsbeitrag kann nur indirekt durch Mehrleistungen erreicht werden. Die Tatsache, dass die Befriedigung der Kunden- und Partnerbedürfnisse ebenfalls einer Symptombekämpfung gleichkommt, löste Konfusion aus! Jahrelang galt die Kundenorientierung als oberste Handlungsprämisse. In der Wirkungsanalyse erhält diese Grösse nun aber einen passiven Charakter als Indikator. Als Erstes musste klargestellt werden, dass die sofortige Reaktion auf Kundenwünsche bis anhin richtig war. Aber die veränderten Rahmenbedingungen, die immer weiter auseinander klaffende Schere zwischen Kundenanforderungen und vorhandenen Ressourcen, haben der Kundenorientierung eine neue Systemrolle zugewiesen: Werden die Kunden- und Partnerwünsche weiterhin möglichst rasch und ohne strategische Abstimmung erfüllt, so werden sich die Konfliktpotenziale, der Bauboom und das Selbstwertgefühl (Identifikation und Motivation der Mitarbeitenden) zunehmend negativ entwickeln! Der Wandel besteht also darin, dass die Dienstleistungen der Mitarbeitenden nicht mehr generell mit der gleichen Intensität erfolgen. Die Anfragen werden neu nach transparenten Kundenstandards differenziert behandelt.

Zur weiteren Analyse wurde das Werkzeug der Balanced Scorecard eingesetzt. Dieses prozessorientierte Tool dient zur Umsetzung von Massnahmenbündeln und zeitlich differenzierten Wirkungen. Der Ansatz differenziert vier Lösungsbereiche: *Potenziale*, welche langfristige Wirkungen zeigen, *Prozesse* mit lang- bis mittelfristigen Auswirkungen, *Kunden*, welche mittel- bis kurzfristige Reaktionen zeigen, sowie *Ergebnisse* mit kurzfristigen Auswirkungen. Die wichtigsten Schlüsselgrössen wurden den vier Bereichen zugeordnet und in einem Wirkungsdiagramm dargestellt (vgl. Abb. 6.8). Grundsätzlich verlaufen die Wirkungen von unten (aktive Bereiche) nach oben (passive Bereiche). Mit dieser Darstellung konnte kommuniziert werden, dass sich die *Potenziale* «Kommunikation» und «Selbstwert» langfristig positiv auf die *Prozesse* «Zukunft planen» und «Organisation optimieren» auswirken werden und dadurch definierte *Kunden- und Partnerbedürfnisse* besser erreicht werden («Kunden- und Partnerbedürfnisse behandeln» und «Bauboom bewältigen»). Daraus werden sich die «Betriebsbeiträge» als *Ergebnis* einer ganzheitlichen Organisationsentwicklung positiv entwickeln!

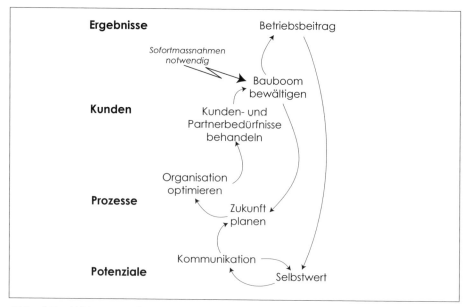

Abb. 6.8 Wirkungsgefüge zur Illustration der Dynamik in der Organisationsentwicklung

In der Diskussion kam deutlich zum Ausdruck, dass die Mitarbeitenden grosse Erwartungen hinsichtlich Lösungen für eine bessere Bewältigung der Tagesgeschäfte hatten. Und die Hektik des Baubooms am Inselspital barg viele Konfliktgefahren. Darum mussten in diesem Bereich kurzfristige Korrekturmassnahmen ergriffen werden. Das führte zu einer Doppelstrategie: Einerseits sollten durch die Reflexion der Kommunikationswege möglichst rasch die dringendsten Alltagsprobleme gelindert werden und längerfristig sollten mit einem gezielten Konfliktmanagement die Potenziale in der Direktion Betrieb gefördert werden.

Reflexion der Kommunikationswege – Linderung der Alltagsprobleme

Ausgangspunkt für die Analyse der Kommunikationswege war die Frage, welche Führungskräfte mit wem wie stark kommunizieren sollten, damit die Aufgaben besser abgewickelt werden können. Um Verdecktes oder nicht Erkanntes sichtbar zu machen, wurde eine spielerische und zugleich aber auch eindrückliche Methode verwendet: In einem gemeinsamen Prozess wurde ein Fadennetz entwickelt, in dem alle Beteiligten ein Stück roten Faden erhielten und aufgefordert wurden, mit Hilfe von Nadeln ihre Position und die wichtigsten Kommunikationspfade zu den anderen Akteuren zu verbinden. Ein sehr dichtes Fadennetzwerk entstand. Der Handlungsbedarf konnte mit den Betroffenen ausführlich analysiert werden. In einem zweiten Schritt wurde weiter differenziert, indem die Verbindungen hinsichtlich Sende- oder Empfängerfunktion unterschieden wurden: Wann sollten die Führungskräfte aktiv informieren, und wann sollten sie fachlich beigezogen werden? Es wurde aufgedeckt, dass das Kommunikationsverhalten nicht immer optimal abläuft. So wurden gewisse Dienste nach dem Holprinzip angeboten, obwohl eine aktive Kommunikation effizienter wäre, oder umgekehrt.

Die Kommunikationswege in grossen Institutionen entwickeln sich oft personenspezifisch und werden kaum prozessorientiert aufgebaut. Darum lag hierin ein beachtliches Optimierungspotenzial, um eine rasche Verbesserung und Effizienzsteigerung zu erreichen. Für alle Führungskräfte wurde deshalb eine optimale Kommunikationsvernetzung erarbeitet und vorgeschlagen. Dem resultierenden Kommunikationsportfolio konnte z. B. entnommen werden, dass die Logistik weniger aktiv kommunizieren, aber umso mehr von den anderen beigezogen werden sollte. Andere Bereiche – wie z. B. Planen & Bauen – mussten ihr Kommunikationsverhalten kaum verändern. Nach einem Jahr wurde mittels Analyse der Projektinteraktionen ein Feedback gegeben, wie stark sich das Kommunikationsverhalten verändert hat.

Konfliktmanagement – Entwicklung der Potenziale

Für die Potenzialförderung wurde eine externe Beratung für Konfliktmanagement evaluiert und ein direktionsweites Projekt gestartet. Die Ziele für das Konfliktmanagement wurden gemeinsam erarbeitet und umfassten folgende Punkte:

Die Mitarbeitenden der Direktion Betrieb
- sind sich bewusst, dass Konflikte menschlich sind und im Alltag vorkommen. Sie nutzen sie als konstruktive Chance.
- erkennen Konflikte rechtzeitig und lösen sie mit den Beteiligten.
- kommunizieren miteinander und mit ihren Partnern offen und ebnen damit den Weg für gute Leistungen.
- anerkennen Spielregeln, die helfen, Konflikte konstruktiv zu lösen. Die Führungskräfte bieten aktive Unterstützung und Ressourcen an.
- fühlen sich wohl aufgrund der etablierten Streit- und Kommunikationskultur und entwickeln sich und die Direktion Betrieb weiter.

Als Arbeitsmotto galt: Die Menschen stärken – die Sachen klären. Das Projekt wurde top-down aufgezogen, d. h. zuerst wurde das oberste Kader in das Projekt integriert, danach das mittlere Kader und schliesslich die Mitarbeitenden. Die im Interpretationsnetz diskutierte hohe kritische Vernetzung führte zum Entscheid für den Top-down-Ansatz, da negative Entwicklungen unbedingt verhindert werden mussten: Nur wenn die Führungskräfte den Umgang mit Konflikten positiv vorleben, wird das Signal von den anderen ernst genommen. Auf der Potenzialebene Veränderungen auszulösen ist aber nur langfristig und mit menschlichen Überwindungen möglich – es betrifft tief liegende Verhaltensmuster (mental maps)! Solche Projekte dauern deshalb länger, beinhalten Rückschläge und benötigen mehrere Wiederholungen, bis unerwünschte Handlungsmuster verschwunden sind.

Fazit

Das Tandem «Kommunikationsstrukturen bereinigen» mit raschem Nutzen für den Alltag und das parallel laufende «Konfliktmanagement» erweist sich heute als wichtiger Beitrag für einen aktiven Veränderungsprozess in der Direktion Betrieb. Die Mitarbeitenden haben den Nutzen für ihre Alltagsprobleme erkannt (priorisieren und gezielt kommunizieren) und setzen sich gleichzeitig mit ihren persönlichen Stärken und Schwächen auseinander. Die Hebel der Veränderung wurden in Gang gesetzt, aber diese Veränderungen am Leben zu erhalten bedingt Hartnäckigkeit und Durchhaltevermögen. In regelmässigen Arbeitssitzungen müssen offene Konflikte angegangen und die gemachten Fortschritte transparent reflektiert werden.

6.4 Systemisches Vorgehen bei der Umstellung von Geldautomaten auf die Euro-Währung

Kurt Leuenberger, ICG – Information Consulting Group AG

Am 1. Januar 2002 wurde in zwölf europäischen Ländern der Euro als gesetzliches Barzahlungsmittel eingeführt und die bestehenden Landeswährungen abgelöst. Die Währungsumstellung auf diesen fixen Termin führte dazu, dass in den betroffenen Ländern auch sämtliche bestehenden Verkaufssysteme (POS – Point of Sales) auf Euro umgerüstet werden mussten. Diese Herausforderung musste ein grosser Automatenhersteller bewältigen. Ein Jahr vor der definitiven Euro-Einführung wurde der Firma Information Consulting Group AG (ICG) das Mandat für die Gesamtleitung im Projekt Euro übertragen. Das Gesamtprojekt umfasste 70 individuelle Projekte in zwölf Ländern. Im Kernteam arbeiteten zwölf Personen mit. Umfangreiche Softwareänderungen waren erforderlich, und die Hardware musste weiterentwickelt werden. Insgesamt waren über 100 involvierte Mitarbeiter des Automatenherstellers zu koordinieren.

Systemisches Vorgehen

Das Problem Euro-Einführung wurde systemisch angegangen. Das Vorgehensmodell (vgl. Abb. 6.9) umfasste sämtliche Managementaufgaben.

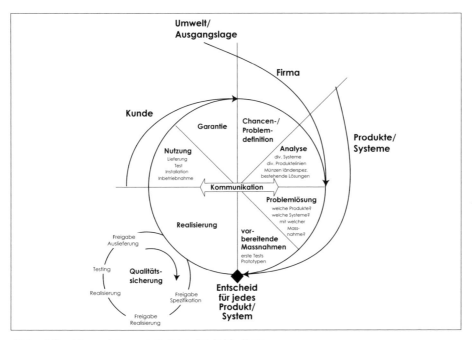

Abb. 6.9   Vorgehensmodell im Projekt «Euro»

Zu den einzelnen Phasen und Aktivitäten und deren Zusammenspiel waren folgende Charakteristiken von Bedeutung:

Chancen-/Problemdefinition und Projektumfeld

Die Auftragslage war klar und terminlich ohne jeglichen Spielraum. Am 1. Januar 2002 galt der Euro als gesetzliches Barzahlungsmittel in zwölf europäischen Ländern. Aufgrund dieser Währungsumstellung mussten ab diesem Datum alle Verkaufssysteme die neue Währung annehmen und verarbeiten können. Im Projekt Euro wurde versucht, die Entwicklungstendenzen zu erkennen und daraus mögliche Chancen und Gefahren für das Projekt abzuschätzen. Diese Abschätzung wurde durch die Gesamtprojektleitung zu Beginn jeder Projektphase neu vorgenommen und mit den Meldungen und Beurteilungen aller Teilprojektleiter abgeglichen.

Analyse

Von der Währungsumstellung waren verschiedene Hard- und Softwaremodule betroffen. Für das Ausarbeiten der einzelnen Lösungskonzepte standen im Wesentlichen die folgenden Fragen im Vordergrund: Welche Produktelinien und Systeme werden auf Euro migriert? Welchen Einfluss haben die länderspezifischen Euro -Münzen? Welche bestehenden Lösungen können verwendet werden?

Problemlösung

In dieser Phase wurden mit den jeweiligen Fachspezialisten und externen Partnern die Konzepte und Massnahmen erarbeitet, mit welchen die definierten Produktelinien und Systeme auf die neue Währung vorbereitet werden sollten. Insbesondere war zu beachten, dass insgesamt rund 80 individuelle Kundenprojekte abgewickelt werden mussten. Aus diesem Grund musste mit allen verfügbaren Mitteln verhindert werden, dass sich allfällige konzeptionelle Fehler einschlichen. Die Ziele wurden stufengerecht explizit formuliert und Zielkonflikte herausgeschält. Dabei gab es inhaltliche Systemziele festzuhalten, z.B. «Das Projekt soll zur Ausschöpfung von Marktpotenzialen und einem Mehrumsatz von 250% führen». Im Weiteren galt es, Vorgehensziele im Projekt festzuhalten, z.B. «Per 1. Januar müssen alle Projekte bei allen Kunden erfolgreich eingeführt sein».

Vorbereitende Massnahmen und Entscheid

Nachdem die Lösungskonzepte vorlagen, konnten erste reale Prototypen erstellt werden. Diese mussten anschliessend eine intensive Testreihe durchlaufen. Basierend auf diesen Erkenntnissen konnte die Freigabe für die Realisierung der einzelnen Projekte erfolgen. Im Anschluss an die ersten Prototypen und die ersten Erfahrungen aus dem Test wurde das Lösungskonzept formell mit einem «GO-Entscheid» verabschiedet. Jedes Kundenprojekt durchlief anschliessend den im Lösungskonzept definierten Zyklus. Basierend auf dem GO-Entscheid konnte im Anschluss mit der Realisierung begonnen werden.

Realisierung und Qualitätssicherung

Erst nach der ausführlichen und umfangreichen Analyse- und Designphase konnte mit der Realisierung der einzelnen Projekte gestartet werden. Diese Analyse- und Designphase war wichtig, da rund 80 Kundenprojekte abgearbeitet werden mussten. Bereits geringfügige konzeptionelle Fehler hätten sich entsprechend multipliziert. Die Planung der Qualität konnte grundsätzlich nicht als einmalige Angelegenheit betrachtet werden. Es galt, alle während des Projektes sich ergebenden Resultate, Situationen und Einflüsse immer wieder zu berücksichtigen und in Form einer neuen Planung darzulegen. Sowohl die Spezifikationen als auch die Realisierung waren formell freizugeben. Nach der Realisierung folgte das Testing nach festgelegten Prozeduren, und erst anschliessend konnte die Auslieferung bewilligt werden. Diese Qualitätssicherungsschritte waren für jedes der Teilprojekte strikte einzuhalten und zu überwachen.

Bereits anlässlich der Vertragsverhandlungen wurde versucht, auch die Kunden und Lieferanten risikomässig einzubinden. Ein Rechtsberater wurde von Beginn an für die gesamte Abwicklung einbezogen. Diese Massnahme war jedoch nur eines der Instrumente für eine ganzheitliche Risikobeurteilung. Als weitere Massnahme wurden im Rahmen der wöchentlichen Projektmeetings neue und bestehende Risiken mindestens alle vier Wochen neu beurteilt. Die Einstiegsfrage war immer die folgende: «Was müssen wir machen, damit das Projekt nicht erfolgreich wird?» Damit die weiteren bekannten und unbekannten Risiken identifiziert werden konnten, wurden anlässlich von Sitzungen, Reviews usw. jeweils systematisch und gezielt Fragen gestellt. Aus der Risikoanalyse resultierten präventive und reaktive Massnahmen, aus der ein transparentes Portfolio entstand. Die Risikoanalyse diente zudem auch als einer der Eckpfeiler für die Eventualplanung während des Währungswechsels.

Nutzung

Die Nutzung begann mit der Lieferung der benötigten Hardware- und Softwarekomponenten und endete mit dem Ablauf der Garantiephase. Im Anschluss an die Lieferung wurde bei jedem Kunden eine Schulung für die bevorstehenden Umbauarbeiten durchgeführt. Anlässlich dieser Schulung wurde beim Kunden jeweils ein Gerät vollständig auf die neue Währung umgebaut.

Die Verkaufssysteme wurden unterschiedlich auf die neue Währung vorbereitet. Je nach Land und Produkt konnte die Strategie lauten: «Big Bang» oder sanfte Migration mit Verkauf in Euro und Landeswährung während einer Übergangsfrist.

Mehrdimensionale Kommunikation

Während des ganzen Projektablaufs kam der Kommunikation eine zentrale Bedeutung zu. Es musste sichergestellt werden, dass die richtigen Informationen zur richtigen Zeit am richtigen Ort waren. Konkret ging es darum, die Informationsbedürfnisse zielgruppengerecht abzudecken. Das Aufsetzen des Projektinformationssystems war daher eine zentrale Aufgabe. Dabei wurde eruiert, welche Informationsbedürfnisse mit welchem Informationsangebot gedeckt werden konnten (vgl. Abb. 6.10).

wer	Mittel	Frequenz	Form
Divisionsleitung/ Top-Management	schriftlich mündlich	monatlich	Review Präsentationen Monatsbericht
Business-Unit-Management	schriftlich mündlich	monatlich	Steering Board Präsentationen Monatsbericht
Projektteam	schriftlich mündlich	täglich/ wöchentlich	«Daily Briefing» «Weekly Meeting» Sitzungsprotokolle Pendenzenliste
Mitarbeiter	schriftlich	quartalsweise	Protokolle Anschlagbrett
Kunden/ Lieferanten/Partner	schriftlich	monatlich	«Monthly Euro-News» Briefe

Abb. 6.10   Projektinformationssystem

Mit diesem System wurde eine optimale Steuerung des Projektes sichergestellt. Die schriftlichen Projektberichte dienten als Grundlage für Steuerungs- und Kontrollmassnahmen und deckten den Informationsbedarf der jeweiligen Zielgruppen ab. Mittels entsprechender Gegenkontrollen konnte gewährleistet werden, dass alle Beteiligten die benötigten Projektinformationen erhielten, um ihre Aufgaben erfüllen zu können. Die interne Kommunikation wurde mehrdimensional aufgesetzt: Top-down, Bottom-up und horizontal. Ausser den persönlichen Kontakten wurde mit externen Partnern insbesondere mittels Briefen, Mailings und Events kommuniziert. Der Zeitdruck war während der gesamten Projektdauer gross. Diesbezüglich musste sichergestellt werden, dass Besprechungen, Interviews, Reviews und Workshops effizient durchgeführt wurden. Dazu diente das in Abb. 6.11 dargestellte Kommunikationsraster.

Phase	Moderation	Präsentation
Vorbereiten	• Ziele bestimmen • Wer muss teilnehmen? • Zeit, Ort und Dauer bestimmen • Einladungen und notwendige Informationen versenden • Hilfsmittel bereitstellen	• Art der Präsentation • Ziele bestimmen • Inhalt bestimmen • Welches Zielpublikum? • Darstellungsform und -weise • Darstellungsmittel
Durchführen	• Erreichen der Ziele • Zeit und Vorgehen einhalten • Störungen und Konflikte beheben • Weiteres Vorgehen festlegen (Tätigkeiten, Termine etc.)	• Schaffen angenehmer Atmosphäre • Einleitung • Vortrag • Diskussion • Abschluss
Nachbearbeiten	• Protokoll erstellen • Wurde das Ziel erreicht? • Richtige Zielgruppe, Ort und Zeitpunkt? • Was war gut bzw. kann verbessert werden?	• Protokoll erstellen • Wurde das Ziel erreicht? • Richtige Zielgruppe, Ort und Zeitpunkt? • Was war gut bzw. kann verbessert werden?

Abb. 6.11   Kommunikationsraster

Fazit

Der Euro konnte bei sämtlichen Kunden per 1. Januar erfolgreich eingeführt werden. Der Erfolg wurde durch viele Meldungen in den nationalen und internationalen Medien bekräftigt. Für die erfolgreiche Abwicklung des Projekts waren ein systematisches Vorgehen und ein konsequentes Projektmanagement mit Einbezug von adäquaten Methoden, Techniken und Werkzeugen mitentscheidend. Im heterogenen Umfeld war die Kontaktpflege zu Auftraggebern, Kunden und Mitarbeitern besonders wichtig. Nebst gegenseitigem Vertrauen war einer der weiteren Schlüsselfaktoren für das erfolgreiche Gelingen bei allen Kunden das tägliche Briefing. Der Fortschritt wurde so rasch sichtbar, und die Ziele wurden überschaubar und transparent. Trotz dieser straffen Führung musste nahezu täglich sichergestellt werden, dass die Motivation bei den Gruppenleitern und beteiligten Mitarbeitern nicht nachliess.

6.5 Optimieren des Projektmanagements im Produkte-Entwicklungsprozess

Pavel Kraus, aht'intermediation GmbH

Im Jahr 1999 lancierte Roche Diagnostics eine Wissensmanagement-Initiative. Ziel waren Einsparungen im Bereich Forschung und Entwicklung bei Patient Care. Patient Care entwickelt und vermarktet die Produkte zur Blutzuckermessung für Leute mit Diabetes. Der Produkte-Entwicklungsprozess wurde ausgewählt, weil dort die Hebelwirkung von Wissensmanagement-Massnahmen am stärksten war.

Bei Roche Diagnostics Patient Care waren die Projektteams auf die Standorte Mannheim und Indianapolis verteilt. Die Projektmanagement-Teams jedoch hatten oft Mitglieder in beiden Kontinenten. Dies forderte eine besondere Aufmerksamkeit für Kommunikation und Wissensmanagement. Die Firma war ISO 9001 zertifiziert. Deshalb waren die Prozesse auch auf tieferen Ebenen gut dokumentiert. In einem Projekthandbuch war genau festgelegt, welche Informationen für welchen Schritt zusammengetragen werden müssen.

Wissensmanagement und Unternehmensbild

Nach einer ersten Analyse wurden drei Bereiche für eine Untersuchung und Optimierung ausgewählt:
- Internationales Projektmanagement
- Dokumenten-Controlling
- Intranet-Optimierung

Das Projektmanagement ist zentral, weil fast alle Aktivitäten innerhalb von F & E in Projekten abgewickelt werden. Abbildung 6.12 mag die Zusammenhänge illustrieren.

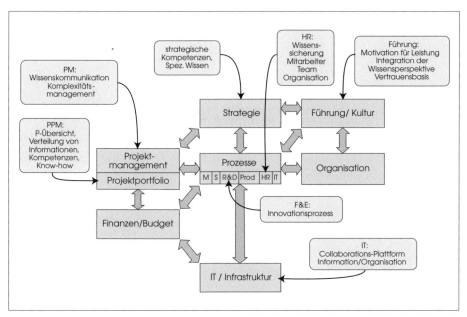

Abb. 6.12   Zusammenhang zwischen Systemvariablen und Wissensmanagement-relevanten Variabeln (gerundete Kästchen)

Aus wissenschaftlicher Sicht können Projekte als komplexe dynamische soziale Systeme verstanden werden. Diese Sichtweise machte die genaue Beschreibung einer Reihe von relevanten Wechselwirkungen innerhalb des Systems möglich. Die Analyse ergab schliesslich eine Auslegeordnung der relevanten Beziehungen, welche die Projektarbeit fördern oder behindern können.

Wissensmanagement Pilotprojekt

Die Wissensmanagement-Initiative zielte darauf ab, Entwicklungsteams dabei zu unterstützen, die wichtigsten Entwicklungsparameter zu verbessern:
- «Time-to-market» verkürzen
- Qualität des Produktes verbessern, gemessen in «MTBF»
- Verfügbarkeit des Produktes sicherstellen, gemessen in «stock-out days»
- Kostenvorgabe einhalten oder Kosten senken

In Forschung und Entwicklung bei Patient Care liefen mehrere Dutzend Projekte parallel. Viele waren voneinander abhängig. Das hier beschriebene Synergieprojekt berührte sechs Produktelinien und sollte zu Kosteneinsparungen von dreissig Millionen Dollar führen. Der Gesamtprojektleiter musste alle sechs Projektleiter als Teammitglieder für dieses Projekt gewinnen. Es galt, folgende drei Problemkreise anzugehen:

Schneller Projektstart mit klaren Zielen und guter Planung
Zuerst musste das Team gemeinsam die Ziele definieren. Dabei galt es, über die Grenzen der Fachdisziplinen hinweg eine gemeinsame Sprache zu finden und gleichzeitig einen guten Zugang zum gegenseitigen Wissen und den Informationen der Teammitglieder zu erreichen. Diese Faktoren waren Bedingung für ein gemeinsames Verständnis der Prioritäten und des Projektablaufes sowie für die Verabschiedung des detaillierten Projekt- und Massnahmenplans.

Zeitgerechte Kommunikation und Informationsaustausch
Das Projekt beinhaltete verschiedene Kommunikationsformen. Vorgesehen war, spezielle Workshop-Designs einzusetzen und verbindliche Dokumentenstandards zu vereinbaren. Zum effizienteren Erstellen von Dokumenten war die Einführung einer modularen Dokumentenstruktur geplant. Eine weitere Herausforderung schliesslich bestand in der software-ergonomischen Optimierung eines bestehenden Intranet-Teamrooms.

Vermeidung von «Information-Overload» in komplexen Projektphasen
Beim Erreichen von Meilensteinen mussten Informationen und Wissen parallel arbeitender Teams zusammengeführt werden. Das Projektziel bedingte dabei schnelle Entscheidungen von hoher Qualität innerhalb eines engen Zeitplans.

Folgende Bereiche sind näher untersucht und optimiert worden:
- Einbindung der Projekte in die Firmenstrategie
- Analyse der F-&-E-Prozesse bezüglich Effizienz und Problemanfälligkeit
- Qualität der Wissenskommunikation im Projektteam
- Beschleunigung der Arbeitsweise durch modernes Workshop-Design
- Erhöhung der Informationsqualität von Dokumenten, Zugang zu Informationen
- software-ergonomische Analyse und Optimierung des Intranet-Teamrooms

Grundsätzlich neu war den Projektleitern keiner dieser Bereiche. Einige von ihnen hatten zwanzig Jahre Erfahrung mit Projektmanagement. Trotzdem konnte man mit dem systemischen Ansatz in vielen einzelnen Bereichen Lücken entdecken. Dabei orientierte man sich an der Definition des Wissensmanagements, welche im gleichen Jahr in einem internationalen Workshop bei Roche erarbeitet worden war:

> «Das Wissensmanagement umfasst alle systematischen Aktivitäten, welche Mitarbeiter befähigen, notwendige Informationen und Wissen zeitgerecht zu geben und zu verwenden. Dadurch verbessern sie ihre persönlichen Leistungen, organisatorische Effizienz und Wirtschaftlichkeit.»

Allgemein kann man sagen, dass der Brückenschlag (Kommunikation) zwischen den Fachdisziplinen durch eine Schicht geschah, welche aus Informationen und Wissen bestand. Dabei baut Wissen auf Informationen, welche wiederum auf Daten aufbauen. In der Wissenskommunikation entstehen oft Lücken, die es in einem intradisziplinären Team zu schliessen gilt.

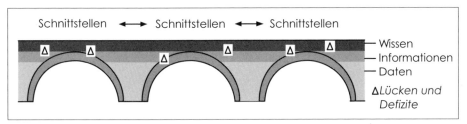

Abb. 6.13 An den Schnittstellen zwischen Fachdisziplinen ist das Schliessen der Lücken und die Qualität der Wissenskommunikation entscheidend

Beschleunigter Projektstart

Damit die Arbeit schnell und effizient aufgenommen werden konnte, mussten die Teammitglieder in vielfacher Hinsicht «synchronisiert» werden. Sie mussten sich und die Materie kennen lernen. Es galt, eine gemeinsame Sprache und ein gemeinsames Verständnis der Problematik zu entwickeln. Oft fehlte das Kontextwissen, und wichtige Informationen wurden im Moment nicht als projektrelevant erkannt. Darum war die Herstellung des Kontextes eine Voraussetzung für ein vollständiges Einbinden aller verfügbaren Ressourcen.

Um diese Synchronisierung zu erreichen, organisierte das Team für alle beteiligten Disziplinen einen speziellen «Kick-off-Event» mit fünf Zielen:

- klare Kommunikation der Projektziele gemäss den strategischen Geschäftsvorgaben
- Priorisierung der Teilziele
- systematische Aufnahme der verfügbaren Ressourcen
- Identifizierung der Lücken und Entwicklung der Massnahmen, um diese zu schliessen
- detaillierter Massnahmenplan mit zugeordneten Verantwortungen

Eine stringente Methodik erlaubte es, diesen Event sehr konzentriert und zielgerichtet durchzuführen. Alle Schritte wurden visualisiert. In dieser Phase begannen die Teilnehmer, den Kontext in vielen Ebenen zu verstehen. Das Resultat war ein beschleunigter Start des Projektes unter Vermeidung vieler bilateraler Verständnisdiskussionen.

Die Resultate und das weitere Vorgehen wurden in einer visuellen Kurzform auch weiterhin in einer Art «Projektkompass» weitergeführt. Er orientierte das Team und neu dazukommende Mitglieder über alle wichtigen Projektparameter, hatte aber noch weitere wichtige Funktionen:
- Das Wissen über die Ziele des Projektes blieb auf dem neuesten Stand.
- Das Denken des Teams blieb ständig auf die wichtigsten Prioritäten fokussiert.
- Die Vermarktung des Projektes konnte leichter von jedem Mitglied geleistet werden.
- Der Projektverlauf mit allen Meilensteinen, Entscheiden und Erkenntnissen war transparent.
- Er erinnerte die Mitglieder an die Funktionen der andern Mitglieder und erleichterte den Zugang zu Informationen und Wissen.

Zeitgerechte Kommunikation

Am ersten Kick-off-Event schuf das Team die Grundlage für eine zu erstellende Teamvereinbarung. Sie war ein Führungsinstrument und half dem Projektleiter, Transparenz und Disziplin in den Projektabläufen zu sichern.

Neben anderem umfasste diese Vereinbarung auch Dokumentations-Standards. Oft war die Ablage und der gemeinsame Zugriff auf Dokumente nicht zufrieden stellend. Die unkoordinierte Benennung der Dokumente, der Dateinamen und der Ablageorte erschwerte das Wiederfinden.

Oskar Weiss zu: « Die Lösung »

Ein weiteres Problem war die interne Struktur der Dokumente, wie Protokolle, Berichte etc. Hier musste eine moderne modulare Struktur den schnellen Zugang zur Information erleichtern. Diese Struktur musste auch die Entscheidungen und deren Unterstützung berücksichtigen. Mit einer auf Entscheidungshierarchien abgestimmten Struktur konnten Geschwindigkeit und Qualität von Entscheidungen direkt beeinflusst werden.

Zum Austausch der Dokumente war eine Intranetplattform notwendig. Diese erfüllte Dokument-Management-Bedürfnisse und diente auch als Management-Informations-System. Das System wurde einer sorgfältigen Software-Ergonomie-Analyse unterzogen. Dabei wurden Defizite in Navigation, Bedienungsfreundlichkeit, Logik und Begriffsstrukturen (Taxonomie) festgestellt.

Ein Redesign lieferte folgende Resultate:
- Ermöglichung effizienter Erstellung, systematischer elektronischer Ablage und Wiederfindung der Dokumente durch Teammitglieder und Drittpersonen
- Erhöhung der Transparenz und Standardisierung innerhalb des Teams
- Optimierung des Lebenszyklus der Dokumente (Workflow)
- Verminderung der selbst gemachten Informationsüberlastung innerhalb des Teams
- verbesserte Effizienz im Informationszugriff und Zeitbedarf für Generierung von Dokumenten

Die Teamvereinbarung, Definition von Projekt- und Dokumentationsstandards sowie die Optimierung der Intranetplattform waren die wichtigsten Faktoren für eine zeitgerechte Kommunikation und einen effizienten Informationsaustausch.

Kein «Information-Overload»

Das Hauptprojekt war abhängig von Entscheidungen in den sechs anderen Projektteams. Eines der Entwicklungsteams evaluierte die Arbeit eines ganzen Jahres und hatte dann zu entscheiden, welche weiteren Schritte folgen sollen. Dieses Team umfasste rund zwanzig Ingenieure, Forscher und Marketingleute. Die Dokumentation bestand aus mehreren Tausend Seiten. Um den nächsten Schritt vorzubereiten, mussten mehrere «Go-No Go»-Entscheidungen an einem zweitägigen Workshop gefällt werden. Der Zeitplan des

Hauptprojektes durfte wegen dieser Entscheidungen nicht gefährdet werden.

Damit dieses Subteam nicht in einem Ozean von Details unterging und die Entscheidungen zeitig fielen, wurde eine spezielle Workshopstruktur gewählt.

Die Projektleiter vereinbarten einen bestimmten Detaillierungsgrad für ihre Präsentationen und arbeiteten diese in ihren Teams aus. Am Workshop wurde während jeder der total elf Präsentationen ein visuelles Protokoll erstellt. Diese Protokolle wurden im Plenum gezeigt und gemeinsam korrigiert. Auf diese Weise wurde eine zweite Verdichtungsstufe erreicht.

Im nächsten Schritt wurden diese Visualisierungen in eine einzige integriert. Dieser Schritt ermöglichte eine gleichzeitige Vereinheitlichung verschiedener Standpunkte. Die interaktive Dokumentation machte es möglich, auf verschiedenste Argumentationen einzugehen, entsprechende Informationen zu holen, zu bewerten und Entscheidungen zu treffen, will heissen: wichtige Entscheidungen fundiert und mit Berücksichtigung aller nötigen Fakten innerhalb des zeitlichen Rahmens zu fällen.

Fazit

Dieses Pilotprojekt zeigte, dass die Wissensmanagement-Perspektive ein Schlüssel zur Identifizierung und Lösung komplexer Probleme ist. Das gilt insbesondere für Strategie-Entwicklung, Ressourcenmanagement und mehrere Aspekte des Projektmanagements. Wer Gesichtspunkte aus der Wissensperspektive übernimmt, findet einen neuen Zugang zu Fragen rund um die Steigerung der Effizienz im Projektmanagement.

Die Integration von Wissensmanagement-Methoden in die Arbeitsprozesse, insbesondere das Schliessen von Kommunikationslücken, steigerte die Effizienz und senkte die Belastung der Mitarbeiter. Das Projektteam erlebte eine Beschleunigung seiner Arbeit, was sich direkt auf das «Time-to-market» auswirkte.

Ein wichtiges Kriterium für die Realisierung dieses Effektes bildete die Führung durch den Teamleiter und dessen gutes Beispiel. Dies zeigte sich ganz besonders dann, wenn die Resultate der Workshops in konkrete Aktionen umgesetzt werden sollten. Die erreichte Transparenz erlaubte ein erheblich schnelleres Vorgehen als im ursprünglichen Projektplan vorgesehen. Diese Vorteile mussten aber durch konsequentes Angehen und Einfordern seitens der Mitglieder und des Projektleiters in die Realität umgesetzt werden.

Das Projekt bei Roche Diagnostics zeigte die Vorteile des systemischen Ansatzes bei der Optimierung von Projektmanagement, Dokument-Controlling und Ressourcenmanagement. Die ergriffenen Massnahmen stehen auf einer soliden methodischen Basis aus dem Bereich des Wissensmanagements. Diese Methoden empfehlen sich für jedes Projekt. Der Business Case, der im Anschluss an das Projekt erstellt wurde, belegt im Bereich Forschung und Entwicklung eine Einsparung von Ressourcen im zweistelligen Millionenbereich.

6.6 Systemische Kostenoptimierung bei einem Logistikdienstleister

Alexander Jungmeister, Berner Fachhochschule

Die allgemeine momentane Wirtschaftslage begünstigt und fordert die ständige Überprüfung der Wirtschaftlichkeit. Nur effiziente «Business Models» und Prozesse, die ein Maximum an Qualität bei gleichzeitig optimaler Kosteneffizienz ausweisen, erlauben es, im Wettbewerb erfolgreich zu bestehen. Dies galt insbesondere für die Prozesse und Geschäftsmodelle von Yellowworld, der Internettochter der schweizerischen Post. Sie wurde 1999 mit dem Ziel gegründet, der Technologiesubstitution (z. B. «Brief durch E-Mail») proaktiv zu begegnen und Lösungen zu entwickeln, die es erlaubten, der Post frühzeitig neue Ertragsquellen zu erschliessen, während sich der Zyklus der alten Technologien dem Ende zuneigte und sinkende Erträge erwarten liess.

Das Ziel der neuen Firma war es zu diesem Zeitpunkt, innert drei bis vier Jahren eine führende Marktposition in der Schweiz zu erreichen. Die Wachstumsprognosen der New Economy waren euphorisch, und Internetfirmen und -portale erzielten durch Börsengänge unglaubliche Gewinne. Die neue Firma sollte der bevorzugte Partner für Firmen werden, die Geschäfte übers Internet abwickeln wollten. Das Angebot umfasste alle notwendigen Elemente für den Waren-, Informations- und Geldfluss, vom Web-Shop über die logistischen Abläufe der Post bis zum Payment und Inkasso. Als zweites strategisches Standbein entwickelte die Internetfirma ein eigenes Portal. Das Ziel war, ein «Convenience»-Portal für den Schweizer Konsumenten anzubieten mit umfassenden Produkten und Dienstleistungen wie Shopping-Malls, Rubrikenmärkte, News und Community-Contents, E-Government-Services, Mail-Services und so weiter.

Problemstellung

Der raschen Aufbruchstimmung des Start-ups folgte aber bald Ernüchterung, da das Geschäft (noch) wenig Ertrag brachte, die Geschäftsmodelle und Dienstleistungen unklar waren und die Revision einige Mängel in Organisation und Dokumentation beanstandete.

2000 wurde deshalb ein sechs Monate dauerndes Projekt «Optimierung Operations» mit dem Fokus Optimierung der «Business Models» und Identifikation von Kosteneinsparungen gestartet. Ziele des Projektes waren, die Revisionsanforderungen zu erfüllen, innerhalb von drei Jahren einen mindestens zweistelligen Millionenbetrag zu sparen und gleichzeitig die «Business Models» so zu optimieren, dass die Wettbewerbsfähigkeit des Internetbereiches gewährleistet wurde. Die untersuchten Geschäftsfelder waren dabei das Portal Business sowie die Entwicklung und der Verkauf von kundenspezifischen Lösungen.

Projektorganisation und Vorgehen

Das Projekt gliederte sich in vier Phasen:
- Potenzialanalyse: Dauer 6 Wochen
- Potenzialbewertung: 2 Wochen
- Potenzialrealisierung: 3 Monate «Quick Wins», 9 Monate Mittelfristige Projekte
- Realisierungskontrolle: 2 Jahre, partiell

Das Projektteam bestand aus einem Gesamtprojektleiter und vier Teilprojektleitern (vgl. Abb. 6.14). In wöchentlichen Sitzungen wurden die Interdependenzen zwischen den einzelnen Projekten und Arbeitsbereichen aus vernetzter Sicht ganzheitlich besprochen und Probleme wie auch Synergiepotenziale sukzessive angegangen.

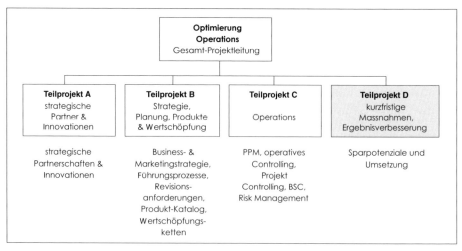

Abb. 6.14   Projektstruktur

Der Ansatz

Im Folgenden wird spezifisch nur auf das Teilprojekt Kosteneinsparungen eingegangen. Der systemische Ansatz, der für die Analyse und die Umsetzung des Projektes gewählt wurde, bezog sich dabei auf die Managementbereiche gemäss Abbildung 6.15.

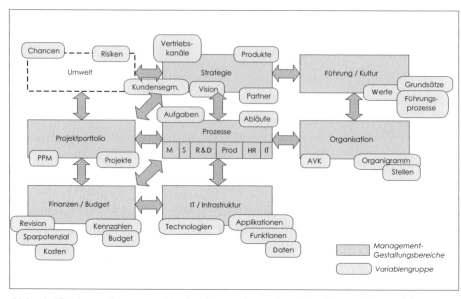

Abb. 6.15   Vernetzung und Inderdependenz der einzelnen untersuchten Variablengruppen

Das Durchführen von Kostenreduktionsprogrammen bedeutete eine vernetzte Aufgabe von hoher Komplexität. Im Sinne des «Method Engineering» wurden von einem methodisch korrektem Vorgehen klar definierte Projektaktivitäten, Ergebnisse, beschriebene Techniken (zur Erreichung der Ergebnisse) und ein eng umrissenes Rollenmodell (wer macht was) erwartet. Da die systemische Vernetzung der Variablen in einem Projekt jeweils eine individuell andere ist, mussten die Aktivitäten, Ergebnisse und Rollen in einem klaren Projektplan dokumentiert werden, was in diesem Projekt auch zu Beginn gemacht wurde (Variablengruppe Projektportfolio).

Bei der Identifikation von Kosteneinsparungen galt es, nicht nur kreativ zu sein und möglichst alle Potenziale auf allen Ebenen und in allen Bereichen zu identifizieren, es galt auch, die identifizierten Potenziale rasch umzusetzen und dabei sicherzustellen, dass die umgesetzten Potenziale möglichst keine negativen Seiteneffekte wie verminderte Qualität, unzufriedene Kunden/Mitarbeiter, Reklamationen und Fehlerraten, Liquiditätsprobleme etc. beinhalteten. Dies bedeutete, dass die vernetzten Variablen in allen Stufen des Projektvorgehens konstant gemonitort und in ihren interdependenten Auswirkungen betrachtet werden mussten.

Der systemische Ansatz hatte den Zusatzvorteil, dass durch die vernetzte Art der Betrachtung des Systems Potenziale nicht nur sukzessive identifiziert wurden, sondern auch die Rückkopplungen bzw. Interdependenzen und die Auswirkungen der identifizierten Potenziale ausgelotet sowie weitere Potenziale aufgedeckt werden konnten.

Ein Beispiel zeigt Abbildung 6.16 Sparpotenziale werden meist in Bottom-up-Interviews gesammelt und erst später verdichtet. In den Interviews wurde etwa deutlich, dass eine Reihe von Verträgen mit fixen Up-Front-Beträgen für outgesourcte Dienstleistungen abgeschlossen worden waren, z. B. ein Vertrag mit einem Contentprovider über mehrere Millionen. Ein Teil des Sparpotenzials bestand nun darin, diese Leistung neu auszuschreiben (Variable: Preis) und von der Nutzung bzw. dem Transaktionsvolumen abhängig zu machen (Variable: Transaktionsvolumen). Optimierte Verträge mit flexibleren Kosten haben dann auch fördernden Einfluss auf die Anzahl sowie die Heterogenität und den Umfang der benötigten Infrastruktur (Variable: Anzahl Plattformen und, -Applikationen, -Kosten, Liquidität), was wiederum auch einen positiven Einfluss auf die Organisation (Variablen: Anzahl Stellen, Personalkosten) sowie das Projektportfolio hatte (Variablen: Anzahl

Projekte, Projektaufwand). Die solcherart gesparten Ausgaben hatten dann wiederum zur Folge, dass die Zinsbelastungen für Kredite reduziert werden konnten (Variable Zinskosten).

Weitere Analysen zeigten, dass sogar noch grössere Skaleneffekte entstehen würden, falls man nicht nur Internetaktivitäten und Verträge der Internettochter, sondern weitere Internettätigkeiten mehrerer Geschäftseinheiten bzw. Firmen im Rahmen der Logistikholding zusammenfassen würde (Ebene Strategie: Variablen Kernaufgaben, Mission, Operation Costs). Je grösser die Synergiepotenziale, desto grösser war auch der zu erwartende Widerstand gegen die Veränderung (Ebene Führung: Variablen Veränderungswiderstand, Werte, Anreizsystem) und die damit verbundene Umsetzung in Bezug auf die Variablen Umsetzungs-Komplexität und -Kosten sowie Zeitdauer (Ebene Projektportfolio). Dies galt umso mehr, als die strategische Gliederung in Geschäftseinheiten in der Regel durch Mitglieder der Geschäftsleitung und des Verwaltungsrates initiiert werden und eine Infragestellung der Effizienz (Kosten/Gewinnrelation) dieser so definierten Einheiten dann häufig naturgemäss auf Widerstand ebendieser gestaltenden Kräfte stösst.

Ergebnisse

In der ersten Phase wurden Sparpotenziale in dreistelliger Millionenhöhe identifiziert. Die Schwergewichte lagen bei Zinsersparnissen durch Ausgabenreduktion, neue Verträge mit Partnern, zentrales Purchasing Management, Optimierung Zentrale Funktionen, Controlling ABC Costing und Controlling Balanced Scorecard.

Die identifizierten Potenziale wurden anschliessend bewertet. Dabei spielten die Faktoren Komplexität der Realisierung, Grösse des Potenzials sowie der Zeithorizont der Einsparungen eine Rolle. Mit einer Nutzwerttabelle wurden in mehreren Sitzungen auf unterschiedlichen Ebenen mit dem Topmanagement und dem Middle-Management sowie den betroffenen Gruppenleitern die Potenziale und ihre Auswirkungen diskutiert und schliesslich bewertet. Der klare Projektauftrag und die rasche und verbindliche Entscheidung des Topmanagements erleichterten die Entscheidungsfindung.

In Phase drei wurden die identifizierten Potenziale in zwei Gruppen aufgeteilt. Die so genannten Quick Wins erlaubten es, Sparpotenzial sehr rasch zu

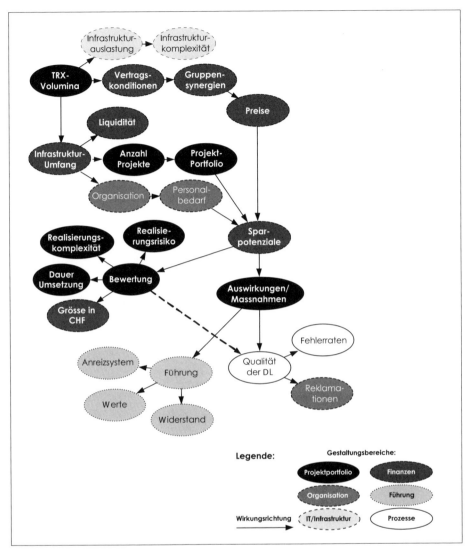

Abb. 6.16   Variablenzusammenhänge im Bereich Kostenreduktion

realisieren. Längerfristige Sparpotenziale benötigten entweder ein grösseres Projektmanagement für die Realisierung oder fielen in ihren Erträgen zeitlich verzögert an.

Phase vier sah dann ein Nutzentracking, d.h. ein Realisierungscontrolling vor, das die Massnahmen auf ihre Wirksamkeit im Betrieb hin monitorte und bewertete. Bei Abweichungen vom Realisierungsplan bzw. bei Realisierungsdefiziten wurden Massnahmen eingeleitet, die ein Gremium zu bewilligen hatte.

Fazit

Das Projekt konnte die Revisionsanforderungen sowie die gesteckten Sparziele erfüllen, wovon ca. 30% im ersten Jahr umgesetzt wurden. Die dabei anfallenden Gesamtprojektkosten waren mit unter 1% des Potenzials bescheiden. Im Laufe des Jahres 2001 platzte dann die Internetblase, was den Leidensdruck verschärfte und den finalen Schub gab, die frühzeitig identifizierten Potenziale umzusetzen. Der grosse Irrtum war zu glauben, dass das Internet per se neues Geschäft generieren kann. Die echte Wertschöpfung wird nach wie vor in der Old Economy produziert. Der Nutzen des Internets liegt für die Anbieter in der Eröffnung neuer Vertriebs- und Kommunikationsmöglichkeiten, für die Konsumenten vor allem in der Informationsbeschaffung und in der Markttransparenz, erst in zweiter Linie in der Tätigung von Transaktionen. Vor lauter Begeisterung über die neuen Möglichkeiten wurde der echte Nutzen für den Kunden häufig übersehen. Die Entwicklung auf dem Internetmarkt war aber schwer abzuschätzen. Umso wichtiger war es, dass man schnell erkennen konnte, ob man sich in einer Sackgasse befindet oder nicht. Das hiess aber dann auch, schnell zu reagieren, d.h. restrukturieren, refokussieren und nicht nachgefragtes zu redimensionieren. Im Zuge der Restrukturierungen wurden dann Ende 2002 einige Bereiche wie «electronic billing» zur Mutter reintegriert, um dort die Skaleneffekte zu nutzen. Der Mitarbeiterbestand in der Internettochter wurde redimensioniert.

Es zeigte sich, dass periodische klassische betriebswirtschaftliche Analysen auf der Basis des vernetzten systemischen Ansatzes sich sehr gut eignen, die gesteckten Ziele zu erreichen. Der Ansatz ermöglicht die integrale Betrachtung sowie die frühzeitige Identifikation von Kostenreduktionspotenzialen, die ohne methodisch-systematischen Ansatz wohl nicht aufgespürt worden wären. Neben den «technischen Variablen» waren für die Realisierung von Sparpotenzialen aber ebenso «weiche Faktoren» wie Werte und Stakeholderinteressen einzubeziehen. Darüber hinaus sollte die Implementation von strategischen Frühwarnsystemen nicht vernachlässigt werden, um für künftige Einbrüche und Entwicklungssprünge der Märkte gewappnet zu sein.

Literaturliste

Im Folgenden werden die in Abbildung 1.1 aufgeführten Titel kurz vorgestellt. Sie haben uns beim Aufbau des Fachgebietes Systemik wesentliche Ideen geliefert bzw. unser Denken besonders geprägt. Um den Leser zur weiteren Auseinandersetzung mit den verschiedenen Themenbereichen zu animieren, haben wir jedem Titel ein paar kurze, persönliche Bemerkungen beigefügt.

Systemtheorie

DAENZER, W. F; HUBER F. (Hrsg.): Systems Engineering – Methodik und Praxis. Verlag Industrielle Organisation 11. Auflage 2002, 618 Seiten.
Das Buch gilt in der Schweiz als Standardwerk für «Systems Engineering». Wir empfehlen das Buch allen, welche für die Problemlösung eine methodische Unterstützung wünschen. Das Buch eignet sich insbesondere auch als Nachschlagewerk. Eine umfassende Formularsammlung und eine Enzyklopädie von über 100 wichtigen Gestaltungs- und Managementtechniken runden das Handbuch ab.

FORRESTER, J.: Modeling for Learning Organizations. Productivity Press Inc. 2000, 400 Seiten.
Jay Forrester gilt als Vater von Modellierung und Simulation im Bereich System Dynamics. Im Buch setzen sich 28 Autoren mit «Modellen im Dienste des Lernens» auseinander. Wer sich interessiert für Komplexität und Lernen anhand von Simulationen, dem kann dieses Buch wärmstens empfohlen werden.

HAKEN, H.: Erfolgsgeheimnisse der Natur – Synergetik: Die Lehre vom Zusammenwirken. Deutsche Verlags-Anstalt 1981, 248 Seiten.
Der Autor führt in diesem Grundlagenbuch in das von ihm begründete Fachgebiet «Synergetik» ein. Aus physikalischen Grundlagen heraus entwickelt er Erkenntnisse über das Zusammenwirken von Systemteilen. Das Buch bietet einen anschaulichen Einblick in das anspruchsvolle Gebiet der Selbstorganisation.

KIM, D.; ANDERSON, V.: Introdution to Systems Thinking. Pegasus Communications 1999, 20 Seiten.
«Systems Thinking» ist eine der Schlüsselkompetenzen im 21. Jahrhundert und kritische Disziplin im Bereich «Lernende Organisation». Mit der kleinen Broschüre wird ein Überblick gegeben, wie mit Systems Thinking die Lebensfähigkeit von Unternehmen gestärkt werden kann.

WEINBERG, G. M.: Systemdemken und Softwarequalität. Hanser 1994, 301 Seiten.
In diesem inspirierend geschriebenen Buch führt der Autor den Leser zu einem besseren Verständnis von Systemen und damit zu einem zielgerichteten Denken und Handeln. Denn «schlechtes Management kann die Kosten von Software schneller in die Höhe treiben als jeder andere Faktor».

Komplexitätsforschung

BRIGGS J.; PEAT, D.: Chaos. Abschied von der Sehnsucht, alles in den Griff zu bekommen. Droemer Knaur 2003, 208 Seiten.

Hinter dem Wunsch vieler Menschen nach Ordnung und Überschaubarkeit verbirgt sich oftmals die Angst, das Leben könne aus dem Ruder laufen und im Chaos versinken. Doch im Zustand der Regellosigkeit liegt ein erstaunliches Potenzial an Kreativität und Weisheit. Wie man diese Kraft für seinen ganz persönlichen Alltag nutzen kann, zeigen die Autoren anhand anschaulicher Beispiele aus dem täglichen Leben und der Wissenschaft.

GHARAJEDAGHI, J.: Systems Thinking: Managing Chaos and Complexity: A Platform for Designing Business Architecture. Butterworth-Heinemann 1999, 240 Seiten.

Der Autor geht tief auf systemtheoretische Erkenntnisse ein und spielt gleichzeitig mit der Vereinfachung von Komplexität. Basierend auf Systems-Thinking-Methoden im Management analysiert er Strukturen, Funktionen und Prozesse in einer ganzheitlichen Art und gibt in fünf Beispielen einen Einblick in seine Erfahrungen.

JANTSCH, E.: Die Selbstorganisation des Universums. Vom Urknall zum menschlichen Geist. Carl Hanser 1992, 468 Seiten.

Der Physiker Erich Jantsch hat wohl als Erster die Idee der Selbstorganisation als universelles Prinzip einem breiteren Publikum nahe gebracht. Mit fundiertem Wissen untersucht er, unter welchen Voraussetzungen lebensfähige komplexe Systeme entstehen, und gelangt zu einer revolutionären Betrachtungsweise der Evolution.

LEWIN, R.: Die Komplexitätstheorie. Wissenschaft nach der Chaosforschung. Hoffmann & Campe 1993, 254 Seiten.

Wie entsteht im Chaos der Welt Ordnung? Auf der Suche nach einer Antwort darauf haben sich in den letzten Jahren Wissenschafter aller Fachrichtungen mit der Erforschung der Komplexität beschäftigt und festgestellt: Ordnung entsteht durch höchst komplexe Strukturen der Selbstorganisation. Überall in der scheinbar ungeregelten Welt der Phänomene – ob es um das menschliche Bewusstsein geht, um die Börse oder um ökologische Systeme – gibt es Muster, die wie Bausteine dem Chaotischen Form verleihen. Roger Lewin hat die Vordenker dieser neuen Wissenschaftsrevolution aufgesucht und beschreibt auf spannende Weise die Entwürfe dieser Forscher für ein neues wissenschaftliches Weltbild.

WILBER, K.: Eros, Kosmos, Logos. Eine Jahrtausend-Vision. Fischer (Tb.), Frankfurt 2001, 888 Seiten.

Der studierte Biochemiker wandte sich der Erforschung der Evolution des Geistes zu. Sein erstes Buch, «Das Spektrum des Bewusstseins», erregte sofort Aufmerksamkeit und trug ihm den Ruf ein, der «Einstein der Bewusstseinsforschung» zu sein. Es folgte eine Reihe viel beachteter Bücher, in denen er Schritt für Schritt eine umfassende Darstellung der Erkenntnisse der verschiedenen wissenschaftlichen Disziplinen entwickelte. Mit «Eros, Kosmos, Logos» hat er sich endgültig als einer der führenden integrativen Denker der Postmoderne etabliert.

Ökologie

CAPRA, F.: Lebensnetz. Ein neues Verständnis der lebendigen Welt. Scherz 2000, 384 Seiten.
Seit zwanzig Jahren beschäftigt sich der Physiker Fritjof Capra mit den philosophischen und gesellschaftlichen Konsequenzen der modernen Naturwissenschaft. Nach «Wendezeit» und «Tao der Physik» ist «Lebensnetz» sein drittes Werk. Er hat den Mut, sich der übermächtigen Tendenz zur Spezialisierung entgegenzustellen und entwirft ein ganzheitliches Modell des Lebens, indem er die wichtigsten physikalischen, biologischen, kybernetischen und psychologischen Forschungsansätze in einer Gesamtschau zusammenführt.

DYLLICK, TH.: Ökologie und Wettbewerbsfähigkeit. Hanser Fachbuch 1997, 184 Seiten.
Die wettbewerbsstrategische Relevanz der Ökologie wird immer noch unterschätzt oder sogar verkannt. Aus Sicht der Praxis wird Ökologie zumeist noch einseitig als operatives und als reines Kostenproblem gesehen, während sich die Wettbewerbschancen dieses Themas erst in strategischer Perspektive eröffnen. Aus Sicht der Theorie mangelt es bisher an Konzepten und Instrumenten, um die wettbewerbsstrategische Relevanz der Ökologie verständlich und der Gestaltung zugänglich zu machen. Will man der ökologischen Herausforderung gerecht werden, so müssen vorhandene Wettbewerbskonzepte und -strategien überdacht und angepasst werden.

LOVELOCK, J.: Das Gaia-Prinzip. Die Biographie unseres Planeten. Insel, Frankfurt 1993, 315 Seiten.
Der renommierte Harvard-Biologe untersucht Gaia – die Erde – aus der Perspektive eines Arztes. Diagnose: Gaia ist schwer erkrankt, befallen von Milliarden Parasiten – den Menschen –, die ihren Wirtskörper zu zerstören drohen. Die Gaia-Theorie von Lovelock ist zweifellos einer der interessantesten Zugänge zur Diskussion über das Zusammenwirken landschaftsökologischer Prozesse. Laut der Gaia-Theorie ist die Erde ein Lebewesen, das während der gesamten Evolution durch ständige Anpassung der geophysikalischen und geochemischen Rahmenbedingungen das Gesamtsystem funktionsfähig erhielt.

MEADOWS, D. et al.: Die neuen Grenzen des Wachstums. Rowohlt Tb. 1993, 319 Seiten.
Die 1972 erschienene Studie «Die Grenzen des Wachstums» hat die umweltpolitische Diskussion der Siebziger- und Achtzigerjahre entscheidend geprägt. Heute sind bereits einige Grenzen der Belastbarkeit überschritten. Das war Grund für die Autoren, ein neues Warnzeichen zu setzen.

VESTER, F: Unsere Welt – ein vernetztes System. Deutscher Taschenbuchverlag 1983, 174 Seiten.
Einstiegsmöglichkeit ins elementare Systemdenken. An einfachen Beispielen aus verschiedenen Bereichen werden Prinzipien aufgezeigt, welche für das Zusammenspiel der Systemteile wichtig sind.

VESTER, F: Leitmotiv vernetztes Denken – Für einen besseren Umgang mit der Welt. Heyne Sachbuch 1990, 276 Seiten.
Mittels Aufsätzen aus der Ökologie, Lernbiologie, Kommunikation, Wissenschaft, Wirtschaft, Technik, Natur, Energie, Politik und Medizin zeigt der Autor auf, dass «vernetz-

tes Denken» eine wichtige Strategie für den Ausbruch aus Sackgassen darstellt. Er fordert ein neues «Design» der Welt, um das Überleben der Menschheit zu sichern.

WEIZSÄCKER, V. E. U.: Faktor vier. Doppelter Wohlstand – halbierter Verbrauch. Droemer Knaur 1997, 352 Seiten.
Der Umweltschutz, von der Wirtschaft immer noch als Kostenfaktor gefürchtet, ist längst dabei, zum Nutzenfaktor zu werden. Die Autoren machen sich für eine Effizienzrevolution stark, die dazu führen soll, dass wir die Naturgüter mindestens viermal besser nutzen als bisher. Das ist allerdings nur mit Unterstützung der Politik möglich, die endlich aufhören muss, Vergeudung zu subventionieren, und sich zu einer ökologischen Steuerreform entschliessen sollte.

Erkenntnis- und Handlungstheorie

DÖRNER, D.: Die Logik des Misslingens – Strategisches Denken in komplexen Situationen. Rowolt-Verlag 1989, 320 Seiten.
Der Soziologe fasst in diesem Buch die Problematik im Umgang mit Komplexität anschaulich und einprägsam zusammen. Die Erkenntnisse beruhen auf Analysen wie z. B. der Katastrophe von Tschernobyl und einer Vielzahl von Computersimulationen, in denen Führungskräfte soziale Systeme lenken. Er formuliert die häufigsten Denkfehler, die im Zusammenspiel von Emotion, Motivation, Kognition, Lernen, Denken und Wahrnehmen im menschlichen Verhalten immer wieder vorkommen.

EIGEN, M.: Das Spiel. Naturgesetze steuern den Zufall. Piper 1988, 403 Seiten.
Die Grundelemente des Spiels – Zufall und Gesetz – bestimmen jegliches Geschehen im Universum. So lassen sich Naturgesetze in Form von Spielregeln abstrahieren. Auf dem Spielfeld bilden sich Muster, Information entsteht, die Gesetze von Selektion und Entwicklung treten klar hervor. Dies ist die Quintessenz dieses weltweit erfolgreichen Buches.

MATURANA H. R.; VARELA J. F.: Der Baum der Erkenntnis. Scherz-Verlag 1987, 274 Seiten.
Die zwei Neurobiologen revolutionieren die Vorstellung, wie wir zu neuen Erkenntnissen gelangen. Die These, dass wir die Wirklichkeit in unseren Gedanken fortwährend «selbstreferenziell» konstruieren, stellt einen eigentlichen Paradigmawechsel dar. Das Buch ist sehr leicht und spannend zu lesen und regt zu mehr Toleranz und Selbstverantwortung im Umgang mit der Wirklichkeit an.

SCHLICKSUPP, H.: Ideenfindung. Vogel-Buchverlag 1992, 215 Seiten.
Methoden zur Ideenfindung sind anerkannt, leider beschränken sie sich aber oft nur auf Brainstorming und Ideenkärtchen. Das Buch gibt Anleitungen zu leistungsfähigen und kreativen Methoden.

SHELDRAKE, R.: Der Siebte Sinn des Menschen. Scherz 2003, 480 Seiten.
Sheldrakes Forschungen führen zu einem neuen Verständnis der Natur des menschlichen Geistes. Der Geist, so seine These, beschränkt sich nicht auf das Gehirn, sondern umfasst ausgedehnte Einflussfelder, die weit über Gehirn und Körper reichen. Und er belegt seine Thesen auf eindrucksvolle Weise.

Kommunikationstheorie

BATESON, G.: Ökologie des Geistes. Suhrkamp 2001, 675 Seiten.
Am Ende des zwanzigsten Jahrhunderts tauchen vehemente Zweifel an der Trennung von Geistes- und Naturwissenschaften auf. Diese Zweifel, die allesamt für eine Synthese beider Disziplinen, der so genannten «hard science» und «soft science», sprechen, mussten sich aber gegen traditionell verankerte Denkstrukturen durchsetzen, obgleich die Gegenstandsbereiche von Natur- und Geisteswissenschaft immer kongruenter wurden. Mit «Geist und Natur» gelang es Bateson, ein sehr lesenswertes und unterhaltsames Argument für eine notwendige Verbindung beider Disziplinen vorzulegen.

SCHULTZ VON THUN, F.: Miteinander reden 3. Das «innere Team» und situationsgerechte Kommunikation. Rowohlt Tb. 1998.
Meisterhaft anschaulich und verständlich zeigt Schulz von Thun, wie er gestalttherapeutische Ideen auch für die Kommunikationspsychologie nutzen kann. Bei der Lehre vom Inneren Team geht es darum, die inneren Stimmen zu identifizieren und mit Methoden der Konfliktmoderation zunächst gegeneinander antreten zu lassen, um danach mit einer integrierten Stimme sprechen zu können.

WATZLAWICK, P.: Menschliche Kommunikation. Formen, Störungen, Paradoxien. Huber, Bern 2000, 271 Seiten.
Dieses Buch handelt von den pragmatischen Wirkungen der menschlichen Kommunikation, unter besonderer Berücksichtigung von Verhaltensstörungen. Es ist ein Versuch, Denkmodelle zu formulieren und Sachverhalte zu veranschaulichen. Watzlawick beschreibt anhand vieler Fallbeispiele auf verständliche und immer humorvolle Art das Gedankengut des Konstruktivismus und belebt sein Buch mit sehr vielen Stellen der Weltliteratur, die wiederum dazu einladen, seinen Horizont zu erweitern.

Soziologie und Konfliktforschung

CARSE, P. J.: Endliche und unendliche Spiele: Die Chancen des Lebens. Klett-Cotta 1987, 142 Seiten.
Der amerikanische Theologie- und Mathematikprofessor beschreibt die Welt als Spiel. Die Unterscheidung in endliche und unendliche Spiele entspricht in der Systemik den komplizierten und komplexen Systemen. Das Buch liest sich leicht und ist sehr spannend.

GUNTERN, G.: Im Zeichen des Schmetterlings. DTV, München 1995, 319 Seiten.
Dinosaurier stehen hier für diejenigen in unserer Gesellschaft, die sich an den Schalthebeln der Macht befinden und nach Gewinnmaximierung und ungebremstem Wachstum gieren. Doch der Führungsstil dieser Dinosaurier ist nicht mehr zeitgemäss: Angesichts von Umweltzerstörung und Ressourcenknappheit ist eine neue Führungskultur in Wirtschaft und Politik vonnöten. Gottlieb Guntern, Direktor seines Instituts für Kreativitätsforschung, propagiert die «Zeit der Schmetterlinge». Diese Überlebenskünstler in einer gefährdeten Umwelt sind für ihn Sinnbild für Anpassungsfähigkeit, Flexibilität und Harmonie mit der Natur.

MÜLLER, M.: Das vierte Feld. Die Bio-Logik revolutioniert Wirtschaft und Gesellschaft. Mentopolis 1998, 399 Seiten.
Die Autorin, Wirtschaftswissenschafterin und Leiterin des Instituts für Zukunftsmanagement in Köln, begründet, warum das mechanistische Weltbild auf ein Unternehmen nicht mehr anwendbar ist, sondern durch eine biologische Betrachtungsweise abgelöst werden sollte, die das Unternehmen als einen lebendigen Organismus sieht. Mit starkem Bezug zu den von Rupert Sheldrake so genannten morphischen Feldern entwickelt sie ein neues, indirektes Konzept der Unternehmensführung. Um dieses Konzept zu begründen, gibt sie einen umfassenden und gleichzeitig leicht verständlichen Überblick über das gesamte Spektrum der modernen Wissenschaften. Das Buch liest sich wie ein Krimi und ist eine Bereicherung für alle, die sich kompetent mit dem so genannten Paradigmenwechsel auseinandersetzen wollen.

Wirtschaftstheorien

BEER, S.: Beyond Dispute: The Invention of Team Syntegrity (Managerial Cybernetics of Organization). John Wiley & Sons 1996, 380 Seiten.
Das Buch ist sehr interdisziplinär und diskutiert neue Bereiche von Management. Im Buch wird die Methode von «team syntegrity» diskutiert, eine Methode, die es ermöglicht, in grossen Teams zu gemeinsam getragenen Managemententscheiden zu kommen.

GOMEZ, P.; PROBST, G.: Die Praxis des ganzheitlichen Problemlösens. Haupt-Verlag 1995, 282 Seiten.
Das Buch gibt einen guten Einblick in die Umsetzung des Systemdenkens im Bereich Management. Die Autoren plädieren dafür, dass neben dem vernetzten Denken auch unternehmerisches Handeln und persönliches Überzeugen notwendig sind.

KÖNIGSWIESER, R.: Systemische Intervention. Architekturen und Designs für Berater und Veränderungsmanager. Klett-Cotta 1998, 350 Seiten.
Tätigkeitsschwerpunkte der Autorin sind: Systemische Organisationsberatung, Supervision komplexer Veränderungsprozesse, Begleitung komplexer Weiterbildungsprozesse, systemische Gruppendynamik, Beraterweiterbildung, Konfliktmoderation. Das Buch eröffnet Einblicke in einen Schatz von Erfahrungen, wie man Prozesse angeht bzw. baut, und man findet viele Beispiele für unterschiedliche Interventionen (Workshops, Grossveranstaltungen, kürzere Übungen), die als Designs und Architekturen konzipiert sind.

MALIK, F.: Systemisches Management, Evolution, Selbstorganisation. Paul-Haupt-Verlag 2003, 421 Seiten.
Malik bietet interessante Interpretationsansätze zu Druckers Werk (Practice of Management, Management for the 21th Century, etc). Ausserdem bietet der Autor aus seiner Erfahrung als Berater zahlreiche Erkenntnisse aus dem Bereich Arbeitsorganisation/-optimierung.

MASING, W: Handbuch der Qualitätssicherung. Hanser 1988, 1000 Seiten.
Umfassende und verständliche Einführung in das Fachgebiet. Details werden sukzessive erarbeitet. Dies erlaubt sowohl Laien wie auch Fachleuten eine Vertiefung in die einzelnen Teilbereiche der Qualitätssicherung.

SCHEIN, E.: Prozessberatung für die Organisation der Zukunft. Der Aufbau einer helfenden Beziehung. Edition Humanistische Psychologie 2000, 350 Seiten.
Schein, einer der Mitbegründer der Organisationsentwicklung und weltberühmter Forscher und Berater vom M.I.T. in Boston, hat hier seinen zweibändigen Klassiker zur Prozessberatung (1969 das erste Mal erschienen) zu einem Meilenstein der Beratungsliteratur erweitert. Der Autor zeigt alle Grundaspekte der Prozessberatung für Einzelpersonen, Teams und Organisationen auf und integriert auch seine bahnbrechenden Arbeiten zur Kulturentwicklung und zum Management von Veränderungen.

SENGE, P. M.: Die fünfte Disziplin. Klett-Cotta 1996, 548 Seiten.
Der Management-Professor bringt in seinem Standardwerk zum Thema «Lernende Organisation» fünf Disziplinen zur Sprache, welche auch wir als wichtig erachten: Persönlichkeitsbildung, mentale Modelle, gemeinsame Visionen, Teamlernen und – als «fünfte Disziplin» – das Systemdenken. Das leicht lesbare Buch enthält im Anhang interessante Grundmuster (Archetypen) gängiger Regelkreise.

WILLKE, H.: Systemisches Wissensmanagement. UTB, Stuttgart 2001, 367 Seiten.
Wissen, Wissensmanagement und Wissensarbeit sind unabdingbare Voraussetzungen der Wettbewerbsfähigkeit von Organisationen, Regionen und ganzen Gesellschaften geworden. Die Kernfrage dieses Buches ist: Welche Formen der Erzeugung und Nutzung von Wissen versetzen Personen und Organisationen in die Lage, Lernen und Innovationsfähigkeit zu Kernkompetenzen zu gestalten? Besonders aussagekräftig sind die Fallstudien, die Einblicke in konkrete Ansätze ermöglichen.

ZÜST, R.: Einstieg ins Systems Engineering. Systematisch denken, handeln und umsetzen. Verlag Industrielle Organisation, 4. Auflage 2004, 199 Seiten.
Das Buch baut auf dem «klassischen» Systems Engineering auf. Dem Umgang mit soziotechnischen Systemen, der Vernetzung und dem Faktor «Zeit» wurde vertiefte Beachtung geschenkt. Ziel ist die Vermittlung wichtiger Prinzipien und Grundsätze. Diese werden durch einfache Merksätze und erklärende Beispiele verdeutlicht. Ein einfacher und systematischer Einstieg ins Systems Engineering.

Autoren

Leo Bürki (buerki.leo@bluewin.ch) machte erste Erfahrungen mit lebenden Systemen als gelernter Molkerist, holte die Eidg. Wirtschaftsmatura im 2. Bildungsweg nach und studierte dann Geografie und Chemie. Durch Weiterbildungen bei Prof. F. Vester, Prof. J. Krippendorf, Prof. St. Beer, E. Schein, C. O. Scharmer und Prof. H. Willke vertiefte er seine Kenntnisse in systemischen Wissenschaften und Methoden. Seit 1993 unterrichtet er als Dozent in Nachdiplomstudien an der Berner Fachhochschule in Systemik. Seit 1991 ist er selbstständiger Berater in systemischer Organisationsentwicklung, Wissens- und Prozessmanagement sowie Entwickler von SD-Simulationsmodellen. Die Kunden umfassen Gesundheitsinstitute, Industrie und Behörden.

Roland Hungerbühler (roland.hungerbuehler@bfh.ch) ist Professor für Automation, technische Informatik und Projektmanagement an der Berner Fachhochschule. Zuvor war er verantwortlicher Vertriebsleiter in einem mittelständischen Softwareunternehmen. Seit 1999 führt er als Abteilungsleiter den Bereich Maschinenbau und zeichnete zwischen 2001 und 2003 für die Reorganisation des Fachbereichs Maschinentechnik der Berner Fachhochschule verantwortlich. Parallel zur Lehrtätigkeit hat er verschiedene nationale wie internationale Forschungsprojekte auf dem Gebiet der Automation geleitet. Mit seinem Ingenieurbüro bearbeitet er insbesondere Organisations- und Reorganisationsprojekte im Bereich der Produktion.

Heinrich Mühlemann (heinrich.muehlemann@bluewin.ch), dipl. Ing. ETH / lic. oec. publ. et mag. rer. pol., zeichnet als Siftungsratspräsident für einen Innovationsfonds verantwortlich und arbeitet als eigenständiger Berater in den Bereichen Innovationsmanagement, Systemik und Fachhochschulentwicklung. Zuvor führte Heinrich Mühlemann die Hochschule für Technik und Architektur in der Berner Fachhochschule, und als Leiter des Instituts für Technologietransfer war er für über 300 Forschungs-, Entwicklungs- und Beratungsprojekte verantwortlich. Er entwickelte die Systemik im Autorenteam und erprobte sie als Fachhochschuldozent und parallel zum Aufbau und zur Leitung der Management-Nachdiplomstudien.

Dr. Andreas Ninck (ninck@heuris.net) ist Professor für Informatik und Technologiemanagement an der Berner Fachhochschule. Er beteiligt sich an verschiedenen nationalen und internationalen Projekten im Bereich E-Learning und wurde in diesem Zusammenhang auch als Gastforscher ans Learning Lab der Stanford University eingeladen. Als Gründer des «Forum New Learning» und als Mitglied im Steering Committee des Swiss Virtual Campus engagiert er sich stark für den Aufbau und die Verbreitung von mediendidaktischen Kompetenzen. Andreas Ninck ist Mitbegründer und Verwaltungsrat der Heuris AG, welche innovative Methoden und Werkzeuge im Bereich E-Collaboration entwickelt.

Verfasser Praxisberichte

Dr. Alexander Jungmeister (alexander.jungmeister@bfh.ch) ist Professor für Betriebswirtschaftslehre an der Berner Fachhochschule (BFH). Er ist dort u.a. verantwortlich für die Executive MBA Programme in International Management. Zuvor hatte er verschiedene Managementpositionen bei UBS, Unisys, IMG und ibe inne. Er hat langjährige Erfahrung in der Unternehmensberatung und ist member of the board bei der SFPO (Swiss Financial Planners Organization).

Dr. Pavel Kraus (pavel.kraus@aht.ch) ist Partner bei der Managementberatung aht'intermediation GmbH, Zofingen (Schweiz), sowie Dozent für Innovations- und Wissensmanagement an der Berner Fachhochschule (BFH) und der Fachhochschule beider Basel (FHBB). Zuvor arbeitete er als Knowledge Networking Officer bei einem globalen Pharmakonzern. Daneben ist Dr. Kraus Präsident des Swiss Knowledge Management Forums.

Rolf Kraus Ruppert (kraus-ruppert@oneconsult.com), Dipl Ing HTL, NDS FND, ist Leiter des Leistungsbezügerorgans der Luftwaffe, Berater bei der Firma OneConsult in Thalwil sowie nebenamtlicher Dozent an der Berner Fachhochschule. Zuvor war er Departement Information Officer am Inselspital Bern, Leiter Informatik des KIGA Bern, sowie Informatiksicherheitsbeauftragter des Generalstabs Bern.

Jürg-Rolf Lehner (jr.lehner@corima.ch)ist Gründer der CoRiMa AG, Vinelz (Schweiz), und tätig als Berater und Risk-Manager im Bereich Informatikprojekte und Prozessmodellierung. Zuvor war er Leiter grösserer Softwareprojekte, zeichnete als Vizedirektor und Softwareentwicklungsleiter in einem grossen Pharmalogistikunternehmen verantwortlich und arbeitete als Konzernleitungsmitglied und Informatikverantwortlicher in einem internationalen Elektronikhandelsunternehmen.

Bernhard Leu (bernhard.leu@insel.ch) ist Direktor Betrieb und Mitglied der Spitalleitung am Universitätsspital Bern, Inselspital. In seinem Verantwortungsbereich arbeiten rund 900 Mitarbeitende in den Bereichen Planen und Bauen, Logistik, Haustechnik, Medizintechnik, Gastronomie, Hauswirtschaft und Liegenschaftsverwaltung. Vor seiner Tätigkeit am Inselspital arbeitete er in verschiedenen Planungs- und Architekturbüros und machte auch einen längeren Studienaufenthalt in den USA.

Kurt Leuenberger (leuenberger@icg.ch), Dipl. Inf. Ing. FH, NDS Betriebswirtschaftsingenieur FH, ist Partner und Verwaltungsratsmitglied bei der ICG (Information Consulting Group AG) in Bern und war bis 2002 mehrere Jahre Dozent für Projektmanagement an der Berner Fachhochschule (BFH). Zuvor arbeitete er als Geschäftsbereichsleiter bei einem international tätigen Industrieunternehmen.

Sachwortverzeichnis

Abstraktion 26
Akteur 114
Aktivitäts-Vernetzungs-Diagramm 95
Aktivitätsgrad 92, 101
Aktivsumme 92
Analyse 39
Anwendung 9, 181
Archetyp 84
Argumentenbilanz 143

Beherrschbarkeit 52
Bewertung 141
 – Funktionsfähigkeit 142
 – Integrationsfähigkeit 142
 – Lebensfähigkeit 142
 – Zielerfüllungsgrad 141
Beziehung 32
 – gleichgerichtet 77
 – entgegengerichtet 77
Bottom-up 40, 132
Brainstorming 138

Chance 62
Chaos, deterministisches 47

Denkmuster 18
divide et impera 132

Eingriffsbereich 67
Entwicklungsfähigkeit 54
Ethik 21
Explorationsphase 130

Ganzheitlichkeit 71

Informationsaufbereitung 65

Informationsbeschaffung 65
Informationsdarstellung 66
Inkubationsphase 131
Integrieren 39
ISO 9000 156

Kausalität 51
Kausalkette 78
Kommunikation 27
Komplexität 43
Kompliziertheit 43
Komponente 32, 68
 – aktive 93
 – passive 94
 – schwach vernetzte 94
 – stark vernetzte 94
Kreativität 132
Kreativitätsmethoden 135
Kybernetik 3

Lebensfähigkeit 121
Lösungsbereich 67
Lösungsvarianten 132

Machbarkeit 53
Methodenwissen 133
Middle-out 132
Modell 25, 116
Morphologie 140
Morphologischer Kasten 140
Motivation 134
Mussziele 15
Mustervorrat 24

Nutzwertanalyse 143

Objektivität 50
Organisation 9

Paradigma 19
Paradigmawechsel 19
Passivsumme 92
Problem 62
   – einfach 64
   – komplex 65
   – kompliziert 65
   – schlecht strukturiertes 128
   – wohl strukturiertes 128
Problembereich 67
Problemdefinition 8, 13
Problemformulierung 97
Problemlösung 9, 14
Projektdynamik 167
Projektführung 163
Projektkosten 165
   – Ausfallkosten 166
   – Fehlerkosten 165
   – Produktionskosten 165
   – Prüfkosten 166
   – Verhütungskosten 165
Projektzeit 166
Projektziele 164

Qualität 156
Qualitätsbeherrschung 162
Qualitätsmanagement 161
Qualitätsmassnahmen 162
   – konstruktive 162
   – analytische 162
Qualitätssicherung 161

Risikoanalyse 145
Rückkopplung 79
   – direkte 79
   – indirekte 79
   – negative 79
   – positive 79

Sachwissen 133
Schlüsselgrössen 101
Situationsanalyse 64, 67
   – systemorientierte 67
   – ursachenorientierte 67
   – lösungsorientierte 67
Sollziele 14, 120
Struktur 32
SWOT-Analyse 69
System 32
Systembeschreibung 36
   – Blackbox 36
   – strukturorientiert 37
   – dynamisch 38
Systemdenken 36
Systemdynamik 51
Systemgrenze 32, 34
Systemhierarchie 36
Systemik 7
systemisches Grundmuster 84
Systemisches Vorgehensmodell 12
Systemkomponenten 68
Systemtypen 41
   – determiniert 46
   – hierarchisch 45
   – holarchisch 45
   – komplex 44
   – kompliziert 44
   – natürlich 41
   – technisch 41
   – zufällig 52
Systemverhalten 33
Systemzustand 32
Szenario 147

Teilsystem 32
Top-down 40, 132

Umsetzung 9, 16
Umwelt 12, 32, 34

Verhalten, zeitliches 82
Verifizierung 131
Vernetzung 63
Vernetzungsgrad 98
Vernetzungsintensität 92
Versionenkonzept 177
Vision 115
Voraussagbarkeit 52
Vorgehensmodell 12

Wahrnehmung 23
 – Konstruktion 24
 – Mehrdeutigkeit 24
 – Subjektivität 24
Wechselwirkung 33
Wirkungsanalyse 76
Wirkungsbereich 68
Wirkungsdiagramm 76
Wirkungsgefüge 81
Wirkungsintensität 91
Wirkungsmatrix 91

Ziel 113
 – funktionales 113
 – nichtfunktionales 113
Zieldimensionen 120
 – örtliche Dimension 120
 – zeitlicher Bezug 120
 – Zielausmass 120
 – Zielinhalt 120
Zielformulierung 113
 – Beurteilung 118
 – Eigenschaft 115

 – Funktion 115
 – Gewichtung 119
 – Mussziele 119
 – Operationalisierung 120
 – Sollziele 120
 – Teilziele 117
Zielhierarchie 119
Zielraum 118

Weitere Bücher aus dem Verlag Industrielle Organisation

Paul Frauenfelder

Strategisches Management von Technologie und Innovation

Tools und Principles

Band 4 in der Reihe «Technology, Innovation and Management»
herausgegeben von Prof. Dr. Hugo Tschirky

4. Auflage

Basierend auf einer grundsätzlichen Betrachtung des strategischen Managements von Technologie und Innovation
werden Erarbeitung und Umsetzung von Geschäfts- und Technologiestrategien im Sinne des vernetzten Denkens
in den sechs Schritten der SMTI-Methodik zusammengeführt.

112 Seiten, broschiert
ISBN 3-85743-604-2

Verlag Industrielle Organisation

Weitere Bücher aus dem Verlag Industrielle Organisation

Reinhard Haberfellner, Peter Nagel,
Mario Becker, Alfred Büchel, Heinrich von Massow

Systems Engineering

Methodik und Praxis

11. durchgesehene Auflage,
herausgegeben von W. F. Daenzer / F. Huber

Ein neuer Denk- und Handlungsstil für Ingenieure, Techniker und Planer. Für die Ausbildung am Betriebswissenschaftlichen Institut der ETH Zürich 1976 erstmals erschienen, von zahlreichen Lehrinstituten übernommen und heute ein Standardvorgehen für das Konzipieren und Realisieren von komplexen, mehrdimensionalen Vorhaben.

XXIV + 620 Seiten, gebunden
ISBN 3-85743-998-X

Verlag Industrielle Organisation

Weitere Bücher aus dem Verlag Industrielle Organisation

Heinz Scheuring

Der www-Schlüssel zum Projektmanagement

2. überarbeitete Auflage

Eine kompakte Einführung in alle Aspekte des Projektmanagements und des Projektportfolio-Managements.

Mit Anschluss und Vertiefung im Internet unter www.pm-schluessel.com

Buch und Web-Ergänzung bieten einen einfachen, zugleich aber umfassenden Zugang zum Projektmanagement – die richtige Wahl, um ins Projektmanagement einzusteigen, aber auch, um dieses neu zu entdecken.

240 Seiten, broschiert
ISBN 3-85743-723-5

Verlag Industrielle Organisation